本专著得到福建省自然科学基金面上项目（2019J01881）资助

# 复杂系统仿真的经济管理应用

王洪利 著

北京理工大学出版社
BEIJING INSTITUTE OF TECHNOLOGY PRESS

## 内容简介

社会经济与管理系统是涉及许多子系统和因素的复杂系统，复杂系统具有非线性、涌现、主体互适应、变量具有不确定性等特征。本著作从经济管理复杂系统的经济管理应用角度，论述了复杂系统仿真在经济和管理系统中的具体应用，主要有关系型社群的商务行为演化分析、电子商务平台知识产权监管、面向电子商务人工系统的情绪建模与仿真、设备故障间隔预测、连续双向拍卖、电子商务产业园共生演化、共享经济参与主体的决策行为分析、风险决策中时间压力影响的仿真、秘书问题的仿真分析等，旨在通过这些具体应用为处理社会经济与管理复杂系统提供参考和借鉴。

本书结构合理，应用案例丰富，论证充分，内容充实，适用于从事经济管理类复杂系统仿真应用相关研究的本科生、研究生和相关学者阅读参考。

**版权专有　侵权必究**

### 图书在版编目（CIP）数据

复杂系统仿真的经济管理应用／王洪利著．--北京：北京理工大学出版社，2022.3

ISBN 978-7-5763-1126-6

Ⅰ．①复… Ⅱ．①王… Ⅲ．①经济管理-系统仿真 Ⅳ．①F2

中国版本图书馆 CIP 数据核字（2022）第 041109 号

---

出版发行　／　北京理工大学出版社有限责任公司
社　　址　／　北京市海淀区中关村南大街 5 号
邮　　编　／　100081
电　　话　／　（010）68914775（总编室）
　　　　　　　（010）82562903（教材售后服务热线）
　　　　　　　（010）68944723（其他图书服务热线）
网　　址　／　http：//www.bitpress.com.cn
经　　销　／　全国各地新华书店
印　　刷　／　保定市中画美凯印刷有限公司
开　　本　／　710 毫米×1000 毫米　1/16
印　　张　／　13.25　　　　　　　　　　　　　　责任编辑／孟祥雪
字　　数　／　249 千字　　　　　　　　　　　　　文案编辑／孟祥雪
版　　次　／　2022 年 3 月第 1 版　2022 年 3 月第 1 次印刷　　责任校对／周瑞红
定　　价　／　72.00 元　　　　　　　　　　　　　责任印制／李志强

---

图书出现印装质量问题，请拨打售后服务热线，本社负责调换

# 前言

复杂系统的相关研究被誉为21世纪的新科学，其应用范围也越来越广泛，小到一个组织内部的奖励制度，大到关系国计民生的政策制定和实施，均与复杂系统的研究密切相关。社会、经济和管理领域处理的问题一般都是复杂系统问题。复杂系统涉及众多因素（变量）和子系统，各变量和子系统之间的关系一般是非线性的。

复杂系统的变量一般具有不确定性，这种不确定性往往表现为模糊性、随机性和灰性等。与以往注重研究系统的非线性、复杂适应性和混沌等特性不同的是，本著作从复杂系统中变量的不确定性入手，给出了复杂系统中变量的不确定性表示和推理问题。给出了基于灰云模型的复杂系统中变量的不确定性表示和不确定性推理，包括给出了灰云逻辑和泛逻辑的具体内容，为复杂系统问题及其仿真提供了变量的不确定性表示模型和不确定推理方法；给出了基于云模型的复杂不确定性系统中强化学习方法，为处理仿真中的不确定性提供了变量表示、知识推理，并为强化学习提供了理论和方法借鉴。

复杂系统的仿真一般难以使用单一的建模方法进行解决，遵循钱学森先生提出的综合集成理念、思想和方法体系，本著作提出了面向复杂系统仿真的综合集成式建模方法，有机融合，可以充分发挥多种建模方法的优势，为复杂系统的仿真建模提供了有力的方法。文中给出了将Agent、系统动力学和社会网络综合集成的MAD型社会网络模型，在实际应用中，可以根据需要综合集成已有的两种或多种建模方法。本著作给出了基于MAD型社会网络模型的隐性知识管理系统的建模方法案例。

社会、经济与管理领域存在大量的复杂系统，本著作给出了复杂系统仿真在经济和管理领域的具体应用实例，具体包括在关系型社群的商务行为演化分析、关键词竞价、连续双向拍卖、电子商务产业园共生演化、共享经济参与主体的决策行为分析、风险决策中时间压力影响的仿真、秘书问题的仿真分析等方面的应用。这些应用中，有的用到了综合集成仿真建模方法，有的体现了复杂系统的复杂适应思想，有的体现了复杂系统的非线性或动力学思想。这些复杂系统的建模仿真应用为解决社会、经济与管理领域的复杂系统问题提供了很好的参考和借鉴。

**著 者**

2021 年 7 月 12 日

# 目 录

## 第一篇　复杂系统中不确定性处理方法

### 第1章　绪论 (3)
第1节　复杂系统建模仿真及其经济管理应用 (3)
第2节　不确定性及其表示模型 (7)
本章参考文献 (9)

### 第2章　一种不确定性的综合描述方法 (13)
第1节　不确定性的内涵 (13)
第2节　不确定性的综合描述模型 (14)
第3节　基于UUM模型的不确定知识表示与推理 (16)
本章小结 (20)
本章参考文献 (20)

### 第3章　灰云模型 (21)
第1节　灰云模型概念 (21)
第2节　灰数白化模型 (23)
第3节　灰云模型的改进 (25)
本章小结 (29)
本章参考文献 (29)

### 第4章　灰云逻辑及其不确定性推理 (30)
第1节　概述 (30)
第2节　灰云逻辑及其推理方法 (33)
本章小结 (36)
本章参考文献 (36)

## 第5章　基于云模型的不确定系统强化学习 ………………………… (38)
### 第1节　概述 ………………………………………………………… (38)
### 第2节　云模型强化学习方法 …………………………………………… (39)
### 第3节　云模型强化学习 Mountain-Car 实验分析 …………………… (41)
### 本章小结 ……………………………………………………………………… (44)
### 本章参考文献 ………………………………………………………………… (44)

# 第二篇　复杂系统仿真综合集成建模方法

## 第6章　复杂系统仿真的综合集成式建模方法 ……………………… (49)
### 第1节　综合集成仿真建模方法 ………………………………………… (49)
### 第2节　基于综合集成的隐性知识系统平行管理系统建模 …………… (52)
### 本章小结 ……………………………………………………………………… (62)
### 本章参考文献 ………………………………………………………………… (62)

# 第三篇　复杂系统仿真经济管理应用

## 第7章　基于情感计算的关系型社群商务行为的演化分析 ………… (69)
### 第1节　概述 ………………………………………………………… (69)
### 第2节　社群商务行为影响因素的多 Agent 动力学综合集成模型 … (70)
### 第3节　社群商务行为影响因素的多 Agent 动力学仿真演化分析 … (73)
### 本章小结 ……………………………………………………………………… (80)
### 本章参考文献 ………………………………………………………………… (80)

## 第8章　电子商务平台知识产权监管的仿真分析 …………………… (81)
### 第1节　概述 ………………………………………………………… (81)
### 第2节　基于元胞自动机的电子商务平台知识产权监管模型 ………… (82)
### 第3节　电子商务平台知识产权监管演化仿真分析 …………………… (88)
### 本章小结 ……………………………………………………………………… (94)
### 本章参考文献 ………………………………………………………………… (94)

## 第9章　面向电子商务人工系统的情绪建模与仿真 ………………… (96)
### 第1节　概述 ………………………………………………………… (96)
### 第2节　人工情绪模型 …………………………………………………… (99)
### 第3节　电商顾客购物的计算实验分析 ………………………………… (105)

本章小结 …………………………………………………………… (110)
本章参考文献 ……………………………………………………… (111)

## 第10章　基于系统动力学的工程机械设备故障间隔仿真预测 …… (114)
第1节　概述 ……………………………………………………… (114)
第2节　工程机械设备故障时间间隔系统动力学建模 ………… (116)
第3节　设备故障时间间隔仿真预测案例 ……………………… (118)
本章小结 …………………………………………………………… (123)
本章参考文献 ……………………………………………………… (123)

## 第11章　基于共生理论的电子商务产业园生态演化动力学分析 … (125)
第1节　概述 ……………………………………………………… (125)
第2节　电子商务产业园生态系统共生演化分析 ……………… (126)
本章小结 …………………………………………………………… (134)
本章参考文献 ……………………………………………………… (134)

## 第12章　基于元胞自动机的连续双向拍卖报价策略 …………… (136)
第1节　概述 ……………………………………………………… (136)
第2节　连续双向拍卖有限感知式报价策略 …………………… (138)
第3节　有限感知式报价策略的演化仿真分析 ………………… (142)
本章小结 …………………………………………………………… (146)
本章参考文献 ……………………………………………………… (147)

## 第13章　基于演化博弈的共享经济参与主体的行为分析 ……… (149)
第1节　概述 ……………………………………………………… (149)
第2节　共享经济主体行为的演化博弈分析 …………………… (150)
第3节　模拟情境的仿真分析 …………………………………… (155)
本章小结 …………………………………………………………… (160)
本章参考文献 ……………………………………………………… (160)

## 第14章　基于相似度赋值的社会网络分析及其应用 …………… (161)
第1节　概述 ……………………………………………………… (161)
第2节　基于相似度赋值的社会网络分析方法 ………………… (163)
第3节　基于相似度赋值社会网络的面向社会化标签推荐 …… (165)
第4节　基于相似度赋值社会网络的社会化标签推荐应用 …… (168)
本章小结 …………………………………………………………… (173)
本章参考文献 ……………………………………………………… (173)

# 第 15 章 风险决策中时间压力影响的仿真分析 (175)

- 第 1 节 相关理论概述 (175)
- 第 2 节 时间压力对风险决策信息搜寻的影响分析 (177)
- 第 3 节 时间压力影响下的风险决策 (180)
- 第 4 节 仿真分析 (181)
- 本章小结 (183)
- 本章参考文献 (183)

# 第 16 章 秘书问题的仿真实验分析 (184)

- 第 1 节 概述 (184)
- 第 2 节 决策策略、观察成本及其对秘书问题决策的影响 (185)
- 第 3 节 考虑观察成本的秘书问题的仿真分析 (187)
- 第 4 节 提示信息对秘书问题决策影响的仿真分析 (195)
- 本章小结 (202)
- 本章参考文献 (202)

# 第一篇

## 复杂系统中不确定性处理方法

# 第1章

# 绪 论

## 第1节 复杂系统建模仿真及其经济管理应用

复杂系统的研究在21世纪得到学者的广泛关注，人们逐渐认识到无论是在自然界还是在社会经济领域，复杂系统是普遍存在的。现实世界中的绝大部分系统都是复杂系统，复杂系统最初由霍兰提出，具有聚集、非线性、自适应、涌现、动态演化等特征[1]。现实中的经济管理系统通常有许多影响因素，这些影响因素之间具有非线性的影响关系。从复杂科学衍生的复杂系统视角为理解经济社会现象提供了全新观察角度[2]，复杂系统的研究需要具有跨学科的研究视角。

### 一、复杂系统的变量特征

复杂系统中事物或概念具有不确定性，这种不确定性表现为变量（属性）的不确定，直接导致变量（属性）难以量化，从而影响了对系统复杂适应、混沌等行为的研究与分析，也影响了对系统非线性运算的开展与分析。

### 二、复杂系统的仿真建模

1. 复杂系统的仿真建模研究

仿真是研究复杂系统常用且有效的方法。建模是仿真的基础，常用的复杂系统建模方式是基于多Agent的建模方法[3]，该方法以具有自主性的Agent主体间的相互作用模拟复杂系统的非线性作用，进而研究复杂系统的行为。系统动力学[4]为复杂系统的研究提供了非线性作用的研究方法，其以一组非线性偏微分方程方式来模拟系统。遗传算法传世人霍兰教授提出复杂适应系统[5]建模方法——回声模型，为复杂系统的建模提供了整体的指导思想和方法。博弈论[6]是与仿真方法互补的研究复杂系统的有效方法。中国学者王飞跃提出的平行管理为研究复杂系统提供了全新的方法论视角，其基于"人工系统+计算实验+平行执行"（ACP）对复杂系统进行研究与分析，平行管理思想和方法为研究复杂系统提供了新的思路和方法。基于"人工系统+计算实验+平行执行"的平行系统管理与控制方法是中国科学院研究员王飞跃在2004年提出的处理复杂管理系统的有效方法[7~9]。针对复杂系统的应用研究，使用较多的传统方法包括：基于多智能体（multi-agent）的建模方法、基于系统演化的系统动力学方法、基于学习和进化的智能方法。这些方法和技术本质上还属于对现实世界的仿真，对问题的解决往往停留在表面层次和专业领域，还不能满足复杂性研究的需要[10]。综合集成法是著名科学家钱学森于20世纪80年代提出的处理复杂系统的方法[11]，平行管理系统方法继承和发展了钱学森的综合集成方法和思想体系。平行管理系统的基本方法为"人工系统+计算实验+平行执行"。所谓平行管理，是指由一个自然的现实系统和对应的一个或多个虚拟或理想的人工系统所组成的共同系统[12]。对于复杂系统的研究，大多数情况下，既没有系统的足够精确的数学模型，也不可能建立可以解析地预测系统短期行为的模型，必须设法挖掘平行系统中人工系统的潜力，使人工系统在实际复杂系统的管理与控制中发挥作用[9]。ACP方法是基于复杂社会系统存在"多重世界"的观点，构建具有现实意义的计算化的人工社会实验室，利用计算实验方法对实验情境进行各种实验与分析，最后，综合利用多种数据感知与同化手段，实现人工社会与真实社会的平行演化[13]。基于人工系统的计算实验思想，就是将计算机作为复杂系统的实验室，通过大量的计算性"实验"，对系统行为进行分析[14]。计算实验与系统仿真基于相同的技术，但在指导思想和理念上却有着本质上的不同。由于涉及社会与人的复杂系统有内在的主观性，故可以更进一步把仿真结果作为现实的一个替代版本，或一种可能出现的现实，而把实际系统也作为可能出现的现实中的一种，这一思路正是由系统仿真走向计算实验的基础[12]。基于ACP解决复杂系统问题的基本原则是：在不断探索和完善的原则下，寻求复杂系统的有效解决方案，建立系统的新型研究体系和方法，利用人工系统、计算实验和平行执行方法和理论，结合定性与定量的综合集成法和并行分布式高性能计算技术，建立系统研究的理论和方法体系[15]。在计算实验中，传统的计算模拟变成了"计算实验室"里的"实验"过程，成为生长和培育各类复杂社会经济系统的手段，而实际系统只是这个计算实验室的一种可能结果而已[12,16]。ACP方法通过实际系统与人工系统的相互作用，完成对实际系统的控制和管理，对相关行为和决策进行管理和评估，对有关人员和系统进行学习与培训等。并行执行的平行系统的主要目的是，通过实际系统与人工系统的相互联结，对二者之间的行为进行对比和分析，完成对各自未来的状况借鉴和预估，相互地调节各自的管理和控制方式，达到管理和控制的目标[12]。建立复杂系统平行管理方法的基本步骤为：

第 1 章 绪 论

首先建立系统的社会性和工程性的计算模型,形成开放的人工系统架构体系;其次借助该人工体系联合先进的计算技术,采用计算实验方法,对复杂生产实验系统进行实验,分析和评估掌握系统的演化规律;最后通过人工系统和真实系统的平行执行,实现复杂系统的综合管理与控制[17]。在人工系统中,人的行为及其管理规律具有明显的社会复杂经济的主观性,由此带来更多的不确定性,因此人的行为及对其实施管理的社会、文化、制度是人工系统中进行计算实验的主要内容[17]。根据这一思想,基于 ACP 的平行管理系统中使用的基本建模方法是基于 Agent 的建模方法。人工系统建模的主要手段就是代理编程,其主要特征是集自主性、交互性、学习与进化自适应能力等于代理一身,使之成为建模的基本元素。利用代理方法描述人工系统,主要由代理模型、环境模型,以及代理之间、环境之间和代理环境之间的交互规则组成[14]。如在基于 Agent 的人工高速铁路建模中,通过对实际高速铁路系统的分析,基于 Agent 进行人工高速铁路建模,用于平行管理与控制[18]。在基于 ACP 的城市轨道交通平行管理研究中,提出了基于 Agent 的城市轨道交通建模方法[19]。在基于 ACP 方法的电子商务系统复杂性研究中,使用 Agent 代理方法建立了与真实电子商务系统平行执行的电子商务社会实验平台,为复杂性研究结果的评估、验证和修正提供了实验环境[20]。由于复杂系统的综合集成特征,ACP 研究中建模方法常采用基于 Agent 与其他建模方法相结合的综合集成模型。如在平行应急管理系统人工社会的语义建模中,分析了平行应急管理系统对人工社会建模的内在需求,提出采用网络本体语言对人工社会建立语义模型的方法,将语义网技术合理地应用到 Agent 智能体模型和人工社会关系网络描述中,建立应急场景客观世界和社会关系的本体概念集合,实现智能体 Agent 的知识和推理规则的语义描述,提高智能体 Agent 的智能性和协同能力[21]。在复杂生产系统的平行管理研究中,除建立现有的单个 Agent 的认知模型、推理模型和行为模型、多 Agent 的相互信息交互过程模型外,在建模过程中,企业的管理规定、员工的行为规章制度以及应急预案等将会对员工的行为和班组行为产生很大影响,然而它们更多地涉及很多非数值的、语言层次上的描述和结构性描述,为了使静态文本信息转变为动态的计算信息,将主观的企业管理规定变成可以计算评估的信息,主要借助集成基于模糊逻辑的语言动力学对代理 Agent 行为进行建模、分析和评估[15]。中国著名科学家钱学森先生提出的综合集成方法[22]为研究复杂系统提供了有效的思想、理论和方法,在这一思想指导下的综合集成研讨厅[23]的研制和开发为解决复杂问题提供了现实工具,基于综合集成思想研究复杂系统的仿真建模,将为复杂系统的研究提供有力的工具和方法。复杂网络[24]一般具有自组织、自相似、吸引子、小世界、无标度等特征,是研究具有相关特征的复杂系统的有效方法。社会网络分析方法[25]为复杂社会系统的研究提供了有力的建模和仿真方法。

2. 复杂系统建模仿真的经济管理应用研究

复杂系统建模仿真在经济管理中有着广泛而深入的研究和应用。研究者考虑安全因素对共享乘车行业的影响机制并进行了系统动力学仿真[26]；提出了污水处理PPP项目收益优化的系统动力学仿真研究[27]；基于Agent仿真模型对城市犯罪演化进行了研究[28]。研究者对异质从众行为与股价波动进行了Agent仿真研究[29]。以中原经济区X乡为例，基于社会网络分析法对乡村聚落空间网络结构优化进行了研究[30]；以中国水产科学研究院为例，基于社会网络对渔业专利进行了分析[31]；对北京电动汽车供应网络发展进行了复杂适应系统仿真研究[32]；提出了基于回声模型及Gaia方法的复杂适应系统仿真建模及应用[33]；构建了基于混合编程的梯级水库群综合集成仿真调度平台[34]；提出了基于MAS的体系效能综合集成仿真模型[35]。

基于ACP的平行管理系统方法，自从提出以来得到日益深入的广泛应用，取得了丰硕的应用成果，获得了良好的经济和社会效益，相关研究给出了ACP方法在交通应用中的概念、结构和案例[36]。在智慧社会的应用中，以虚实互动的平行系统为手段，推动对社会的全面感知、建模、解析、决策及反馈执行，进而实现集舆情感知、平行管理和移动指挥与控制为一体的闭环反馈组态式社会管理，全面提升其功能与服务水平[37]。在2010年广州亚运会期间的交通控制与管理应用中，使用ACP方法有效地实现了交通的高效平行管理和运营[38]。在应急管理中，引入复杂系统研究中的ACP方法，设计了面向平行应急管理的计算实验框架，根据一般实验框架原理，结合平行应急管理的特点，给出了平行应急管理计算实验过程模型；最后以此框架支撑KD-ACP平台进行北京市甲型H1N1的计算实验研究，根据应急指南设计了四级响应措施，并对实验结果进行了对比。通过应用，表明该实验框架能够很好地支持平行应急管理[39]。在提高核电站安全可靠性的平行系统方法应用中，以ACP方法为基础，基于信息技术最新发展成果，提出了采用自上而下的规划和自下而上的设计相结合的方法，来开发"核电站可靠性规划和设计软件包"，使得核电站在建造前就有了安全可靠方面的科学依据[40]。在基于ACP方法的电子商务系统复杂性研究中，运用ACP方法综合分析电子商务的特点，提出了基于ACP方法的电子商务系统复杂性研究方法论、基于Agent的代理建模实验、决策和量化计算4个主要问题的解决方法[20]。在能源系统的应用中，利用虚拟人工模型，采用平行系统，建立能源5.0的理论、框架和技术，指出能源5.0的核心是构建与实际能源系统同构的虚拟人工能源系统，通过虚拟人工能源系统的计算实验，确定优化控制策略，引导实际能源系统运行，并使虚拟人工系统和实际系统平行执行、共同演化，形成智能能源系统[41]。ACP方法在乙烯周期生产管理的应用中，提出了乙烯周期生产管理的平行评估方法和具体手段，提升了管理的科学化水平[42]。在基于平行系统的非常规突发事件计算实验平台研究中，将

ACP方法引入突发事件应急管理领域，为相关理论研究成果验证提供计算化的实验支持和工具[43]。平行系统理论在现代矿山管理的应用中，在管理中心采用数据融合、数据挖掘及可视化技术构建一个与现实系统相对应的人工系统，并通过对人工系统的演化实现对现实系统的预测、评估和优化，实现矿山的优化管理[44]。在城市客运交通枢纽系统应用中，传统的管理方法难以形成具有动态适应能力的有效解决方案，相关研究运用复杂系统研究中的ACP（人工系统、计算机实验、平行执行）方法，首次给出城市客运交通枢纽平行控制与管理系统研究框架[45]。在情报系统的应用中，讨论基于ACP方法构造智能情报"激活器"问题，提出基于ACP的平行智能情报方法[46]。在建立人工人口系统的应用中，提出利用人工社会的思想，结合复杂系统的理论和方法，建立相应的人口计算实验手段和人口管理平行系统，主要工作包括人工人口系统的基本框架、计算实验与人口政策的评估、平行系统与人口的控制与管理，以及基本综合集成研讨厅的实现方式[47]。ACP方法在军事系统的应用，相关研究讨论了基于平行理论的军事体系的组织和管理问题[48]。在社会信号处理与分析的应用中，相关研究就社会信号与社会系统建模与管理，社会信号的刻画，社会传感网的构建，计算辩证推理和综合的人工社会、计算实验、平行执行（ACP）方法等展开讨论，希望在此基础上进一步开展研究与应用，最终建立面向社会信号的获取、分析、解析和应用的一般框架与方法体系[49]。

综上，综合集成、ACP思想方法为处理复杂适应、非线性动力学特征的系统提供了较好的建模思想和方法借鉴。

## 第2节 不确定性及其表示模型

复杂系统中的事物或概念大多具有不确定性，不确定性表示问题的研究对于复杂系统的发展和关键问题的解决具有至关重要的作用。事物或者概念的不确定性的含义是什么，事物的不确定性包括哪些方面，如何客观地描述事物的不确定性等问题一直是相关研究试图解决的重点。1965年美国著名控制论专家L.A.Zadeh提出的模糊数学，给出了解决不精确问题的模型和方法[50]。我国学者华中科技大学的邓聚龙教授提出的灰色理论，给出了解决信息不完全情况下问题描述的模型和方法[51]。描述问题随机性的概率论与数理统计方法，给出了解决随机性、不确定性问题的理论和方法[52]。我国学者李德毅院士提出了云模型理论，该模型综合描述了既具有模糊性又具有随机性两种不确定性的概念和事物[53]。陈大为教授提出了综合描述模糊性和灰性的模糊灰色集合论方法[54]。笔者提出了综合描述灰性与随机性的灰云模型[55]。这些描述不确定性的理论和方法的共同优点是都从不确定性的某一个或两个层面客观、深入描述了该种不确定性，并给出了一套完整的理论和方法，且都在不断发展和完善之中。这些模型的共同缺点就是只考虑不确定性的一个或者两个方面，对于其他方法完全忽略，根本避而不谈。这样不是完全客观的方法，因为不确定的各个层面在一个事物中往往是同时存在的。在问题的求解中，需要综合考虑这些方面。单纯地考虑一个层面会造成片面性。现有的方法没有给出综合描述一个事物不确定性的方法。

现实世界中的不确定性是普遍存在的，不确定性包括模糊性、随机性、可能性（概率）、灰性等。模糊性对应事物或概念的类别不清晰而引起的判断上的不确定性，如对于人的年龄阶段，有幼儿、少儿、青年、中年、老年等的划分，而对于一个具体年龄的人应该划分到哪一个年龄阶段，有时却存在不确定性，具体到某一年龄时，该年龄越接近于上述年龄段中的两个年龄段交界，那么引起的判断上的不确定性就越大。随机性表现为事件的亦此亦彼性，这种亦此亦彼性表现为多种可能性，单一过程无法具体预测具体结果，但同时总体可能遵循某一期望值。事件出现的可能性的大小称为概率。灰性是信息贫乏系统的特征，是一种"外延明确，内涵不明确"的不确定性。

按照不确定性的以上表现，可以将不确定性事件分为模糊事件、随机事件、灰色事件、模糊随机事件、灰色随机事件、模糊灰色随机事件、模糊概率事件、灰色概率事件、模糊随机概率事件等，李德义院士提出的云模型，就是研究其中模糊随机事件的模型，而其他事件的研究模型有待于在云模型的基础上进一步进行深入的研究和拓展。如模糊灰色随机事件的模型，即灰云模型已经得到初步研究。而其他如模糊随机概率事件还没有得到进一步深入研究。

按照不确定性是否可量化的标准来划分，事物属性的可量化程度分为三种基本类型：一种为可量化的，即属性值是可以使用准确的数值来表示的；一种为不可量化的，即属性值是无法使用准确的数值来表示的，又被称为定性的；一种是半定性半定量的。

## 一、云模型

由中国科学院院士李德义创立的云模型在信息科学、人工智能、数据挖掘、经济与管理、社会科学等领域有着广泛而深入的应用。云模型不仅充分考虑了概念的不确定性，也考虑了概念的随机性。与模糊数学方法相比，具有更大的客观性。以前的相关研究证明了正态分布的普适性，因此正态云模型是在应用中被普遍采用的一种云模型。集合的相关理论为近代科学特别是人工智能的发展奠定了基础。从集合论的角度来研究云模型是一个很好的视角，能够进一步发挥云模型的特点，并促进其在各个科学领域的进一步应用。云模型将模糊数学的隶属度看成是随机的，更符合客观事实，随机隶属度的提出克服了以往模糊数学隶属度主观性的缺点。

## 二、灰云模型

在云模型的基础上，可以进一步考虑既有灰性又有随机性的事件的表示模型，即灰云模型。灰云模型不仅充分考虑了概念的灰性，也考虑了概念的随机性。与灰色方法相比，具有更大的客观性。

# 本章参考文献

[1] Holland J. H. Hidden Order：How Adaptation Builds Complex [M]．Redwood City，CA：Addison-Wesley，1995．

[2] 罗家德，曾丰又．基于复杂系统视角的组织研究 [J]．外国经济与管理，2019，41（12）：112-134．

[3] 李群，宣慧玉．基于 Agent 仿真技术在经济建模中的应用 [J]．系统工程理论方法应用，2001（03）：221-225．

[4] 顾明瑞，王帆，王舒鸿．基于系统动力学的中国绿色发展政策仿真研究 [J]．中国环境管理，2021，13（03）：126-135．

[5] 程国建，颜宇甲，强新建，等．基于多 Agent 的生态复杂适应系统建模和仿真 [J]．西安石油大学学报（自然科学版），2011，26（02）：99-103，123．

[6] 余莎莎，王友国，朱亮．基于网络博弈论的谣言扩散建模研究 [J]．计算机技术与发展，2017，27（04）：6-11．

[7] 王飞跃，史蒂夫．兰森．从人工生命到人工社会——复杂社会系统研究的现状与展望 [J]．复杂系统与复杂性科学，2004，1（1）：33-41．

[8] 王飞跃．计算实验方法与复杂系统行为分析与决策评估 [J]．系统仿真学报，2004，16（5）：893-897．

[9] 王飞跃．平行系统方法与复杂系统的管理与控制 [J]．控制与决策．2004，16（5）：485-489．

[10] 王飞跃，刘德荣，熊刚，等．复杂系统的平行控制理论及应用 [J]．复杂系统与复杂性科学，2012，9（3）：1-12．

[11] 于景元．钱学森的现代科学技术体系与综合集成方法论 [J]．中国工程科学，2001，3（1）：10-19．

[12] 王飞跃．人工社会、计算实验、平行系统——关于复杂社会经济系统计算研究的讨论 [J]．复杂系统与复杂性科学，2004，1（4）：25-35．

[13] 郑晓龙，钟永光，王飞跃，等．基于网络信息的社会动力学研究 [J]．复杂系统与复杂性科学，2011，08（03）：1-12．

[14] 王飞跃．关于复杂系统的建模、分析、控制和管理 [J]．复杂系统与复杂性科学，2006，03（02）：26-33．

[15] 王飞跃. 关于复杂系统研究的计算理论与方法 [J]. 中国基础科学, 2004, 6 (41): 3-10.

[16] Feiyue Wang: Toward a Paradigm Shift in Social Computing: The ACP Approach [J]. IEEE Intelligent Systems, 22 (5): 65-67.

[17] 程长建, 崔峰, 李乐飞, 等. 复杂生产系统的平行管理方法与案例 [J]. 复杂系统与复杂性科学, 2010, 7 (1): 24-32.

[18] 宁滨, 王飞跃, 董海荣, 等. 高速铁路平行控制与管理系统研究框架 [J]. 复杂系统与复杂性研究, 2010, 7 (4): 11-21.

[19] 宁滨, 王飞跃, 董海荣, 等. 基于 ACP 方法的城市轨道交通平行体系研究 [J]. 交通运输系统工程与信息, 2010, 10 (6): 22-28.

[20] 王飞跃, 增大军, 袁勇. 基于 ACP 方法的电子商务系统复杂性研究 [J]. 复杂系统与复杂性科学, 2008, 5 (03): 1-8.

[21] 段伟, 曹志冬, 邱晓刚, 等. 平行应急管理系统中人工社会的语义建模 [J]. 系统工程理论与实践, 2012, 32 (5): 1010-1017.

[22] 安小米, 马广惠, 宋刚. 综合集成方法研究的起源及其演进发展 [J]. 系统工程, 2018, 36 (10): 1-13.

[23] 薛惠锋, 周少鹏, 侯俊杰, 等. 综合集成方法论的新进展——综合提升方法论及其研讨厅的系统分析与实践 [J]. 科学决策, 2019 (08): 1-19.

[24] 谢春生, 孙权. 基于复杂网络的终端区通行能力仿真评估模型 [J]. 中国民航大学学报, 2020, 38 (06): 6-11.

[25] 李芝倩, 樊士德. 长三角城市群网络结构研究——基于社会网络分析方法 [J]. 华东经济管理, 2021, 35 (06): 31-41.

[26] 张丽, 侯立文. 考虑安全因素对共享乘车行业影响机制的系统动力学仿真 [J]. 上海管理科学, 2021, 43 (03): 71-80.

[27] 宋健民, 石俊姣, 张樵民. 污水处理 PPP 项目收益优化的系统动力学仿真研究-基于多方联动视角 [J/OL]. 数学的实践与认识, 2021, 07: 1-13.

[28] 樊振宇, 丁宁, 刘一帆. 基于 Agent 仿真模型的城市犯罪演化研究——以警力使用优化为例 [J]. 中国人民公安大学学报（自然科学版）, 2021, 27 (02): 62-66.

[29] 应佳玲, 尹威. 异质从众行为与股价波动的 Agent 仿真研究 [J]. 计算机仿真, 2021, 38 (05): 297-301, 333.

[30] 关中美, 杨贵庆, 职晓晓. 基于社会网络分析法的乡村聚落空间网络结构优化研究——以中原经济区 X 乡为例 [J]. 现代城市研究, 2021 (04): 123-130.

[31] 金武, 王书磊, 刘晓萌, 等. 基于社会网络分析的渔业专利分析——以中国水产科学研究院为例 [J]. 中国渔业质量与标准, 2021, 11 (02): 25-31.

## 第 1 章 绪 论

[32] 李玲静. 北京电动汽车供应网络发展的复杂适应系统仿真研究 [D]. 北京：北京工业大学，2015.

[33] 王建颖，张丽丽，马贞立，等. 基于回声模型及 Gaia 方法的复杂适应系统仿真建模及应用 [J]. 江南大学学报（自然科学版），2010，9（01）：22-25.

[34] 周婷，王振龙，朱梅，等. 基于混合编程的梯级水库群综合集成仿真调度平台构建 [J]. 中国农村水利水电，2017（03）：153-155，159.

[35] 张明智，胡晓峰，司光亚，等. 基于 MAS 的体系效能综合集成仿真模型研究 [J]. 系统仿真学报，2006（12）：3584-3588.

[36] Wang F Y. Parallel Control and Management for Intelligent Transportation System: Concepts, Architectures and Applications [J]. IEEE Transactions on Intelligent Transportation Systems, 2010, 11 (3): 1-10.

[37] 王飞跃，王晓，袁勇，等. 社会计算与计算社会：智慧社会的基础与必然 [J]. 科学通报，2015，60（5-6）：460-469.

[38] Xiong G, Wang K F, Zhu F H, et al. Parallel Traffic Management for the 2010 Asian Games [J]. IEEE Intelligent Systems, 2010: 81-85.

[39] 孟荣清，邱晓刚，张烙兵，等. 面向平行应急管理的计算实验框架 [J]. 系统工程理论与实践，2015，35（10）：2459-2466.

[40] 熊刚，王飞跃，侯家琛，等. 提高核电站安全可靠性的平行系统方法 [J]. 系统工程理论与实践，2012，32（5）：1018-1026.

[41] 邓建玲，王飞跃，陈耀斌，等. 从工业 4.0 到能源 5.0：智能能源系统的概念、内涵及体系框架 [J]. 自动化学报，2015，41（12）：2003-2016.

[42] 熊刚，王飞跃，邹宇敏，等. 提升乙烯长周期生产管理的平行评估方法 [J]. 控制工程，2012，17（03）：401-406.

[43] 王飞跃，邱晓刚，曾大军，等. 基于平行系统的非常规突发事件计算实验平台研究 [J]. 复杂系统与复杂性科学，2010，7（04）：1-10.

[44] 左敏. 平行系统理论在现代矿山管理中的应用 [J]. 金属矿山，2011，36（09）：131-133.

[45] 刘小明，李正熙. 城市客运交通枢纽平行系统体系研究 [J]. 自动化学报，2014，40（12）：2757-2765.

[46] 王飞跃. 从激光到激活：钱学森的情报理念与平行情报体系 [J]. 自动化学报，2015，41（6）：1053-1061.

[47] 王飞跃，蒋正华，戴汝为. 人口问题与人工社会方法：人工人口系统的设想与应用 [J]. 复杂系统与复杂性科学，2005，2（1）：1-9.

[48] 王飞跃. 面向赛博空间的战争组织与行动：关于平行军事体系的讨论 [J]. 军事运筹与系统工程，2012，26（03）：5-10.

[49] 王飞跃. 社会信号处理与分析的基本框架：从社会传感网络到计算辩证解析

方法 [J]. 中国科学：信息科学, 2013, 43 (12): 1598-1611.

[50] L. A. Zadeh. Fuzzy sets, Infor. And cont [M]. (Translated in Chinese by Gen Chunlin) NanJing Electronic Engineering Research Institute, 1965, 8.

[51] 邓聚龙. 灰色控制系统 [M]. 武汉：华中工学院出版社, 1985.

[52] Nilsson Nils J. Probabilistic logic [J]. Artificial Intelligence, 1986, 28 (1): 71-87.

[53] 李德毅, 孟海军, 等. 隶属云和隶属云发生器 [J]. 计算机研究和发展, 1995, 32 (6): 16-21.

[54] 陈大为. 灰色模糊集合引论 [M]. 哈尔滨：黑龙江科学技术出版社, 1994.

[55] 王洪利, 冯玉强. 基于灰云的改进的白化模型及其在灰色决策中的应用 [J]. 黑龙江大学自然科学学报, 2006, 06: 740-745.

# 第 2 章

# 一种不确定性的综合描述方法

▞ 本章内容提要

针对系统中变量不确定性的框架形式表达问题，以下给出一种全面描述不确定性的综合描述模型，并给出基于综合描述模型的知识表达式和推理方法。

▞ 本章核心词

不确定性，综合描述模型。

## 第1节 不确定性的内涵

根据对现有研究的总结，不确定性的含义包括以下几个方面：

（1）不精确性，即模糊性。不精确有两层含义，第一，这里的不精确不是由于测量误差等原因而引起的，而是对例如属性值等的一种不精确而又能体现其真实性、客观性的表示。这种不精确恰恰是事物属性的客观真实的反映，精确的反而是不正确的。第二，事物属性所取值的边界是不确定的、模糊的，这种取值有一个模糊区间。

（2）信息的不完全性，即灰性。描述由于信息的不完全而引起的不确定性。可具体表现为对事物属性所取值的边界确定，但具体在该边界范围内的具体数值不确定的情况。即概念的外延确定，内涵不确定的事物。

（3）随机性，即事物的发生或者出现是随机的。这种不确定性表现了事物发生的可能性及其影响因素。

除此之外，不确定性的含义还包括动态与演化性，是指事物随着时间的推移而引起的不确定性。有的学者从系统的观点研究发现，认为混沌性也是一种不确定性。这种不确定性蕴含在系统从有序到无序的或者反演化的过程中。

不确定性的内涵是随着科学的进步，人们认识的逐步深入而不断增加和丰富的，所以不确定性还应该包括那些客观存在而没有被现有理论所发现和描述的不确定性。

## 第2节 不确定性的综合描述模型

不确定性包括不精确性、不完全性、随机性等多个方面，为了建立描述不确定性的综合模型，做如下定义：

维：不确定性的单独某一个方面，如模糊性、随机性或灰性，称为不确定性的一维。

一维模型：只描述一维，即不确定性的一个方面的不确定性模型被称为一维模型，如三角模糊数模型、灰数的白化模型等属于一维模型。

二维模型：综合描述不确定的其中两个方面的模型被称为二维模型，如云模型、灰云模型等属于二维模型。

$n$ 维模型：以此类推，综合描述其中不确定性的 $n$ 个方面的模型被称为 $n$ 维模型。目前，还没有综合描述不确定性的三维及其以上的模型被提出。

复合模型：二维及其以上的模型，也被称为描述不确定性的复合模型。

不确定性的综合描述模型，应满足以下条件：

（1）不确定性的综合描述模型不是建立一个像泛逻辑学那样通用的柔性逻辑，而是建立一个综合描述不确定性的所有维的模型，这个模型是将现有的已经提出的不确定性的维及其模型全面、原封不动地描述在一起，以使人们全面、客观、正确地利用事物的所有不确定性来分析和求解问题。

（2）不确定性的综合描述模型是描述一个事物不确定性的所有维的模型。

（3）不确定性的综合描述模型中，应该描述不确定性的所有方面，所以应该包括所有的一维模型，所有的二维模型，所有的三维模型，…，直到所有的 $n$ 维模型。

（4）不确定性的综合描述模型具有可扩展性，随着科学的进步，新的不确定性的维及其模型被提出，不确定性的综合描述模型应该能够增加对其进行的表达和描述。

（5）可以通过增加描述一个事物不确定性的维的模型，如一维模型、二维模型、三维模型、…、$n$ 维模型，使不确定性的综合描述模型变得更加全面、客观。

（6）实际应用中，应该允许人们只使用其中的一维或者不同维几个模型来处理问题。模型应该提供这样的使用机制或者方法。

（7）不确定性的每个维之间可能不是独立的，存在着相关性，在考虑这种相

## 第 2 章 一种不确定性的综合描述方法

关性的情况下,研究具有相关性的不确定性的维的复合模型,是很有意义的。当这样的新模型被提出时,不确定性的综合描述模型应该具有增加对其进行表达和描述的功能。

为了便于使用计算机处理,需要使用表达式抽象定义不确定性的综合描述模型,所以做以下定义:

不确定性的综合描述模型使用数学符号表示为 UUM,即 Universal Uncertain Model 的缩写。不确定性的综合描述模型简称为 UUM 模型。

定义 $D_j^i$ 代表每一维中具体表达不确定性的模型。其中 $i$ 表示维数,$j$ 表示第 $i$ 维的第 $j$ 个模型。例如,第 2 维的第 1 个模型是综合表示模糊性和随机性的云模型,则可表示为

$$D_1^2 = G(Ex, En, He) \tag{2.1}$$

其是云模型的表达式,三个参数分别表示期望、熵和超熵。定义不确定性的综合描述模型如下:

$$UUM = \bigcup_{\substack{i=1 \\ j=1,\cdots,m_1}} D_j^i + \bigcup_{\substack{i=2 \\ j=1,\cdots,m_2}} D_j^i + \cdots + \bigcup_{\substack{i=n \\ j=1,\cdots,m_n}} D_j^i$$

$$D_j^i \Leftrightarrow \begin{cases} D_j^1 \Leftrightarrow \begin{cases} D_1^1 = M_1(p_1, p_2, \cdots) \\ D_2^1 = M_2(p_1, p_2, \cdots) \\ \cdots \\ D_{m_1}^1 = M_{m_1}(p_1, p_2, \cdots) \end{cases} \\ D_j^2 \Leftrightarrow \begin{cases} D_1^2 = M_1(p_1, p_2, \cdots) \\ D_2^2 = M_2(p_1, p_2, \cdots) \\ \cdots \\ D_{m_1}^2 = M_{m_2}(p_1, p_2, \cdots) \end{cases} \\ \cdots \cdots \\ D_j^n \Leftrightarrow \begin{cases} D_1^n = M_1(p_1, p_2, \cdots) \\ D_2^n = M_2(p_1, p_2, \cdots) \\ \cdots \\ D_{m_1}^n = M_{m_n}(p_1, p_2, \cdots) \end{cases} \end{cases} \tag{2.2}$$

其中,符号 $\cup$ 和 + 都表示"合取",即"并"的意思。$\bigcup_{j=1,2,\cdots,m_1} D_j^i$ 表示第 $i$ 维所有模型的并集合。$M(p_1, p_2, \cdots)$ 表示泛指,它在实际中应该是一个具体表达不确定性模型的表达式,如模糊数学模型、灰色模型、灰色模糊模型、云模型、灰云模型等,其中的参数也对应该具体模型的具体形式和参数值。

这样,通过式(2.2),可以完全地了解一个事物的不确定性的所有方面,这为

具体问题的求解和决策提供了全面的不确定性信息。每一个不确定性的维，都提供了不同的具体的模型和参数值，为掌握该维的所有具体信息提供了依据。同时该公式提供了复合模型的信息，为同时考虑几种不确定性的决策提供了更详尽的信息。

同时，式（2.2）是可扩展的，当在每一维发现了新的不确定性模型时，都可以动态添加到其中去。式（2.2）的每一维的模型都是根据客观情况确定的。当使用式（2.2）进行决策时，对于可以忽略的或者不考虑的不确定性，可以将其模型参数适当设置，使其为确定性的。如模糊隶属度设置为 1 或者 0 等。

下面是一个综合描述一个事物所有不确定性的例子，在企业无形资产的价值评估决策中，"重要无形资产的价值评估"，这里"重要"是模糊的，价值是"灰色的"，专家对于该值的具体评估却是在一定范围内随机的。使用 UUM 模型可表示为

$$UUM = \bigcup_{\substack{i=1 \\ j=1,2,\cdots,m_1}} D_j^i + \bigcup_{\substack{i=2 \\ j=1,2,\cdots,m_2}} D_j^i + \cdots + \bigcup_{\substack{i=n \\ j=1,2,\cdots,m_n}} D_j^i$$

$$D_j^i \Leftrightarrow \begin{cases} D_j^1 \Leftrightarrow \begin{cases} D_1^1 = \hat{A} = \{x, u_A(x) \mid x \in X\} \\ D_2^1 = A_{\otimes} = \{(x, u_A(x)) \mid x \in A\} \\ D_3^1 = P(x) = \{p_i \mid 0 \leq p_i \leq 1, \sum p_i = 1\} \end{cases} \\ D_j^2 \Leftrightarrow \begin{cases} D_1^2 = \hat{A}_{\otimes} \overset{\Delta}{=} \{(x, u_A(x), v_A(x)) \mid x \in X\} \\ D_2^2 = G(Ex, En, He) \\ D_3^2 = GC(Ex, En, He) \end{cases} \end{cases} \quad (2.3)$$

其中的一维模型从上到下依次为模糊、灰色、概率模型，二维模型从上到下依次为模糊灰色、云模型、灰云模型。

## 第 3 节　基于 UUM 模型的不确定知识表示与推理

### 一、基于 UUM 模型的不确定知识表示

**1. UUM 语言谓词**

设 $x$ 为在 $U$ 中取值的变量，$T$ 为 UUM 语言谓词，则命题表示为[1]

$$(x \text{ is } T) \quad (2.4)$$

其中的 UUM 语言谓词可以是大、小、多、少、高、低等，或者是它们的复合。

**2. UUM 语言量词**

基于云模型的规则描述中使用云语言量词，如极少、很少、几个、少数、多

数、大多数、几乎所有等。这些云语言量词能使我们方便地描述下面的命题：

大多数情况下的生产安排与库存问题是可以采用线性规划模型求解的。

3. UUM 概率、UUM 可能性和 UUM 真值

设 $\text{UUM}_\lambda$ 表示云概率，$\text{UUM}_\pi$ 表示云可能性，$\text{UUM}_\tau$ 为云真值，则对命题还可以附加概率限定、可能性限定和真值限定。

$$(x \quad is \quad T) \quad is \quad \text{UUM}_\lambda \qquad (2.5)$$

$$(x \quad is \quad T) \quad is \quad \text{UUM}_\pi \qquad (2.6)$$

$$(x \quad is \quad T) \quad is \quad \text{UUM}_\tau \qquad (2.7)$$

其中模型 $\text{UUM}_\lambda$ 代表的语言概念可以是"或许""必须"等；模型 $\text{UUM}_\pi$ 代表的语言概念可以是"非常可能""很不可能"等；模型 $\text{UUM}_\tau$ 代表的语言概念可以是"假""很真"等。

4. UUM 修饰语

设 $m$ 是 UUM 修饰语，$x$ 是变量，$C$ 为 UUM 语言谓词，则命题可表示为

$$(x \quad is \quad mT) \qquad (2.8)$$

常用的 UUM 修饰语可以是"非常""很""有些""大多数"等。云修饰语的表达可以通过下面三种运算实现：

（1）定性语言的非。表示否定，如"不""非"等，其 UUM 模型的运算为

$$\neg \text{UUM} = \bigcup_{\substack{i=1 \\ j=1,2,\cdots,m_1}} \neg D_j^i + \bigcup_{\substack{i=2 \\ j=1,2,\cdots,m_2}} \neg D_j^i + \cdots + \bigcup_{\substack{i=n \\ j=1,2,\cdots,m_n}} \neg D_j^i$$

$$\neg D_j^i \Leftrightarrow \begin{cases} \neg D_j^1 \Leftrightarrow \begin{cases} \neg D_1^1 = \neg M_1(p_1, p_2, \cdots) \\ \neg D_2^1 = \neg M_2(p_1, p_2, \cdots) \\ \cdots \\ \neg D_{m_1}^1 = \neg M_{m_1}(p_1, p_2, \cdots) \end{cases} \\ \neg D_j^2 \Leftrightarrow \begin{cases} \neg D_1^2 = \neg M_1(p_1, p_2, \cdots) \\ \neg D_2^2 = \neg M_2(p_1, p_2, \cdots) \\ \cdots \\ \neg D_{m_2}^2 = \neg M_{m_2}(p_1, p_2, \cdots) \end{cases} \\ \cdots \\ \neg D_j^n \Leftrightarrow \begin{cases} \neg D_1^n = \neg M_1(p_1, p_2, \cdots) \\ \neg D_2^n = \neg M_2(p_1, p_2, \cdots) \\ \cdots \\ \neg D_{m_n}^n = \neg M_{m_n}(p_1, p_2, \cdots) \end{cases} \end{cases} \qquad (2.9)$$

其中，$\neg$ 表示"非"，为可选择型符号，非必选，但至少有一个 $\neg$ 被选择使用。

$\neg D_j^i (i=1, 2, \cdots)$ 具体形式根据不同维模型的不同而不同，即 $\neg M_1(p_1, p_2, \cdots)$ 的具体形式根据不同维模型的不同而不同，且根据实际情况确定 $\neg$ 的选择使用。

（2）语气加强。表示"很""非常"，用 UUM 运算中的加强语气运算。

（3）语气减弱。表示"有些""稍微"等，用云运算中的减弱语气运算。

$$UUM = \bigcup_{\substack{i=1 \\ j=1,2,\cdots,m_1}} (\pm\otimes)D_j^i + \bigcup_{\substack{i=2 \\ j=1,2,\cdots,m_2}} (\pm\otimes)D_j^i + \cdots + \bigcup_{\substack{i=n \\ j=1,2,\cdots,m_n}} (\pm\otimes)D_j^i$$

$$(\pm\otimes)D_j^i \Leftrightarrow \begin{cases} (\pm\otimes)D_j^1 \Leftrightarrow \begin{cases} (\pm\otimes)D_1^1 = (\pm\otimes)M_1(p_1, p_2, \cdots) \\ (\pm\otimes)D_2^1 = (\pm\otimes)M_2(p_1, p_2, \cdots) \\ \cdots \\ (\pm\otimes)D_{m_1}^1 = (\pm\otimes)M_{m_1}(p_1, p_2, \cdots) \end{cases} \\ (\pm\otimes)D_j^2 \Leftrightarrow \begin{cases} (\pm\otimes)D_1^2 = (\pm\otimes)M_1(p_1, p_2, \cdots) \\ (\pm\otimes)D_2^2 = (\pm\otimes)M_2(p_1, p_2, \cdots) \\ \cdots \\ (\pm\otimes)D_{m_1}^2 = (\pm\otimes)M_{m_2}(p_1, p_2, \cdots) \end{cases} \\ \cdots \\ (\pm\otimes)D_j^n \Leftrightarrow \begin{cases} (\pm\otimes)D_1^n = (\pm\otimes)M_1(p_1, p_2, \cdots) \\ (\pm\otimes)D_2^n = (\pm\otimes)M_2(p_1, p_2, \cdots) \\ \cdots \\ (\pm\otimes)D_{m_1}^n = (\pm\otimes)M_{m_n}(p_1, p_2, \cdots) \end{cases} \end{cases} \quad (2.10)$$

语气运算如式（2.10）所示，加强和减弱分别用 $(+\otimes)$ 和 $(-\otimes)$ 来表示，都为可选择型符号，非必选，但至少有一个被选择使用。$(\pm\otimes)D_j^i (i=1, 2, \cdots)$ 具体形式根据不同维模型的不同而不同，即 $(\pm\otimes)M_1(p_1, p_2, \cdots)$ 的具体形式根据不同维模型的不同而不同，且根据实际情况确定其选择使用。

现有已知的一维模型和二维模型分别有各自的非运算和语气运算的方法。UUM 模型的非运算和语气运算就是一维模型和二维模型的非运算和语气运算，或者是不同模型的非运算或者与其运算的复合。

上面基于 UUM 模型的不确定性描述比传统的二值逻辑更为全面客观，比模糊逻辑增加了随机性等其他描述，更加接近于自然语言的描述。因此，非常适用于不确定性情况下的事实（命题）表示。

## 二、不确定知识的产生式表示

1972 年纽厄尔和西蒙在研究人类的认知模型中开发了基于规则的产生式系统，产生式表示法已成为人工智能中应用最多的一种知识表示模式，产生式表示法也称为产生式规则表示法，规则描述的是事物间的因果关系，规则的产生式表示形

式常称为产生式规则,简称产生式,或规则[1]。其基本形式为[1]:
$$P \rightarrow Q \tag{2.11}$$
或者
$$\text{if } P \text{ then } Q \tag{2.12}$$
其中,$P$是产生式的前提,也称为产生式的前件,给出了该规则使用的先决条件,由命题的逻辑组合来组成,$Q$为一组结论或判断,也称为产生式规则的后件。产生式的含义是:如果前件$P$满足,则可推出结论$Q$或执行$Q$所规定的操作。

如果规则 if $P$ then $Q$ 中前件 $P$,结论 $Q$ 为基于 UUM 模型的描述事实的命题逻辑组合,则称 if $P$ then $Q$ 为基于 UUM 模型的知识产生式表示。

基于 UUM 模型的知识产生式表示存储在知识库中,需要时还可以给出事实的基于 UUM 模型的概率、可能性或真值等信息。

### 三、基于 UUM 模型的不确定知识推理

定性概念的匹配是对两个定性概念相似程度的比较与判断,两个定性概念的相似程度称为匹配度。贴近度指两个概念的接近程度,可以直接用作匹配度。

定义两个 UUM 模型表达的定性概念的贴近度如下:

设在论域 $U$ 中有两朵相邻的 $UUM_1$ 和 $UUM_2$,那么 $DI_{1,2} = UMM_1 \perp UUM_2$ 表示 $UUM_1$ 所代表的语言值与 $UUM_2$ 所代表的语言值的广义相对贴近度。$\perp$ 表示广义相对贴近度运算。

**定义**:两个 UUM 模型各维中相对应的具体模型之间的贴近度 $d$,根据具体模型的不同而不同。每一维的加权平均贴近度为 $d^{j\prime}$($j$ 表示维数):

$$d^{j\prime} = \sum_{j=1}^{m} a_{ij} d_j^i (i = 1, \cdots, n) \tag{2.13}$$

其中,$a_{ij}$ 用来表示第 $i$ 维第 $j$ 个模型表达的不确定性的权重。

广义相对贴近度计算没有固定的形式,可以根据具体情况进行,其中一种为采用加权均值法,计算如下:

$$DI_{1,2} = UMM_1 \perp UUM_2 = \sum_{i=1}^{n} b_i d^{i\prime} \tag{2.14}$$

用来表示第 $i$ 维的不确定性的权重。

对于多命题组合的前件规则,建立多概念的平均广义相对贴近度:

$$DI = \frac{\sum_n DI_{ij}}{n} \tag{2.15}$$

其中,DI 表示平均广义相对贴近度。

对于前件的规则,需要确定对已知的事实应该匹配哪一条规则,使用平均广义匹配度最大优先准则,确定事实 UUM 模型与规则前件的语言变量的 UUM 模型

之间的匹配度，使用根据匹配度最大优先原则，确定输出规则的推理方法。

## 本章小结

传统的不确定性描述模型具有片面性的弱点，本章提出了一种全面描述不确定性的综合描述模型，能够从整体上全面综合地描述事物或者概念的不确定性，且具有扩展性。同时给出了在智能决策支持系统，使用综合不确定模型的知识表达和推理方法，能够全面描述知识的不确定性，更加全面、客观。

进一步的研究工作包括新的更高维的不确定性描述模型的发现；基于综合不确定模型的知识表示和推理方法的应用和改进；系统原型的建立、应用和改进等。

## 本章参考文献

［1］ 王万森．人工智能原理及其应用［M］．北京：电子工业出版社，2002．

# 第 3 章

# 灰云模型

## 本章内容提要

针对之前研究文献中提出的灰数的白化模型存在局限性，本章研究了基于灰云的灰数白化模型的进一步扩展和补充。书中首先概述了已有的灰数白化模型存在局限性，然后给出了"非中点单一最大重要性权值"正态灰云模型、"多最大重要性权值"正态灰云模型和非正态不确定性灰云模型表示和生成方法，最后给出了结论和进一步研究的展望。

## 本章核心词

灰云模型。

## 第 1 节　灰云模型概念

灰色理论由华中科技大学邓聚龙教授提出，灰色通常指不完全性，即外延确定而内涵不确定。所谓灰色系统，是指相对于一定的认识层次，系统内部的信息部分已知，部分未知，即信息不完全[1]。灰数及其白化函数理论在灰色系统中被提出。灰数是信息不完全、不确定的数，有信息型、概念性和层次性灰数三种形式[2]。灰数是一个数集，灰数可能的白化值是数集中可能的取值，以 $x_i$ 为白化值的灰数可表示为 $\otimes(x_i)$，其白化值记为 $\tilde{\otimes}(x_i)$。依据信息完全性的多少，灰数中可能的白化值的地位是不同的，表示地位大小的权被称为白化权，对应的权系数函数被称为白化权函数，简称白化函数，记为 $f(x)$ [2]。灰色系统具有以下特点：用灰色数学处理不确定量，使之量化，充分利用已知信息寻求系统的运动规律，能处理贫信息系统[3]。灰色系统理论在工程和管理决策等领域获得了较为广泛的应用[4,5]。

为了增加白化函数综合刻画决策信息的不完全性和随机性的能力,李德毅院士提出用来表示模糊性与随机性的定性与定量转化的云模型方法,遵循其方法和原理文献[6] 提出了灰云模型,用来综合表示信息不完全性和随机性。在模型中表示灰数的白化权通过 $U(x) \in [0, 1]$ 刻画,有一定不均匀厚度的随机曲线表示了随机性。

设 $U = \{x\}$ 是 $U$ 的论域,$T$ 是与 $U$ 相关联的语言值,$U$ 中的元素 $x$ 对于 $T$ 所表达的灰概念的白化权是一个具有稳定倾向的随机数。白化权在论域上的分布称为白化权灰云,简称灰云,其示意图如图 3.1 所示。

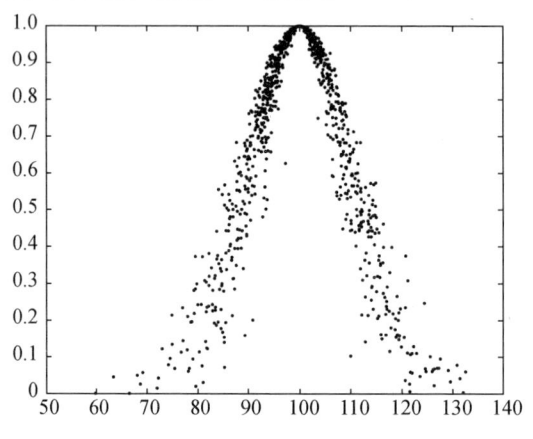

**图 3.1 灰云模型示意图**

$U(x) = \text{GL}(x)$ 在 $[0, 1]$ 中取值,灰云是从论域 $U$ 到区间 $[0, 1]$ 的映射,即

$$U(x) = \text{GL}(x): U \to [0, 1] \quad (3.1)$$

$$\forall x \in U, x \to \text{GL}(x) \quad (3.2)$$

正态灰云模型的曲线符合正态分布,正态灰云模型的数学期望曲线如下:

$$\text{NGL}(x) = \exp\left[-\frac{(x - Cx)^2}{2\left(\frac{Rx - Lx}{6}\right)^2}\right] \quad (3.3)$$

下面是正态灰云的生成算法:

(1) 以 $[Lx, Rx]$ 为区间,以 $Cx$ 为期望,以 $En = \dfrac{Rx - Lx}{6}$ 为标准差生成正态随机数 $x_i$。

(2) 以 $En = \dfrac{Rx - Lx}{6}$ 为期望值,$He$ 为标准差生成正态随机数 $En'$。

(3) 利用 $u_i = \exp\left[-\dfrac{(x_i - Cx)^2}{2(En')^2}\right]$ 生成 $u_i$,令 $(x_i, u_i)$ 为云滴。

灰数白化过程中的随机性描述在上述过程被充分考虑,对灰数的白化模型进行了优化,但也存在一定的缺陷:

# 第 3 章　灰云模型

（1）该模型对主观概念型灰数和灰量的转化比较适合。对于概念型灰数和灰量，将区间内部描述为中间部分随机性小，两端随机性大（即由中间至两端随机性逐渐增大）的情形较为适合。

（2）对于其他类型的灰数，将区间内部描述为中间部分随机性小，两端随机性大（即由中间至两端随机性逐渐增大）的情形并不一定适合。原因在于，信息的灰性指信息的外延确定而内涵不确定的性质。邓聚龙教授指出：如果是非概念性灰数，灰色的不确定区间内各点的白化权依据重要性来确定，其中重要性的大小根据获得信息和环境来决定。那么，非概念性灰数一般要依据客观条件而不是主观判断决定。

## 第 2 节　灰数白化模型

灰云模型的灰数白化模型可以利用灰云模型建立。用来表示小、中、大等灰色概念的灰云模型如图 3.2 所示，代表了基于灰云的典型的白化模型。

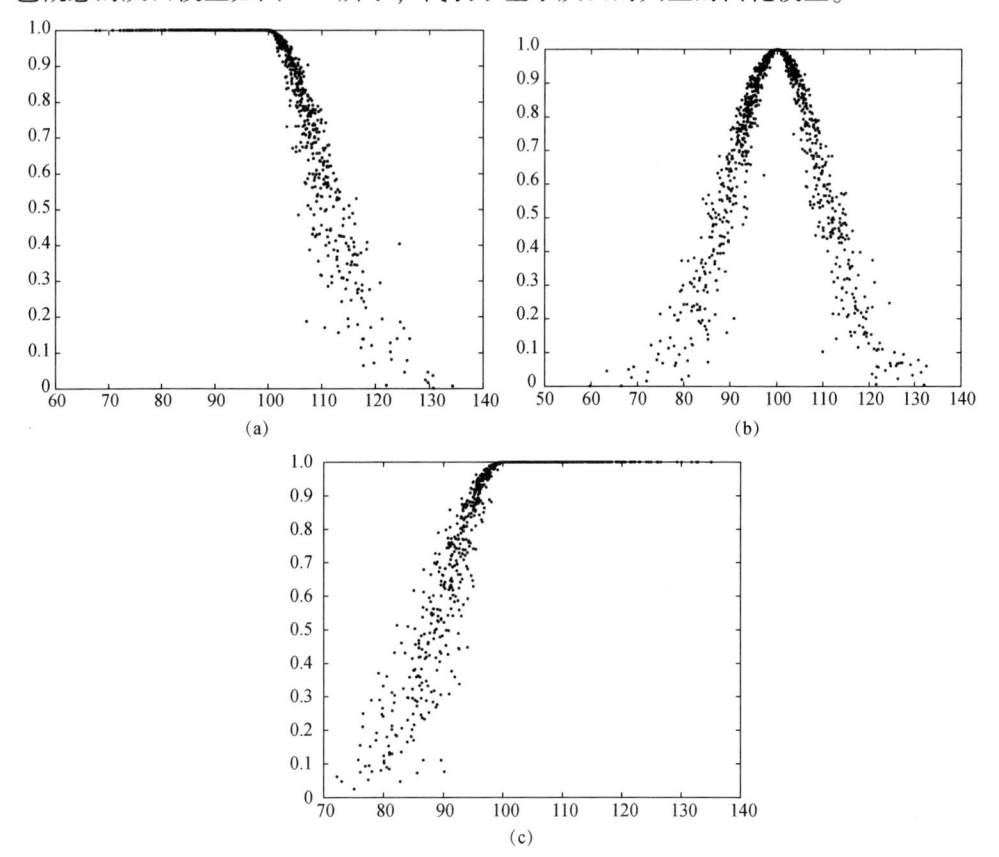

图 3.2　基于灰云的典型白化模型示意图

除了最具有代表性的典型白化模型外，其他形态的白化权峰值区间灰云模型，三角灰云模型，左、右半三角灰云模型和梯形灰云模型等，根据实际情况和需要分别用来表示大、中、小等不同级别的灰概念。其相应的数字特征与典型的灰云模型相似，几种其他形状的灰云模型如图 3.3 所示。

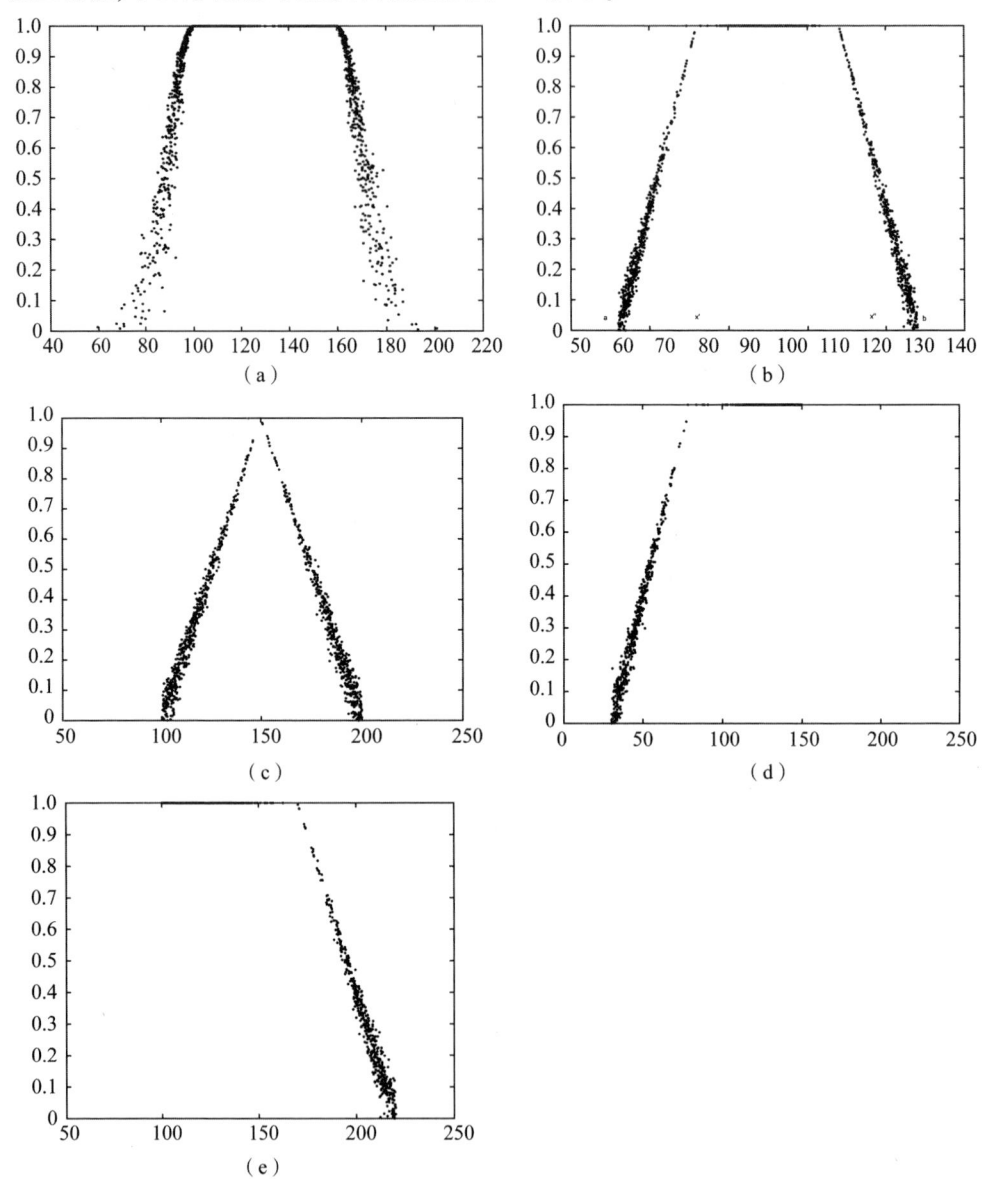

**图 3.3　其他几种基于灰云的灰数白化模型示意图**
（a）梯形灰云模型 1；（b）梯形灰云模型 2；（c）三角灰云模型；
（d）左三角灰云模型；（e）右三角灰云模型

基于灰云的白化模型的白化公式如下：

$$\tilde{\otimes}(x_i) = x_i * f(x_i) \tag{3.4}$$

尽管灰数白化权的值的总趋势为具有稳定倾向的随机数，但因为每一次计算的白化权不同，每一次白化值就可能不同，所以 $f(x_i)$ 为白化权随机数中的一个。正态灰云模型的灰数白化模型的数学表达式如下：

$$\tilde{\otimes}(x_i) = x_i * U(x_i) = x_i * \exp\left[-\frac{(x_i - Cx)^2}{2(En'_i)^2}\right] \tag{3.5}$$

## 第3节 灰云模型的改进

### 一、"非中点单一最大重要性权值"正态灰云模型

对于非概念性灰数，其白化权值的大小根据获得的信息和环境综合确定，与概念性灰数相比，其最大重要性权值可能位于区间的任一位置，从而其不确定性模型可能是左右不对称的模型。图形表示分别如图3.4（a）、图3.4（b）所示。

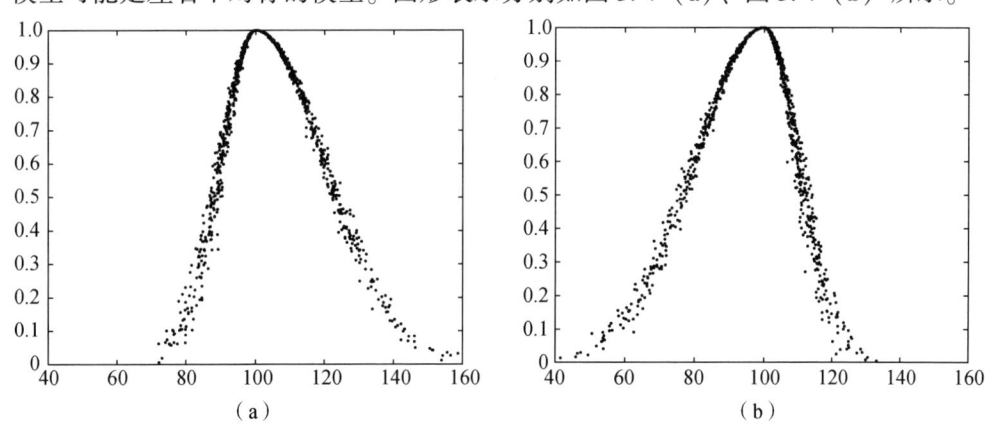

图 3.4 左右不对称不确定性模型示意图

此时正态灰数不确定性白化模型是由左右两个正态半云组成的，左半灰云的数字特征为 $C(Ex_l, En_l, He_l)$，右半灰云的数字特征为 $C(Ex_r, En_r, He_r)$。

其中，左半灰云的数学期望曲线为

$$\text{NGL}^l(x) = \exp\left[-\frac{(x - Ex_l)^2}{2\left(\frac{x' - a}{3}\right)^2}\right] \quad (x \in (a, x')) \tag{3.6}$$

右半灰云的数学期望曲线为

$$\text{NGL}^r(x) = \exp\left[-\frac{(x - Ex_r)^2}{2\left(\frac{b - x'}{3}\right)^2}\right] \quad (x \in (x', b)) \tag{3.7}$$

此时，对于区间（$a, b$）内的灰数 $x_i$，其白化值 $\tilde{\otimes}(x_i)$ 的计算表达式为

$$\tilde{\otimes}(x_i) = x_i * U(x_i) = \begin{cases} x_i * \exp\left[-\dfrac{(x_i - Ex_1)^2}{2\left(\dfrac{x' - a}{3}\right)^2}\right], & x \in (a, x') \\ x_i * \exp\left[-\dfrac{(x_i - Ex_r)^2}{2\left(\dfrac{b - x'}{3}\right)^2}\right], & x \in (x', b) \end{cases} \quad (3.8)$$

左半灰云模型的生成算法如下：

（1）在区间 [$a, x'$] 内，生成以 $Ex_1 = x'$ 为期望，以 $En_1 = \dfrac{x' - a}{3}$ 为标准差的正态随机数 $x_i$。

（2）生成以 $En = \dfrac{x' - a}{3}$ 为期望值，$He$ 为标准差的正态随机数 $En'$。

（3）计算 $u_i = \exp\left[-\dfrac{(x_i - Ex_1)^2}{2(En')^2}\right]$，令 ($x_i, u_i$) 为云滴。

右半灰云模型的生成算法如下：

（1）在区间 [$x', b$] 内，生成以 $Ex_r = x'$ 为期望，以 $En_r = \dfrac{b - x'}{3}$ 为标准差的正态随机数 $x_i$。

（2）生成以 $En = \dfrac{b - x'}{3}$ 为期望值，$He$ 为标准差的正态随机数 $En'$。

（3）计算 $u_i = \exp\left[-\dfrac{(x_i - Ex_r)^2}{2(En')^2}\right]$，令 ($x_i, u_i$) 为云滴。

## 二、"多最大重要性权值"正态灰云模型

根据灰色理论，"非中点单一最大重要性权值"的灰数模型可能是一种最为普遍的灰云模型。但也允许有一些例外和极端的情况，例如根据掌握的信息可能已经确知区间中的几个点为重要性最大的灰数，其他一些点的信息则不掌握。根据灰色系统"贫信息确定系统模型"的原则，例如根据灰色理论，未来的工资收入、产量、成年人的身高和体重等都是灰色概念。这些概念是和产量的高低、质量的好坏等概念型灰数有区别的。以成年人的身高为例，正常情况下（侏儒、巨人除外）应该在 150 ~ 190 cm。那么对于成年男人，例如对成年男人身高这个灰色概念，重要性最大的可能是 168；对于成年女人来说，重要性最大的可能是 158。那么对于身高这个灰色概念，掌握的已知基本信息可能集中于 168 和 158 这两个重要的数据周围。类似的产量、工资等灰色概念均可能出现类似的情况。如未来年底的工资在 2 000 ~ 3 000 元，2 000 元为基本工资，如果根据业绩工资有 1 000 元的浮动，根据

环境信息判断最可能出现的是业绩为好、中的情况，且分别得到工资 3 000 元和 2 600 元。那么工资这一灰数中 3 000 和 2 600 就是重要性最大的点。灰色系统理论中极少对类似情况进行讨论，但指出根据获得信息的多少，灰数（非概念型）区间中的每一个点的重要性程度是不同的，故不能将上述"多最大重要性权值"情况排除在外。

图 3.5 所示为一个具有两个最大重要性权值的灰数示意图，区间的左右端点为 $a$ 和 $b$，具有最大重要性的点分别为 $x'$ 和 $x''$。在区间 $[a, x']$ 灰数的白化模型为半灰云 1l，在区间 $[x', x]$ 灰数的白化模型为半灰云 1r，在区间 $[x, x'']$ 灰数的白化模型为半灰云 2l，在区间 $[x'', b]$ 灰数的白化模型为半灰云 2r。其中半灰云 1r 和 2l 具有相同的数字特征。

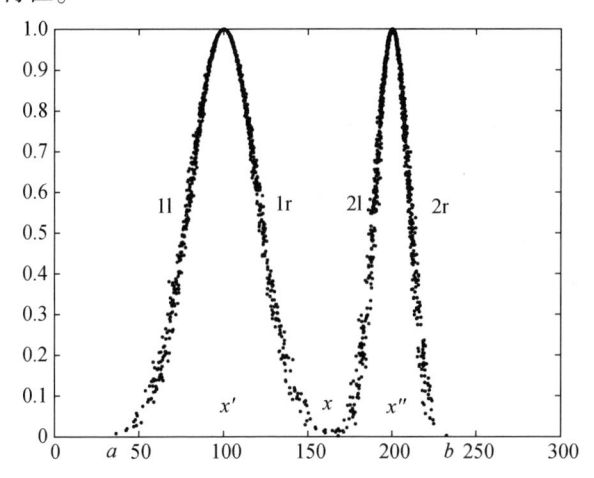

**图 3.5 "多最大重要性权值"情况不确定性模型示意图**

此时灰数的数学期望曲线为

$$\mathrm{NGL}(x) = \begin{cases} \exp\left[-\dfrac{(x - Ex_{1l})^2}{2\left(\dfrac{x' - a}{3}\right)^2}\right] & x \in (a, x') \\[2ex] \exp\left[-\dfrac{(x - Ex_{1r})^2}{2\left(\dfrac{x'' - x'}{6}\right)^2}\right] & x \in \left(x', \dfrac{x' + x''}{2}\right) \\[2ex] \exp\left[-\dfrac{(x - Ex_{2l})^2}{2\left(\dfrac{x'' - x'}{6}\right)^2}\right] & x \in \left(\dfrac{x' + x''}{2}, x''\right) \\[2ex] \exp\left[-\dfrac{(x - Ex_{2r})^2}{2\left(\dfrac{b - x''}{3}\right)^2}\right] & x \in (x'', b) \end{cases} \qquad (3.9)$$

此时，对于区间 $(a, b)$ 内的灰数 $x_i$，其白化值 $\tilde{\otimes}(x_i)$ 的计算表达式为

$$\tilde{\otimes}(x_i) = x_i * U(x_i) = \begin{cases} x_i \exp\left[-\dfrac{(x_i - Ex_{11})^2}{2\left(\dfrac{x'-a}{3}\right)^2}\right] & x \in (a, x') \\ x_i \exp\left[-\dfrac{(x_i - Ex_{1r})^2}{2\left(\dfrac{x''-x'}{6}\right)^2}\right] & x \in \left(x', \dfrac{x'+x''}{2}\right) \\ x_i \exp\left[-\dfrac{(x_i - Ex_{21})^2}{2\left(\dfrac{x''-x'}{6}\right)^2}\right] & x \in \left(\dfrac{x'+x''}{2}, x''\right) \\ x_i \exp\left[-\dfrac{(x_i - Ex_{2r})^2}{2\left(\dfrac{b-x''}{3}\right)^2}\right] & x \in (x'', b) \end{cases} \quad (3.10)$$

其生成算法和前述类似，含有多个最大重要性权值的灰数与图 3.5 的情况类似，不再展开论述。

### 三、其他非正态不确定性灰云模型

除正态灰云模型外，其他的典型非正态不确定性灰云模型，包括三角灰云模型和梯形灰云模型，分别如图 3.6（a）、3.6（b）所示，其中梯形灰云模型可看成三角灰云模型的扩展。与概念性灰云不同的是，随机性的大小分布是不确定的，其根据掌握的信息程度而定，图 3.6（a）、3.6（b）示意图的中间未知随机性大，表示中间部分的灰性不确定性大，代表掌握的信息更少。

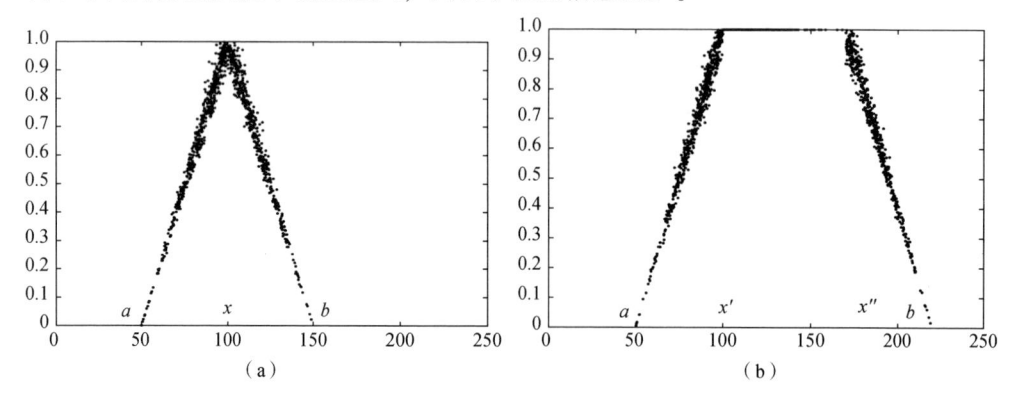

**图 3.6 典型非正态灰云模型**
（a）三角灰云模型；（b）梯形灰云模型

三角灰云模型的数字特征为 $(a, x', b, He)$，其左半三角灰云模型的生成算法如下：

（1）在区间 $[a, x']$ 内，生成均匀随机数 $x_i$。

(2) 生成以 $En = \dfrac{x' - a}{3}$ 为期望值，$He$ 为标准差的正态随机数 $En'$。

(3) 计算 $u_i = (x_i + En') * (1/x' - a) - a/(x' - a)$，令 $(x_i, u_i)$ 为云滴。

其右半三角灰云模型的生成算法与此类似。梯形灰云模型的左右半三角灰云的生成算法和三角灰云模型的相似。

## 本章小结

以上论述了灰云模型，并对基于灰云的灰数白化模型进行了扩展和补充，使其能够更加广泛和客观地表示概念型灰数以外类型的灰数，实现了"非中点单一最大重要性权值"和"多最大重要性权值"情况下的正态灰云模型的表示，实现了对其他非正态灰云模型的表示。

## 本章参考文献

[1] 傅立. 灰色系统理论及其应用 [M]. 北京：科学技术文献出版社，1992.

[2] 张岐山，韩维友. 效果测度灰性不确定型决策方法 [J]. 大庆石油学院学报，1994，4：84-88.

[3] 曹鸿兴，郑耀文，顾今. 灰色系统理论浅述 [M]. 北京：气象出版社，1988.

[4] 孙逊，张仁杰，孙麟德. 基于灰色数学的洗胃液量的软测量 [J]. 数学的实践与认识，2012，24（05）：63-69.

[5] 尹洪军，张俊廷，张欢欢，等. 应用灰色关联分析方法确定分层注水量公式 [J]. 数学的实践与认识，2012，24（13）：94-99.

[6] 王洪利，冯玉强. 基于灰云的改进的白化模型及其在灰色决策中的应用 [J]. 黑龙江大学自然科学学报，2006，23（6）：740-745.

# 第4章

# 灰云逻辑及其不确定性推理

### 本章内容提要

针对经典的数理逻辑不能满足对逻辑柔性化的要求,在分析各种经典和非经典逻辑的基础上,指出了逻辑柔性化的发展趋势,并给出了一种基于灰云模型的具体的柔性逻辑——灰云逻辑。首先分析了对逻辑柔性化的需求,然后给出了灰云逻辑,给出了灰云逻辑的具体表示形式,并给出了基于灰云逻辑的具体的知识推理方法。其研究特点在于明确了智能决策支持系统的逻辑柔性化发展方向,并给出了一种表示信息不完全性和随机性的具体的柔性逻辑推理方法。

### 本章核心词

灰云逻辑,不确定性推理。

## 第1节 概 述

相关研究提出了模糊逻辑[1~3]、概率逻辑[4~5]、可拓逻辑[6~9]、灰色逻辑[10~12]等。这些逻辑的共同缺点是都只研究了不确定性或者矛盾问题的一个方面,但现实中的事物或者概念往往多种不确定共存,相关研究不能对此类问题进行描述和刻画。本章给出了一种综合表示信息不完全和随机性的灰云逻辑及其知识推理方法。逻辑是智能思维和智能的 DNA[13]。对逻辑是否是智能的基本科学问题的回答经历了三个不同时期,在早期的经典数理逻辑时期,狭义的人工智能完全肯定逻辑是智能的基本科学问题,在中期由于计算智能和人工智能理论危机的出现,对逻辑和智能的关系产生了怀疑[14]。现阶段,人们重新认识到逻辑是智能的基本科学问题，智能不但不能脱离逻辑而独立存在，而且智能要求新的逻辑理论的出现以实现对人类语言、思维和推理的模拟。

## 一、经典与非经典逻辑概述

逻辑学是一门研究思维形式及思维规律的科学。逻辑规律就是客观事物在人的主观意识中的反映。而思维的形式结构包括了概念、判断和推理之间的结构和联系，其中概念是思维的基本单位，通过概念对事物是否具有某种属性进行肯定或否定的回答，这就是判断；由一个或几个判断推出另一个判断的思维形式就是推理。早在公元前四世纪古希腊哲学家亚里士多德（Aristotle）就集前人之大成，将形式逻辑从哲学、认识论中分化出来，形成了一门以推理为中心，特别是以三段论为中心的独立的科学。从18世纪德国数学家、哲学家莱布尼茨（GLeibniz）倡导用通用符号语言和逻辑验算改革形式逻辑，到19世纪德国数学家G. Frege等人建立命题演算和一阶谓词验算系统，共同创立了数理逻辑学体系。逻辑学分为形式逻辑和辩证逻辑两部分：形式逻辑研究具有内在同一性和外在确定性的概念、命题之间的必然联系；辩证逻辑研究具有内在矛盾性和外在不确定性的概念、命题之间的必然联系。数理逻辑主要研究形式语言，使计算机能够在不识别人类自然语言的情况下，只认识符号并机械地执行程序。数理逻辑追求能够使计算机像人一样处理某些特定的自然语言。数理逻辑中命题的真值只有真和假两种情况[14]。由于经典逻辑只能处理确定的命题，即命题为真或者为假是确定的，它满足不了现实的需要，因此基于经典逻辑，从不同角度对其进行扩充而形成了许多非经典逻辑。这些非经典逻辑大体上可以分为两大类：一类是对经典逻辑做了扩充的逻辑，如模态逻辑、时态逻辑等；另一类是与经典逻辑平行的逻辑，如多值逻辑、模糊逻辑和直觉主义逻辑等。模态逻辑是用来刻画"必然""可能"等概念的逻辑推理规律的逻辑系统。20世纪初，刘易斯于1918年给出了命题模态逻辑的第一个公理系统，即在标准逻辑的基础上增加以下初始符号：模态算子L（必然）、M（可能）、连接词～（严格蕴涵）。多值逻辑的任务就是研究具有三个或三个以上值的命题之间的逻辑关系。如三值逻辑用1表示真，0表示假，第三值用i表示，它的语义不能简单地解释为没有足够的信息来确定真值，而应解释为一种既可真也可假的不定状态，即"可能的"或"不定的"i状态，用以处理将来可能发生的命题的状态[15]。概率逻辑应用概率论，把逻辑与概率结合起来进行不确定性推理，在知识工程和专家系统等不精确推理中得到广泛的应用。模糊逻辑研究的是事物内在的不确定性、模糊性，1965年由美国自动控制专家L. A. Zadeh首先提出并阐明。

## 二、逻辑应用

蔡文教授在可拓研究的基础上，在《可拓逻辑初步》一书中给出了基于可拓的逻辑推理方法和体系[8]。对于处理矛盾和不相容问题提供了一整套实用的方法，但其在具体的计算机形式化推理方面还存在一段距离。模糊逻辑研究的是事物内在的不确定性、模糊性，1965年美国自动控制专家L. A. Zadeh首先发现并阐明了模糊集合的概念，并引入隶属函数来描述对立不充分的现实世界的各种中间过渡状态。据此他提出一种全新的数学和逻辑学，称为模糊数学和模糊逻辑。模糊逻辑把不确定的谓词引入目标语言，从而导致某种形式的多值逻辑，把元语言谓词"真"和"假"本身看作是不确定的或模糊的[1]。模糊逻辑的优点在于考虑了事物的模糊性，但其缺点在于只考虑了事物的模糊性，而没有考虑随机性。在我国学者李德毅院士研究的基础上，一种新的逻辑——云逻辑被初步提出，基于云逻辑的智能决策支持系统得到初步研究[16,17]。云逻辑考虑和事物的亦此亦彼性和随机性，能够对事物集合实现软划分，云逻辑能够充分刻画事物的模糊性和随机性，但没有考虑事物的信息不完全性。邓聚龙在灰色系统理论研究的基础上，给出了灰色逻辑推理的方法和体系，充分考虑和解决了信息不完全情况下的推理[10,11]。概率逻辑应用概率论，把逻辑与概率结合起来进行不确定性推理，在知识工程和专家系统等不精确推理中得到广泛的应用[4,5]。

### 三、复杂系统对逻辑的需求

综合以上分析，对逻辑的需求表现在：

第一，以数理逻辑为基础，数理逻辑是形式化的逻辑，是最便于计算机语言处理的逻辑。

第二，在数理逻辑的基础上，进行数理逻辑的柔性化变革。传统的数理逻辑被称为刚性逻辑。命题真值是确定的真假。规则推理只考虑必然联系。这大大限制了决策支持系统的推理能力。因此要求数理逻辑的柔性化，其主要表现在以下几个方面：

（1）在数理逻辑的真值基础上引入命题的上连续真值，能够对现实中不确定性和矛盾的事物进行描述。

（2）在推理规则中，引入推理规则的连续强度。

（3）其他方面的柔性，如修饰词、语气词的刻画等。

沿着上面这一思路，传统数理逻辑为处理更复杂的具有矛盾和不确定性问题，有以下几个方面的发展：

（1）与模糊逻辑与推理类似的不精确推理：模糊逻辑把不确定的谓词引入目标语言，从而导致了某种形式的多值逻辑，把元语言谓词"真"和"假"本身看作是不确定的或模糊的。模糊逻辑考虑的是不精确性推理问题。

（2）与灰色逻辑和推理类似的信息不完全情况下的推理：考虑不完全信息情况下的推理。

（3）与可拓知识表示与推理类似的矛盾情况下的推理。

# 第4章　灰云逻辑及其不确定性推理

(4) 与贝叶斯推理类似的概率逻辑与推理。

随着社会经济系统的进一步发展，处理的问题越来越复杂，主要表现在问题的不确定性和矛盾性方面。单一处理一个方面不确定性和矛盾性的逻辑和推理方法显得有些片面和不客观。因为现实世界中事物的各种不确定性总是同时存在的。只考虑其一方面进行逻辑推理是不科学的。这就要求新的更加客观全面考虑多个不确定性方面的逻辑理论的出现。基于这种智能决策支持系统的逻辑需求，本章提出了一种综合考虑不确定性和随机性的灰云逻辑及其推理方法，提出了泛逻辑及其推理方法。

## 第2节　灰云逻辑及其推理方法

### 一、基于灰云模型的语言变量

不确定知识中所使用的变量是语言变量。所谓语言变量，是指用自然语言中的词或句子表示的变量。变量产品价格在普通集合中为数字变量 $u \in (0, \infty)$，而在灰云理论中可以使用语言变量，该语言变量的取值可以是低、很低、不很低、高、很高、不很高等。

### 二、基于灰云模型的命题描述

1. 灰云语言谓词

设 $x$ 为在 $U$ 中取值的变量，$T$ 为灰云语言谓词，则命题表示为

$$(x \quad is \quad T) \tag{4.1}$$

其中的灰云语言谓词可以是大、小、多、少、高、低等。

2. 灰云语言量词

基于灰云模型的规则描述中使用灰云语言量词，如极少、很少、几个、少数、多数、大多数、几乎所有等。这些灰云语言量词能使我们方便地描述下面的命题：

大多数情况下的生产安排与库存问题是可以采用线性规划模型求解的。

3. 灰云概率、灰云可能性和灰云真值

设 $A_\lambda(Ex_\lambda, En_\lambda, He_\lambda)$ 表示灰云概率，$A_\pi(Ex_\pi, En_\pi, He_\pi)$ 表示灰云可能性，$A_\tau(Ex_\tau, En_\tau, He_\tau)$ 为灰云真值，则对命题还可以附加概率限定、可能性限定和真值限定。

$$(x \quad is \quad T) \quad is \quad A_\lambda(Ex_\lambda, En_\lambda, He_\lambda) \tag{4.2}$$

$$(x \quad is \quad T) \quad is \quad A_\pi(Ex_\pi, En_\pi, He_\pi) \tag{4.3}$$

$$(x \quad is \quad T) \quad is \quad A_\tau(Ex_\tau, En_\tau, He_\tau) \tag{4.4}$$

其中，灰云模型 $A_\lambda(Ex_\lambda, En_\lambda, He_\lambda)$ 代表的语言概念可以是"或许""必须"等，

灰云模型 $A_\pi(Ex_\pi, En_\pi, He_\pi)$ 代表的语言概念可以是"非常可能""很不可能"等，灰云模型 $A_\tau(Ex_\tau, En_\tau, He_\tau)$ 代表的语言概念可以是"假""很真"等。

4. 灰云修饰语

设 $m$ 是灰云修饰语，$x$ 是变量，$C$ 为灰云语言谓词，则命题可表示为

$$(x \text{ is } mT) \tag{4.5}$$

常用的灰云修饰语可以为"非常""很""有些""大多数"等。灰云修饰语的表达可以通过下面的三种运算实现：

（1）定性语言的非。表示否定，如"不""非"等，其灰云模型的数字特征的运算有两种情况：一种情况是 $A_c$ 位于论域的两端，即 $A_c$ 是一个半灰云，那么 $A_c$ 的非也是一个半灰云，记为 $A_{非c}$，则

$$A_{非c} \Leftrightarrow Ex_{非c} \cong \min(U) \text{ 或 } \max(U) \tag{4.6}$$

$$En_{非c} \cong \frac{1}{3}(U - 3En_c) \tag{4.7}$$

$$He_{非c} \cong He_c \tag{4.8}$$

另一种情况是 $A_c$ 位于论域的中间，即 $A_c$ 是一个全灰云，那么 $A_c$ 的非就由两个半灰云组成。其中一个半灰云的数字特征为

$$A_{非c} \Leftrightarrow Ex_{非c} \cong \min(U) \tag{4.9}$$

$$En_{非c} \cong En_c \tag{4.10}$$

$$He_{非c} \cong He_c \tag{4.11}$$

另一个半灰云的数字特征为

$$A_{非c} \Leftrightarrow Ex_{非c} \cong \max(U) \tag{4.12}$$

$$En_{非c} \cong U - En_c \tag{4.13}$$

$$He_{非c} \cong He_c \tag{4.14}$$

（2）语气加强。表示"很""非常"，用灰云运算中的加强语气运算。

灰云模型 $A(Ex, En, He)$ 采用加强语气运算生成 $A(Ex', En', He')$，方法如下：

$$En' = \alpha En \tag{4.15}$$

$$He' = \alpha He \tag{4.16}$$

$$Ex' = \begin{cases} Ex \\ Ex + \sqrt{-2\ln(\alpha)}\, En' \\ Ex - \sqrt{-2\ln(\alpha)}\, En' \end{cases} \text{（分别为完整灰云、半升灰云、半降灰云）} \tag{4.17}$$

（3）语气减弱。表示"有些""稍微"等，用灰云运算中的减弱语气运算。

灰云模型 $A(Ex, En, He)$ 采用减弱语气运算生成 $A(Ex', En', He')$，方法如下：

$$En' = \frac{En}{\alpha} \tag{4.18}$$

$$He' = \frac{He}{\alpha} \qquad (4.19)$$

$$Ex' = \begin{cases} Ex \\ Ex + \sqrt{-2\ln(\alpha)}\,En' \\ Ex - \sqrt{-2\ln(\alpha)}\,En' \end{cases} (分别为完整灰云、半升灰云、半降灰云) \qquad (4.20)$$

在（2）、(3) 运算中 α 为语气系数，根据领域专家权重给出，以简单的平均距离权重的语气运算为例，α 可以通过式 (4.21) 得到：

$$\alpha = \begin{cases} \alpha_{\min}, & 最强(或最弱)语气系数 \\ \alpha_{\min} + \dfrac{(n-1)(1-\alpha_{\min})}{m}, & 第 n 个语气系数 \\ 1, & 一般语气系数 \end{cases} \qquad (4.21)$$

其中，$m$ 为领域专家给出的权重表示的自然语言等级的总数，$0 < \alpha_{\min} < 1$，$\alpha_{\min}$ 为常数（领域专家给定其值）。可以通过调节 α（改变 $\alpha_{\min}$ 大小，非等距离权重等方法）表示不同的加强（或减弱）语气程度。

从上面的基于灰云模型的不确定性描述比传统的二值逻辑更为全面客观，比模糊逻辑增加了随机性描述，更加接近于自然语言的描述。

## 三、基于灰云的不确定知识推理

### 1. 基于相对贴近的匹配度方法

定性概念的匹配是对两个定性概念相似程度的比较与判断，两个定性概念的相似程度称为匹配度。贴近度指两个概念的接近程度，可以直接用作匹配度。

定义两个灰云模型表达的定性概念的贴近度如下：

**定义 1**：设在论域 $U$ 中有两朵相邻的灰云 $A_1(Ex_1, En_1, He_1)$ 和 $A_2(Ex_2, En_2, He_2)$，那么 $D_{12} = |Ex_1 - Ex_2|$ 表示 $A_1(Ex_1, En_1, He_1)$ 所代表的语言值与 $A_2(Ex_2, En_2, He_2)$ 所代表的语言值的相对贴近度。

**定义 2**：设在论域 $U$ 中有两朵相邻的灰云 $A_1(Ex_1, En_1, He_1)$ 和 $A_2(Ex_2, En_2, He_2)$，定义 $FD_{12} = |En_1 - En_2|$ 表示 $A_1(Ex_1, En_1, He_1)$ 所代表的语言值与 $A_2(Ex_2, En_2, He_2)$ 所代表的语言值的信息不完全的相对贴近度。

**定义 3**：设在论域 $U$ 中有两朵相邻的灰云 $A_1(Ex_1, En_1, He_1)$ 和 $A_2(Ex_2, En_2, He_2)$，定义 $RD_{12} = |He_1 - He_2|$ 表示 $A_1(Ex_1, En_1, He_1)$ 所代表的语言值与 $A_2(Ex_2, En_2, He_2)$ 所代表的语言值的随机性相对贴近度。

对于多命题组合的前件规则，建立多概念的平均贴近度：

$$D = \frac{\sum_n D_{ij}}{n} \qquad (4.22)$$

$$\mathrm{FD} = \frac{\sum_{n} \mathrm{FD}_{ij}}{n} \tag{4.23}$$

$$\mathrm{RD} = \frac{\sum_{n} \mathrm{RD}_{ij}}{n} \tag{4.24}$$

式中，$D$、$FD$、$RD$ 分别表示综合相对贴近度、综合模糊相对贴近度、综合随机相对贴近度。

对于前件的规则，需要确定对已知的事实应该匹配哪一条规则，使用（综合）匹配度最大优先准则，确定事实灰云模型与规则前件的语言变量的灰云模型之间的匹配度，根据匹配度最大优先原则，确定输出规则的推理方法。

2. 基于条件灰云发生器的最大隶属度方法

对于一个属性语言变量给定灰云模型 $A_1(Ex_1, En_1, He_1)$，$A_2(Ex_2, En_2, He_2)$，$\cdots$，$A_n(Ex_n, En_n, He_n)$ 作为其定性概念描述的语言项，将决策实际情况中得到的任一属性值 $x$ 输入灰云发生器 $CG_1, CG_2, \cdots, CG_n$。得到输出 $u_1, u_2, \cdots, u_n$，即属性值 $x$ 与灰云模型 $A_1(Ex_1, En_1, He_1)$，$A_2(Ex_2, En_2, He_2)$，$\cdots$，$A_n(Ex_n, En_n, He_n)$ 的隶属度，检索最大的隶属度 $u_i$，则 $x$ 分配给 $A_i(Ex_i, En_i, He_i)$。同时查找与 $A_i(Ex_i, En_i, He_i)$ 表达的定性概念相对应的规则前件，并输出规则。

对于多命题组合的前件规则，建立多概念的平均隶属度 $u$：

$$u = \frac{\sum_{j=1}^{n} u_j}{n} \tag{4.25}$$

并按照平均隶属度最大优先的原则输出规则。

## 本章小结

本章分析了传统数理逻辑所面临的挑战，指出对逻辑的要求是柔性逻辑与推理。并基于此种思想给出了一种具体的柔性逻辑，即灰云逻辑与知识推理方法，进一步的研究工作包括新的不确定性描述模型及其逻辑推理的发现；基于灰云逻辑的知识表示和推理方法的应用和改进；系统原型的建立、应用和改进等。

## 本章参考文献

[1] L. A. Zadeh. Fuzzy sets, Infor. And cont. [M]. (Translated in Chinese by Gen Chunlin) NanJing: Electronic Engineering Research Institute, 1965.

[2] J. C. Fodor, Fuzzy connectives via matrix logic [J]. Fuzzy Sets and System, 1993, 56: 67-77.
[3] 安实, 马天超, 尹给瑞. 基于模糊逻辑推理的 BP 神经网络及其应用 [J]. 哈尔滨工业大学学报, 2000: 96-99.
[4] 季秋, 王万森. 概率逻辑的研究 [J]. 微机发展, 2004, 14 (9): 26-29.
[5] H. Reichenbach. The Theory of Probability [M]. Berkeley: The University of California Press. 1949.
[6] 蔡文, 杨春燕, 林伟初. 可拓逻辑初步 [M]. 北京: 科学出版社, 2003.
[7] 蔡文. 物元分析 [M]. 广州: 广东高等教育出版社, 1987.
[8] Wen Cai. Extension management engineering and applicant [J]. International Journal of Operation and Quantitative, 1999, 5 (1): 59-72.
[9] 蔡文. 物元模型及其应用 [M]. 北京: 科学技术文献出版社, 1994.
[10] 邓聚龙. 灰色控制系统 [M]. 武汉: 华中工学院出版社, 1985.
[11] 冯建湘, 唐嵘, 高利. 灰色推理技术及其智能决策应用 [J]. 计算机工程与科学, 2006, 03: 136-140.
[12] 陈大为. 灰色模糊集合引论 [M]. 哈尔滨: 黑龙江科学技术出版社, 1994.
[13] Huacan He. Principle of Universal Logics [M]. Science Press. NWPU Press, 2005.
[14] 鲁彬. 广义智能系统柔性超拓扑空间模型研究与应用 [D]. 西安: 西北工业大学, 2003.
[15] 王万森. 人工智能原理及其应用 [M]. 北京: 电子工业出版社, 2002.
[16] 李德毅, 孟海军, 等. 隶属云和隶属云发生器 [J]. 计算机研究和发展, 1995, 32 (6): 16-21.
[17] Jinchun Zhang, Guyu Hu. Application of uncertainty reasoning based on cloud model in time series prediction [J]. Zhejiang University Transaction (English Version), 2003, 05: 50-54.

# 第 5 章

# 基于云模型的不确定系统强化学习

## 本章内容提要

针对模糊强化学习中模糊规则的隶属度和隶属函数主观性较大的弱点，提出一种面向云规则的强化学习方法。首先给出了云规则，然后研究了云规则 Q-Learning 强化学习算法，最后通过云模型强化学习 Mountain-Car 实验，验证了云规则 Q-Learning 强化学习算法的有效性。本章的研究对处理不确定变量状态空间的规则强化学习问题具有一定的参考意义。

## 本章核心词

云模型，不确定系统，强化学习。

## 第 1 节 概 述

强化学习是人工智能中最活跃的研究领域之一，它是一种计算学习方法，在与复杂的、不确定的环境交互时，智能体试图使其获得的报酬总额最大化[1]。强化学习通过最大化未来的期望奖励，基于价值函数，利用 bellman 方程进行迭代学习。Q-Learning 算法是一个经典的强化学习算法，主要思想是利用 Q 矩阵学习最佳的行为选择，以获得最大的期望回报，Q 函数表示在某状态下选择某动作所能获得的折扣累积期望奖励的总和，是整个过程中每步 Agent 对环境的认知的不断积累[2]。模糊强化学习方法能够利用模糊数学善于处理不确定问题的优势，在人工智能领域得到广泛的研究。模糊强化学习方法将连续状态空间转化为离散且有限的状态空间，应用离散强化学习方法进行处理，一定程度上可以免去连续空间值

# 第 5 章 基于云模型的不确定系统强化学习

函数线性参数逼近方法的过程。因此,模糊强化学习方法在飞行姿态模拟[3]、手术机械臂人机交互[4]、图像矢量量化[5]等方面有很多应用。在基于模糊推理的多 Agent 强化学习中,在马尔科夫博弈学习框架下,领域知识初始化为一个模糊规则集合,智能体基于模糊规则选择动作,并采用强化学习来强化模糊规则[6]。相关研究提出了一种基于模糊推理系统的自适应模糊 Q-Learning 方法,利用归一化径向基函数神经网络实现的模糊推理系统逼近 Q 值函数[7]。相关研究提出了一种基于模糊逻辑和 Q-Learning 算法的未知环境下移动机器人导航方法,使机器人在不陷入局部极小值的情况下具有避障和寻目标的能力[8]。但由于模糊方法在确定状态空间变量的隶属函数和隶属度方面存在一定的主观性,可能一定程度上影响模糊 Q-Learning 方法的性能。云模型是中国科学院李德毅院士创立的表示不确定性的定性与定量相互转换的模型[9,10],云模型在各个领域有着广泛而深入的研究和应用[11,12]。云模型利用超熵将模糊性和随机性相关联,它反映在云形上表示云的"厚度",超熵越大,云越"厚"[13]。与模糊数学方法相比,云模型在模糊性的基础上增加了随机性,具有更大的客观性。基于此,本章提出一种基于云规则的 Q-Learning 强化学习方法,利用云模型表示隶属度的随机性,对云模型表示的云规则进行强化学习,以进一步提高强化学习的客观性和有效性。

## 第 2 节 云模型强化学习方法

### 一、云规则

设云模型表示为 $C_y = C(Ex, En, He)$,$y_i \, \text{is} \, C_y$ 的随机数隶属度 $\mu(y_i)$ 的计算步骤如下:

(1) 生成以 $En$ 为期望、$He$ 为标准差的随机数 $En'$。

(2) 令 $\mu(y_i) = e^{-\frac{(y_i - Ex)^2}{2En'^2}}$ 为 $y_i$ 的随机隶属度。

称下式为基于云模型表示的推理规则,简称云规则。

$R = \text{if } y_1 \text{ is } C_{1, y_1}, \cdots, \text{ and } y_n \text{ is } C_{n, y_1} \text{ then } y_{n+1} \text{ is } C_{n+1, y_n}$

其中,$y_1$ is $C_{1, y_1}$,…,and $y_n$ is $C_{n, y_1}$ 为规则前件;$y_{n+1}$ is $C_{n+1, y_n}$ 为规则后件;$C_{n, y_1}$ 为基于云模型表示的随机隶属度集合。特别地,当规则前件或规则后件两者中只有一者退化为逻辑连接词连接的确定属性时,仍称其为云规则。

### 二、云规则 Q-Learning 强化学习算法

设输入变量 $X$ 的连续空间被离散划分为 $M$ 个云规则,取值空间为连续范围,将输出变量为单一值的连续的行为空间 $A$ 离散化为 $m$ 种行为,即 $A = (a_1, a_2, \cdots, a_m)$,第 $k$ 个规则 $R^k(k = 1, 2, \cdots, M)$ 可以表示为:$R^k = \text{if } x_1 \text{ is } C_1^k$,…, and $x_n$ is $C_n^k$ then $a^k = a_1$, $a_2$, or $a_m$ with $q(k, a^k)$。

其中，$x_1$, $x_2$, …, $x_n$ 是输入变量；$C_n^k$ 是云模型规则集合；$a^k$ 是每个云规则的推理输出，即采取的行为；$q(k, a^k)$ 是 $a^k$ 的行为价值。

对于每一个云规则 $R^k$，其激活度计算如下：

$$\mu_{R^k} = \prod_{i=1}^{n} \mu_{R^k}(x_i) \tag{5.1}$$

其中，$\mu_{R^k}(x_i)$ 为云规则 $R^k$ 前件中 $x_i$ is $C_i^k$ 的隶属度函数。

此时，系统时刻 $t$ 的最终行为输出如下：

$$A_t(X_t) = \frac{\sum_{k=1}^{M} \mu_{R_t^k} * a_t^k}{\sum_{k=1}^{M} \mu_{R_t^k}} \tag{5.2}$$

时刻 $t$ 的系统行为价值如下：

$$Q_t(X_t) = \frac{\sum_{k=1}^{M} \mu_{R_t^k} * q_t(k, a_t^k)}{\sum_{k=1}^{M} \mu_{R_t^k}} \tag{5.3}$$

时刻 $t+1$ 的预测系统最大行为价值如下：

$$Q_{t+1}^*(X_{t+1}) = \frac{\sum_{k=1}^{M} \mu_{R_t^k} * \max_{a \in A} q_{t+1}(k, a)}{\sum_{k=1}^{M} \mu_{R_{t+1}^k}} \tag{5.4}$$

系统预测行为价值的改变量计算如下：

$$\Delta Q_{t+1} = r_{t+1} + \gamma Q_{t+1}^*(X_{t+1}) - Q_t(X_t) \tag{5.5}$$

规则的行为价值的更新如下：

$$q_{t+1}(k, a_t^k) = q_t(k, a_t^k) + \eta \mu_{R^k} \nabla Q_{t+1} \tag{5.6}$$

### 三、算法的具体描述

算法的具体描述如下：

初始化行为价值 $q$ 和系统行为价值 $Q$：

    将输入变量基于云模型进行离散化，并建立云规则。

    对每一次迭代：

        在时刻 $t$ 根据系统状态输入对每一个规则基于行为选择策略选择行为；

        计算系统时刻 $t$ 的最终行为输出；

        计算时刻 $t$ 的系统行为价值；

        执行系统的时刻 $t$ 的最终行为，转到时刻 $t+1$；

计算时刻 $t+1$ 的回报和新的系统状态；

计算时刻 $t+1$ 的预测系统最大行为价值；

计算系统预测行为价值的改变量；

更新行为价值：

满足条件迭代结束：

重复以上场景，寻找完成目标的最优行为，获得云规则的行为价值。

结束。

## 第3节 云模型强化学习 Mountain-Car 实验分析

### 一、Mountain-Car 实验

下面以强化学习经典实例 Moutain-Car 情境实验验证以上云模型强化学习方法。小车由于动力不足，可能需要先爬上左侧斜坡，依靠惯性冲到右侧坡顶，小车通过强化学习探索以最快的时间或步骤到达右端坡顶。已知小车的位置（水平）$p$ 和速度（水平）$v$ 满足公式[15]：

$$p_{t+1} = \text{bound}[p_t + v_{t+1}] \tag{5.7}$$

$$v_{t+1} = \text{bound}[v_t + 0.001A'_t - 0.0025\cos(3p_t)] \tag{5.8}$$

在任意时刻小车有包括三种可选动作的集合 $\{1, 0, -1\}$ 分别表示向左加速、不加速和向右加速。但在本节云模型强化学习中系统的总体输出行为 $A_t$ 是根据式（5.2）三种行为的组合输出，此时利用式（5.9）做如下转化：

$$A_t' = \begin{cases} 1, & A_t > 0 \\ 0, & A_t = 0 \\ -1, & A_t < 0 \end{cases} \tag{5.9}$$

据此代入式（5.7）和式（5.8）更新位置 $p$ 和速度 $v$。此时保留原实验离散动作集合，即不建立规则后件的云模型。bound 为限定小车的位置在 $-1.2 \leq p_{t+1} \leq 0.5$，$-0.07 \leq v_{t+1} \leq 0.07$。基于以上云模型强化学习方法进行学习。建立位置 $p$ 论域内的云模型如图 5.1 所示，各云模型的参数分别为（-1.2, 0.12, 0.012）（右半云）、（-0.6, 0.12, 0.012）、（0, 0.12, 0.012）（左半云）、（0, 0.05, 0.005）（右半云）、（0.25, 0.05, 0.005）和（0.5, 0.05, 0.005）。建立小车速度 $v$ 论域内的云模型如图 5.2 所示，各云模型的参数分别为（-0.07, 0.007, 0.0007）（右半云）、（-0.035, 0.007, 0.0007）、（0, 0.007, 0.0007）（左半云）、（0, 0.007, 0.0007）（右半云）、（0.035, 0.007, 0.0007）和（0.07, 0.007, 0.0007）（左半云）。

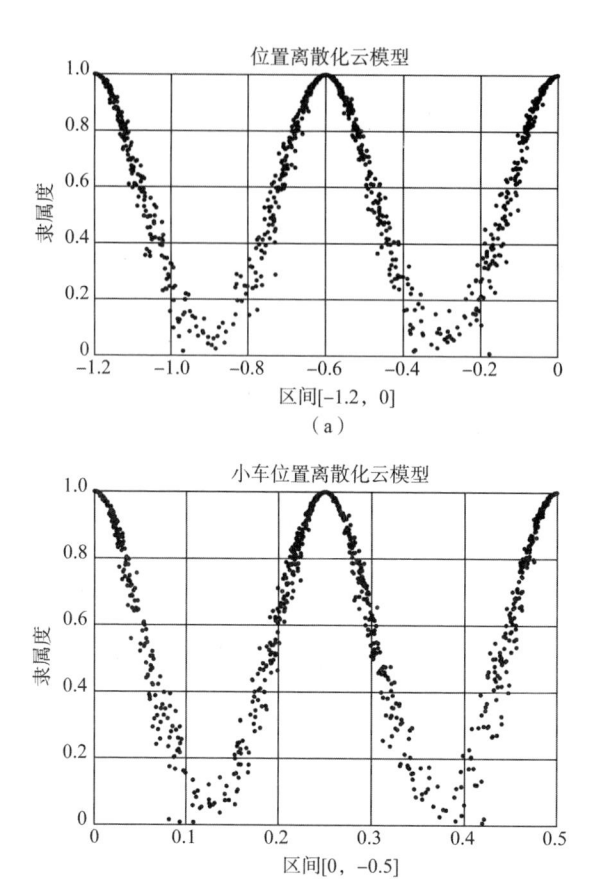

图 5.1 小车位置离散化云模型

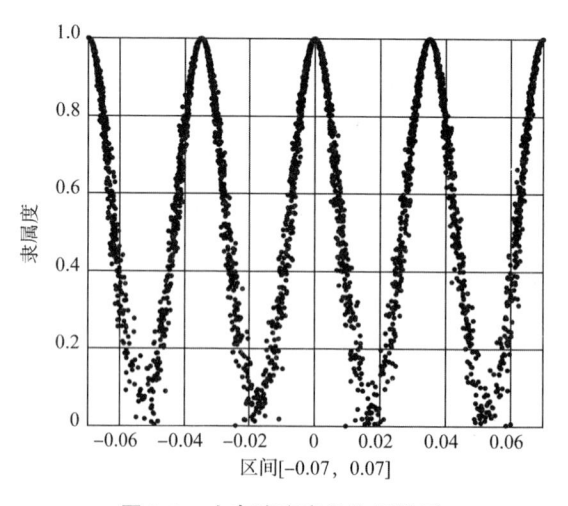

图 5.2 小车速度离散化云模型

## 第 5 章 基于云模型的不确定系统强化学习

设定小车初始位置为 0~0.2 内的随机数,初始速度为-0.03(可调整),$\gamma$ 设定为 0.8,$\eta$ 设定为 0.9,$q(k, a^k)$ 的初值设定为 0。如果小球每次探索没有到达目标位置,则每次行动的报酬 $r$ 为-1,如果小车到达目标位置则报酬为 100。通过以上算法学习云规则的 $q(k, a^k)$ 和最终的最优行动价值。根据位置 $p$ 和速度 $v$ 的离散化,共可建立 36 条待学习的云规则,显然每条规则有三个待选的具体行为,某种意义上可以视作组合为 108 条规则。

### 二、实验结果及其分析

实验进行多个场景(episode,即从起始状态通过不断迭代达到目标状态的一次过程)的反复强化学习,学习中采用 $\varepsilon$-greed 行为选择策略。令 $\varepsilon=0$,实验得到的结果。图 5.3 给出了系统的行为价值输出、系统行为价值变化量、预测系统最大行为价值的变化情况,表明系统最终的 episode 中,经过 90 步左右的迭代次数(由于 $\varepsilon=0$,系统缺乏充分的探索,不代表最优的迭代次数),小车到达目的状态,且系统行为价值函数达到收敛状态,持续增加 episode 的值,无法降低迭代次数,此时 episode=30,表明系统具有很高的学习效率。

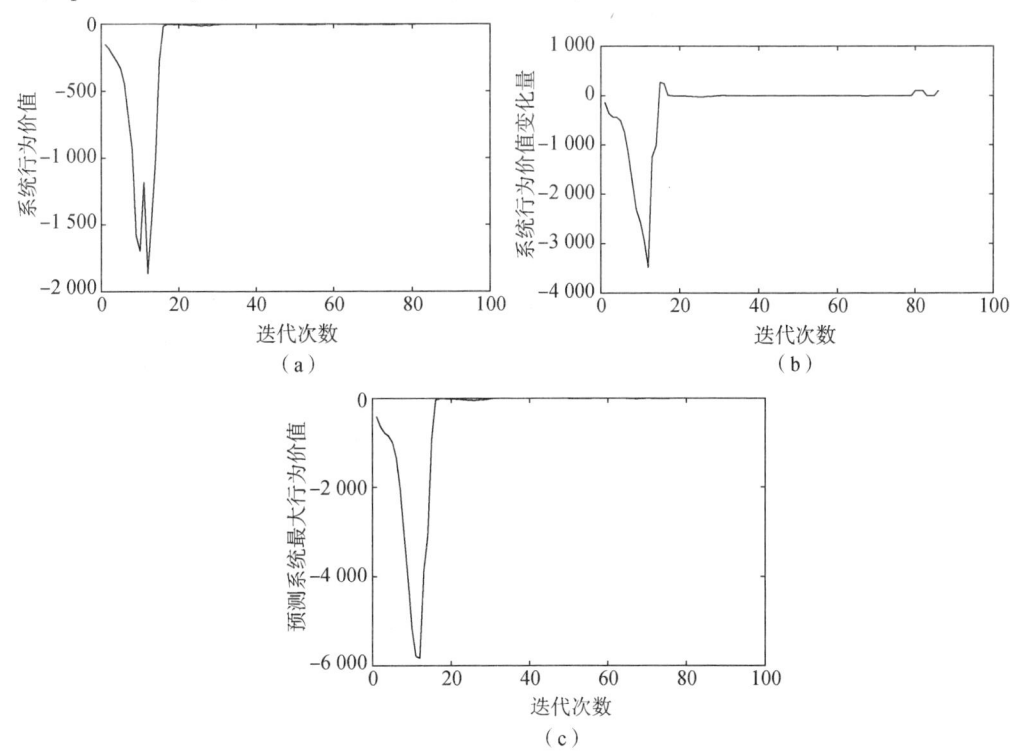

**图 5.3 行为价值输出**

(a)系统行为价值;(b)系统行为价值变化量;(c)预测系统最大行为价值

图 5.4 给出了实验输出的云规则，可以只直观得到系统所学习到的在不同情况下的云规则。

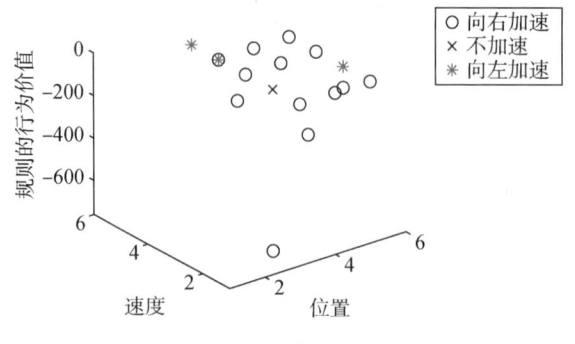

**图 5.4　学习获得的云规则**

# 本章小结

为丰富处理不确定系统的强化学习研究，提出一种基于云模型的强化学习方法，给出了云规则和云模型强化学习算法，并通过强化学习实例验证了基于云模型的强化学习方法的有效性，为处理不确定系统的强化学习提供了借鉴和参考。

# 本章参考文献

［1］Sutton R S, Barto A G. Reinforcement learning［J］. A bradford book, 1998, 15 (7): 665-685.

［2］Shah S M, Borkar V S. Q-learning for markov decision processes with a satisfiability criterion［J］. Systems&Control Letters, 2018, 113: 45-51.

［3］任立伟, 班晓军, 吴奋, 等. 二自由度飞行姿态模拟器的模糊强化学习控制［J］. 电机与控制学报, 2019, 23 (11): 127-134.

［4］杜志江, 王伟, 闫志远, 等. 基于模糊强化学习的微创外科手术机械臂人机交互方法［J］. 机器人, 2017, 39 (03): 363-370.

［5］姜来, 许文焕, 纪震, 等. 模糊强化学习型的图像矢量量化算法［J］. 电子学报, 2006 (09): 1738-1741.

［6］韩伟, 鲁霜. 基于模糊推理的多智能体强化学习［J］. 计算机应用与软件, 2011, 28 (11): 96-98+107.

［7］Ming-Liang X U, Wen-Bo X U. Fuzzy Q-learning in continuous state and action space［J］. Journal of China Universities of Posts & Telecommunications, 2010, 17 (4): 100-109.

[8] Hamid Boubertakh, Mohamed Tadjine, Pierre-Yves Glorennec. A new mobile robot navigation method using fuzzy logic and a modified Q-learning algorithm [J]. Journal of Intelligent & Fuzzy Systems, 2010, 21 (1-2): 113-119.

[9] 李德毅, 孟海军, 史雪梅. 隶属云和隶属云发生器 [J]. 计算机研究与发展, 1995 (06): 15-20.

[10] Li Deyi, Liu Changyu, GAN Wenyan. A new cognitive model: cloud model [J]. International Journal of Intelligent Systems, 2009, 24 (3): 357-375.

# 第二篇

## 复杂系统仿真综合集成建模方法

# 第 6 章

# 复杂系统仿真的综合集成式建模方法

### 本章内容提要

综合集成方法是钱学森先生提出的面向复杂系统的方法论，主张采用综合集成方式处理复杂问题，并在实际应用中由中国学者完成了综合集成研讨厅的开发。借鉴这一先进思想和理念，面向复杂系统的仿真时，适宜采用综合集成的仿真方法，能够有效解决单一仿真方法难以解决的问题，以下提出的基于对主体、社会网络和系统动力学的综合集成仿真建模方法，适于处理一类涉及对象之间负责网络关系的复杂经济、管理和社会问题。

### 本章核心词

综合集成式建模，"多重关系+主体 Agent+动力学（MAD）"型社会网络模型。

## 第 1 节　综合集成仿真建模方法

### 一、"多重关系+主体 Agent+动力学（MAD）"型社会网络模型

将复杂系统中的个人和环境等视作 Agent 节点，如图 6.1 所示在传统的社会网络模型的基础上，增加节点间的多重关系描述，用来表示节点间的多种关系及其相互影响，再综合集成主体 Agent 模型和系统动力学模型，最终形成"多重关系+主体 Agent+动力学（MAD）"型社会网络模型。其中主体 Agent 模型用来建立和表示网络节点的情感与行为模型，使节点具备智能性和自主性，系统动力学模型用来建立和表示系统的演化动力机制。MAD 型社会网络模型表示的模型中，使用

流属性来表示动力学模型随时间具有累积增加效应的属性。主体 Agent 使用情感行为模型"自下而上"生成网络，基于系统各部分及其之间关系的系统动力学模型产生系统演化的驱动力，基于社会网络模型分析系统总体结构和涌现行为。

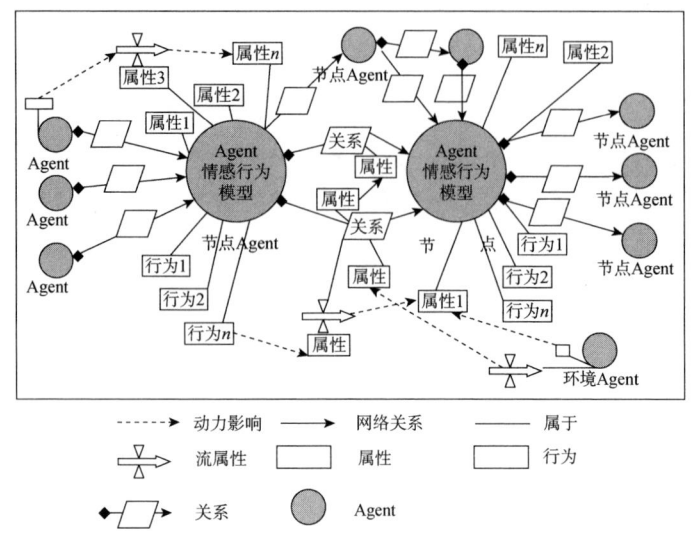

图 6.1　MAD 型社会网络关系模型示意图

## 二、主体 Agent 间"多重关系"子模型

将 Agent 视为社会网络的节点，建立主体 Agent 间的多重关系，在复杂系统的社会网络中，主体间可能包含多种关系，这些关系可能是教-学关系、朋友关系、亲戚关系、合作关系、上下属关系、师徒关系等，关系具有属性，属性可能是关系强度、方向、建立时间、发展趋势、效率等。多种关系称为主体关系的多重性。基于历史数据和调查，建立主体间的多重关系、关系之间的影响及其定量表示方法。在复杂社会系统中，例如可以建立教-学关系、朋友关系、亲戚关系、合作关系、上下属关系、师徒关系等其他关系影响的定量模型。具体如图 6.2 所示。

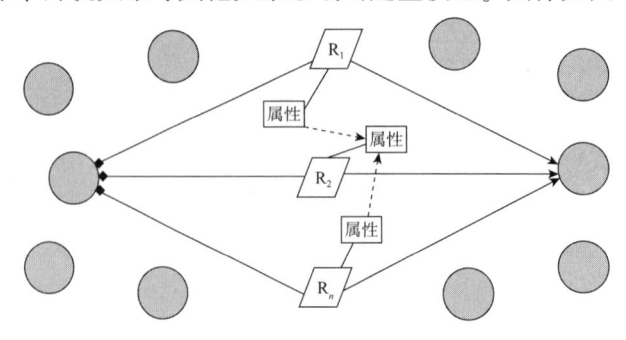

图 6.2　Agent 主体间多重关系网络子模型

## 第6章 复杂系统仿真的综合集成式建模方法

### 三、Agent 的情感与行为子模型

在复杂系统中，建立 Agent 内部的情感行为模型，Agent 的情感不仅受到与其他 Agent 之间关系的影响，还受到与环境 Agent 之间关系的影响，环境 Agent 可能是组织环境的文化和激励因素等。情感又影响了 Agent 之间的信息转移和传播。建立主体 Agent 的情感行为模型及其影响机制，基于此机制，可以基于有限状态机模型建立个体节点 Agent 内部的行为状态模型；个体行为的有限状态机模型基于事件驱动的机制。具体如图 6.3 所示。

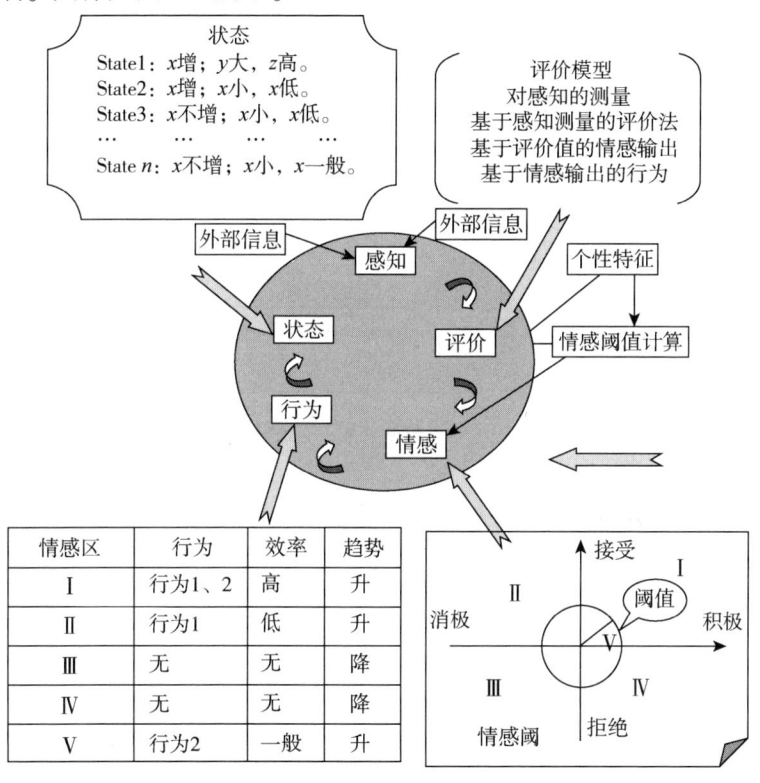

图 6.3 节点 Agent 的情感行为子模型

### 四、驱动模型演化的动力学子模型

基于系统动力学的微分方程模型建立系统的动力学子模型，包括表示 Agent 间关系影响的关系动力学模型，表示 Agent 个体情感行为的情感行为动力学模型，以及 Agent 和环境之间的环境动力学模型（如激励考核动力学反馈模型、组织文化影响的动力学模型等）。系统的整体演化和推进基于动力学机制，和结点 Agent 主体内部微观的有限状态机的事件驱动构成了"动力"+"事件"的双驱动机制。这克服了传统复杂网络仿真方法中基于概率的演化驱动机制的主观性缺点。具体如图

6.4 所示。

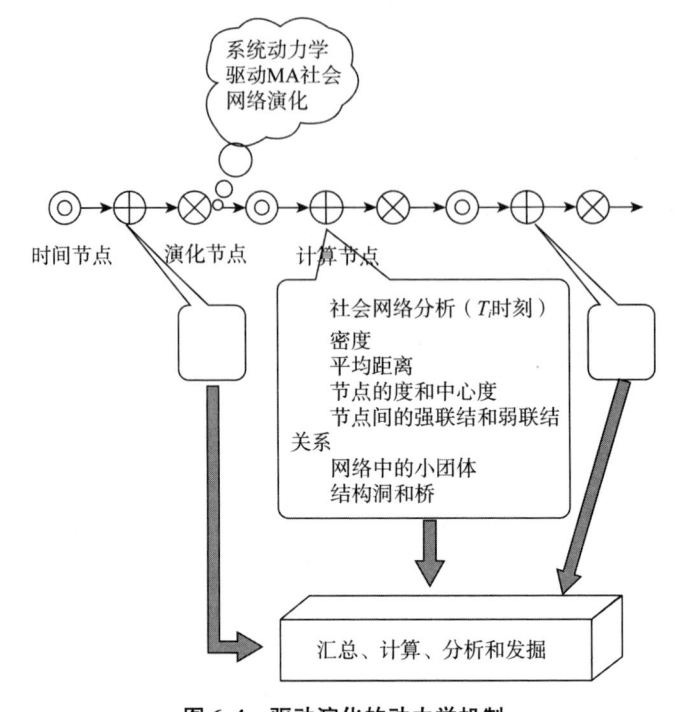

**图 6.4　驱动演化的动力学机制**

## 第 2 节　基于综合集成的隐性知识系统平行管理系统建模

### 一、隐性知识管理系统概述

隐性知识被认为是企业最重要的核心能力之一，隐性知识是存在于企业员工的头脑之中难以显性化表示和显式传播的知识，隐性知识系统是一个由隐性知识本身、人、组织和社会共同组成的系统。因此企业隐性知识管理系统是一个涉及社会、人及人与人之间关系、人的心理和行为、企业管理制度与文化等诸多方面因素的复杂管理系统。相关研究者对隐性知识的共享、传播及其建模与仿真进行了日益深入的广泛研究，这些优秀的研究成果为后续研究提供了很好的借鉴，然而这些研究仍然很难全面描述隐性知识管理的复杂系统，原因在于：

第一，仿真、建模方法和技术在隐性知识管理中的应用日益广泛，这些针对某个方面的局部问题的仿真建模与分析研究，在解决局部问题时尽管十分有效，但对系统可能存在的综合场景再现和全面描述却无法实现，各种局部方法之间无法实现有效的沟通和跨越，因此对隐性知识管理的仿真研究比较局部和有限。

第二，企业的隐性知识系统是由人、人与人之间的关系网络、隐性知识本身、企业组织和环境共同组成的复杂系统，其受到组织的、社会的、环境的以及人际关系的各种因素的复杂影响。对这样的复杂系统的研究涉及很多种学科，难以利用单一的建模和仿真方法全面反映这一复杂系统，现有的研究缺乏综合集成的建模方法来对其研究。

第三，实证研究的方法在隐性知识管理中的应用日益广泛，具有非常好的科学和应用意义，但实证研究方法对系统的静态分析，不能发现随时间演变的系统的动态特性和全面特征。

第四，社会网络分析方法是一种经常被许多研究者应用在隐性知识管理中的优秀建模方法，但其静态、单重、定时、节点无智能性的特点，使其仅仅具备分析某一时刻隐性知识系统状态的能力，而缺乏动态演化分析、多重关系表示和隐性知识节点的智能性、自主性表示的能力。

综上，如何寻找可行的方案对隐性知识系统进行全面的研究和动态分析与管理，成为研究者面临的最关键问题。平行管理系统及其ACP方法是2004年中国科学院著名研究员王飞跃（美国伦塞利尔理工学院计算机与系统工程博士、美国亚利桑那大学教授、"引入海外杰出人才"和"百人计划"人才、IEEE智能交通学会主席）基于对钱学森综合集成思想的传承，提出的基于"人工系统+计算实验+平行执行（ACP）"处理复杂系统的平行管理方法，被誉为继理论、实验与实证、仿真之后第四种科学研究方法，是中国学者独创的目前为止最理想的研究复杂系统的方法。为此国家自然科学基金管理学部项目指南特别列出基于平行管理的下一代ERP的研究专项，王飞跃主持的"ERP3.0：企业平行管理系统理论与关键技术研究"获得国家自然科学基金的资助。该方法近年来在石化、交通等领域取得了令人瞩目的成就。基于此，对隐性知识管理这一复杂系统进行基于平行管理系统体系的探索性研究，以期对隐性知识管理进行全面的研究和动态分析，为隐性知识系统的关键和难点问题研究提供基于平行管理和控制的解决方法。

## 二、隐性知识及其建模的相关研究回顾

1. 隐性知识的概念、特点、作用和影响因素

20世纪五六十年代，波兰尼提出了隐性知识的概念，认为隐性知识是隐含于人的头脑之中，难以编码和个人化的知识，同时它首次将知识分为隐性知识和显性知识两类[1]。隐性知识是不可以用语言来解释和描述的知识，学习这种知识唯一的方法就是领悟和学习[2]。隐性知识内嵌于社会文化、沟通方式、作业流程以及职业定义之中，难以脱离这些情况而独立存在，隐性知识具有内嵌性，与组织密不可分[3]。相对于显性知识而言，隐性知识是隐含的，未编码和高度个人化的知识，不容易被竞争对手仿制和模仿，是企业核心竞争能力的基础，隐性知识的发掘和显性化是知识创新的源泉，是企业新产品和新服务诞生的源泉[4]。大连理

工大学王众托院士认为，隐性知识是包含了经验、技巧、诀窍的知识，要依靠实践摸索和体验来获得[5]。知识管理中的一个重要观点就是隐性知识往往比显性知识更宝贵，更能创造价值，科学研究的整个过程都离不开显性知识和隐性知识[6]。Nancy Leonard 等提出了隐性知识的六因素多维模型，指出隐性知识包括认知、技术和社会三方面的技能[7]。隐性知识的产生、转化和传播受到众多社会、心理和组织因素的复杂影响。相关研究通过"复杂系统控制"实验法，分析了隐性知识生成和转化的影响因素，结果表明经验和努力可以促进隐性知识的转化[8]。基于社会网络分析理论的相关研究表明，空间距离的接近有利于隐性知识的转移[9]。网络的密度对隐性知识的转移具有重要影响[10]。隐性知识的传播主要方式就是"接触式"传播，相互接触的有关因素影响知识的传播[11]。相关研究同时表明，技术应用部门中的员工隐性知识转移网络的凝聚力比较弱，但知识转移的效率高，隐性知识的转移较多地发生在情感关系密切的员工之间，员工的年龄、教育水平、职位高低、性格均对隐性知识的转移具有重要影响[12]。相关研究指出，社会网络关系理论中的强联结关系由于包含某种信任、合作与稳定，而且比较容易获得，能传递高质量复杂的隐性知识[13]。Culati 认为信任是隐性知识转移和扩散得以高效进行的重要基础[14]。从组织层面的因素考虑，在实际的知识传播中，考虑到组织内部竞争而产生的知识封锁，某些隐性知识的传播很慢，甚至难以做到组织的全部感知，解决的办法是可以通过推崇一种共享知识的组织文化，提升知识传播的内在动力，促进组织内知识的流通以提升组织的生产力[15]。员工个体之间的隐性知识以及流动与转化，是企业组织内知识形成的最终基础，也是企业知识创新的源头，知识的转化包括个体间、组织间以及个体和组织之间等层次，隐性知识所有者的垄断和独占心理，企业组织制度的制约，缺乏有效的激励机制，企业文化等方面的因素均对隐性知识的流动和转化造成影响[16]。对于隐性知识的转移，联结学习方式是唯一的知识转移模式[17]。

2. 隐性知识的转移、传播和共享的建模与分析研究

在隐性知识的转移、传播或者共享的研究中，绝大多数研究往往使用某一具体的研究模型对隐性知识系统进行建模和分析，这些模型包括社会网络模型、复杂网络分析、系统动力学模型和元胞自动机模型等，其中应用最广泛的是起源于社会科学中的社会网络分析模型。明确地对社会网络进行定义的是 Wellman，他认为社会网络是由某些个体间的社会关系构成的相对稳定的系统[18]。社会网络分析中提出了强联结与弱联结理论、社会资本理论以及结构洞理论等比较有影响的理论[19]。相关研究将企业隐性知识网络假定为一个社会网络进行分析，其中节点代表每个员工，而"线段"则表示员工之间的隐性知识流转关系，进而通过社会网络分析方法映射及量化员工、团队、部门之间的隐性知识流转的社会网络，通过分析隐性知识社会网络的密度和平均度、分布及关联性、中心性测度、子团体和

## 第6章 复杂系统仿真的综合集成式建模方法

结构等方面的内容以发现其中的规律[20]。相关研究介绍了"结构洞"的相关概念和理论,从结构洞指数和中介中心性指数两个方面论述了结构洞的测度方法,分析了组织社会网络中存在的结构洞所能带来的结构位置利益及其对组织隐性知识共享的影响,最后以一家高新技术企业研发部门内的社会网络为例,利用社会网络分析方法对组织社会网络中的结构洞对组织隐性知识共享的影响进行了实证研究[21]。James Allen 利用社会网络分析方法研究了研发团队中隐性知识转移网络,其中分析并指出空间距离的接近有利于隐性知识的转移[9]。Suh shin 利用社会网络分析方法研究指出网络的密度对隐性知识的转移具有重要影响[10]。Hansen 的相关研究指出,社会网络关系理论中的强联结关系由于包含某种信任、合作与稳定,而且比较容易获得,能传递高质量复杂的隐性知识[13]。Julia 研究表明社会网络给成员接触新知识的机会,社会网络的交流和融合是新知识产生的源泉,社会资本的不通方面对知识的交流和创造具有不同的影响,并分析了社会网络的多面性和它的成员能力之间的复杂关系[22]。Harrison 从社会网络的观点描述了企业内部隐性知识的多面性和复杂性,给出了知识组织内部个人之间传播的路线和方向[23]。Ximing Ruan 等通过4个案例将社会网络分析方法应用于合作竞争型网络系统中分析知识的整合过程[24]。Minna 研究和分析了不同的知识管理过程和社会网络模式如何影响团队行为和绩效,结果表明团队成员将知识转移过程看作核心行为,管理者看重社会网络在价值创造中的作用[25]。Wing 等进一步研究了社会资本在组织知识共享中的作用机制,结合理性行为理论分析了三种社会资本因素(社会网络、社会信任、共享目标)之间的关系[26]。殷国鹏等通过问卷调查收集数据,绘制组织内部信息沟通咨询、知识传播等社会关系网络,定量分析网络结构以发现阻碍知识传播及创新的问题[27]。相关研究利用复杂网络理论,采用无标度网络模拟现实的组织模型,并研究知识在这个模型中的传播演化问题。通过模拟发现,知识在组织内成功传播的概率越高,知识越容易扩充到整个组织系统,但随着时间的延续,系统拥有知识的人趋近于某一确定值;知识在传播速度上明显表现出钟状形态,开始传播速度较低,然后传播速度逐渐加快,达到最大值,最后逐渐下降;组织规模对知识传播周期基本没有影响。当组织内存在拒绝学习知识者,则知识在系统内的传播速度将大幅下降,所需周期增加明显;发现遗忘对组织的传播速度的不利影响要超过进化带来的有利影响[28]。李金华针对知识在知识合作网络中的传播特征,结合复杂网络理论,提出了一种网络上的知识传播模型。该模型引入柯布-道格拉斯生产函数,考察在个体不进行知识自我增长和进行知识自我增长情况下的知识传播,网络的随机化程度越大,网络中知识的扩散速度越快,知识的分布越均匀[29]。范彦静等利用复杂网络中的社团理论对知识网进行了建模,并用复杂网络建模中的基于无权网络的 BA 模型,对知识网中的节点及节点的关系进行了详细的分析研究[30]。Pavani 分析了知识网络的结构和专业复杂系统,为在专业复杂网络中发现有效的知识共享的网络结构提供了视角[31]。Jifeng Mu 通过复杂网络的建模和仿真研究了组织知识转移网络的动态模式，结果表明复杂知识网络的均衡依赖于网络规模、知识转移的速度、网络中个人的传播和吸收能力。结果还表明主要支拥有者的力量越强大，达到一个具体的知识状态的速度越快[32]。相关研究考虑到知识管理系统中人的维度因素的动态性，建立了知识管理和人的因素的系统动力学模型，仿真结果表明知识管理系统所能获得的优点，建议减少知识文化传播的延迟[33]。卢兵等针对隐性知识特性及其传播特点，使用微分方程方法建立了组织通过外部学习进行隐性知识转移的分析模型，在此基础上进一步分析了影响组织知识渐进解的主要参数控制[34]。张生太等研究用系统动力学方法，建立组织内部隐性知识传播的微分动力学模型，分析影响组织隐性知识传播渐进解的主要参数控制，指出一些改进隐性知识传播效率的途径，通过案例验证了模型的有效性[35]。相关研究研究了企业隐性知识和显性知识之间的沟通转化问题，探讨了影响沟通的主要因素，并在理性经济人的假设基础上构建了企业隐性知识沟通的动力模型。研究认为企业隐性知识沟通动力主要受以下几个因素的影响，即高位势隐性知识主体传播隐性知识的动力因素、低位势隐性知识主体学习隐性知识的动力因素、组织员工之间隐性知识沟通的阻力因素[36]。卜心怡等提出基于改进的模糊认知图的隐性知识定量化表示方法[37]。王路帮等提出了基于元胞自动机使用邻域空间方法的隐性知识传递建模方法与仿真研究[15]。魏钢焰等利用混沌理论的一般原理作为方法论，探讨了隐性知识的混沌特征及在知识管理中的意义，为知识管理和知识创新提供了新的思路[38]。刘源在比较隐性知识传播过程及传染病传播过程的基础上，阐述了用"传染病模型"研究隐性知识传播机制的可行性，建立了员工隐性知识传播的"传染病系统动力学模型"，并模拟了华安公司隐性知识的传播过程，提出了提高该公司隐性知识传播效率的措施[39]。

3. 隐性知识的测度、评价、考核和激励研究

隐性知识的测度、评价是组织内隐性知识考核和激励的基础。心理学家Wagner和Sternberg认为隐性知识难以沟通转化为显性知识。他们从智力的角度对隐性知识进行探讨，认为隐性知识的获取不需要别人的帮助，隐性知识是不可沟通的。通过多次行为试验和修订，两位心理学家编制了"管理人员隐性知识量表"（tacit knowledge inventory for manager，TKIM），对组织中管理者的隐性知识进行测量[40]。Nancy等提出了隐性知识的六因素多维模型，并提出了隐性知识测度量表，给出包括认知技能、技术技能和社会技能在内的指标体系，该测度量表共包括542个问题[7]。Sharon等通过一系列实验案例研究开发了团队隐性知识测量的量表（TTKM）[41]。李永周等设计了研发团队中个体隐性知识测度的指标体系，为进一步构建基于"知识贡献分配"的激励机制提供了决策依据[42]。对于隐藏于人的头脑之中的无形的抽象隐性知识进行管理的难度较大，需要建立一套隐性知识管理的系统性评价方法，这对于把握和控制隐性知识管理具有重要意义[43]。隐性知识

的主体会将自己的投入成本、机会成本、社会成本、交易成本、信誉成本等做风险预测，预测自己在将个人隐性知识转化为资本的公平性、合理性及是否符合自己的期望值[44]。由于知识主体即组织中的个体成员所拥有的知识会直接或间接地与他们的利益相挂钩，使得他们会趋向于"保护"此类知识，当这些知识主体所受的激励不够时，他们就会不愿意共享这些知识[45]。Steven等研究了基于管理学习和教育交流的视角，关于认知图和效果测量的知识自我评价效果[46]。龙莎等分析了隐性知识显性化的主要障碍，提出了相应的隐性知识转化领导机制、激励机制方法[47]。相关研究对企业隐性知识显性化过程与机制进行了分析研究[48]。单伟、张庆普将可拓方法应用于企业隐性知识管理绩效评价中，并通过实际应用分析了该评价模型的应用方法和特点，对企业隐性知识的定性定量综合评价方法进行了创造性研究，为企业知识管理决策提供了一种科学实用的新方法[49]。蓝天等将层次分析法引入企业隐性知识管理的绩效评价研究中，建立包含隐性知识创造、隐性知识交流共享、隐性知识积累与隐性知识转化等4个方面的评价指标体系[43]。军霞等提出了复合DEA方法在测度企业知识管理绩效中的应用[50]。Gopesh Anand等以六西格玛管理项目为背景发展了概念化模型，发现知识创新实践能够影响项目流程改进的成功，新的尺度可以用来衡量项目流程改进过程中显性和隐性知识的创造[51]。相关研究剖析了企业隐性知识共享和知识创新的内涵，探讨了两者的关系，分别从员工、团队和企业层面分析了隐性知识共享对企业知识创新的价值，基于隐性知识共享构建了企业知识创新模型，建立了知识创新的保障机制，以期在深入认识企业知识创新的基础上激励和促进企业的知识创新[52]。

## 三、隐性知识平行管理的人工系统

### 1. 隐性知识平行管理的人工系统的建立

对于具体的隐性知识研究环境，通过调查问卷的方法，调查节点主体在隐性知识传播中的接触对象、接触频率、知识转移量的个人心理评估、任务结构、上下级关系等，建立初始的网络关系。调查节点主体的属性，如年龄、学历、兴趣爱好、专业、工作经历等可能影响知识传播的变量。建立Agent间关系影响的关系动力学模型，建立Agent个体情感行为的情感行为动力学模型，以及Agent和环境之间的环境动力学模型（如激励考核动力学反馈模型、组织文化影响的动力学模型），建立环境的激励和考核制度并定量模型化。同时建立隐性知识人工系统的可信度验证和模型修正方法。

### 2. 企业内部隐性知识平行管理、控制与优化的应用

1) 企业内部隐性知识的评价、考核与激励及其反馈控制建模

对于人工系统的初始状态和真实系统，通过问卷调查，调查公司内部研发部门的隐性知识贡献网络，通过调查个人自身认为自己的知识都学习自哪些人及其

比例，进而建立知识贡献网络，用来评价知识传授者的贡献度。然后基于此贡献度的大小对知识传授者进行考核和激励。在激励一段时间后，重新调查被激励者的贡献度，观察激励的效果并进行调整。

对于人工系统，建立上面考核激励系统的模拟过程，除初始状态取自调查外，贡献度的评价根据与其联结的所有节点 Agent 的学习量计算，其考核激励方案根据贡献度作出。其隐性知识的传播行为根据其得到的激励大小，依据内部的情感-行为模型作出。

2) 个人学习和创新能力对企业内部隐性知识的影响及其优化建模

依据研发部门中个人的具体情况，根据量表测量个人的学习能力，来表示个人的学习速度，再根据量表测量个人的创新能力指数，来表示个人的隐性知识创新速度。建立初始的个人学习和创新能力。而后建立个人学习和创新能力的增长模型，观察个人学习和创新能力变化对企业内部隐性知识的影响机制。

3) 基于 MAD 型社会网络的企业内部文化对企业内部隐性知识的影响及其优化建模

首先建立企业内部文化对企业内部隐性知识的影响反馈控制环及其动力学模型；其次使用建立的评价方法对组织学习和创新文化进行评价；再次建立节点 Agent 内部文化影响的动力学模型；最后通过计算实验对组织学习和创新文化及隐性知识传播进行优化。

4) 基于计算实验的隐性知识传播网络的静态和动态规律挖掘与分析

使用建立的分析社会网络结构的密度、平均距离、节点的度和中心度、节点间的强联结和弱联结关系、网络中的小团体、结构洞和桥的静态和动态分析方法，分析网络传播隐性知识的静态和动态特性，包括隐性知识传播的速度及隐性知识创建的规律。基于这些分析，发现隐性知识传播中的主导人物、主导团体、创新性团体和学习性团体、关键性沟通人物、活跃人物等。

3. 企业内部隐性知识平行管理系统的平行运行、修正和改进

通过系统的平行运行，发现系统的不足和需要修正和改进的地方，对系统进行优化和改进。

## 四、隐性知识系统平行管理的建模

1. 隐性知识系统平行管理的技术路线

基于 ACP 的隐性知识平行管理、控制与优化研究技术路线如图 6.5 所示。

隐性知识平行管理的 MAD 型社会网络计算实验模型采取社会网络模型、主体 Agent 模型和系统动力学模型有机融合的综合集成方式构建，计算实验模型包括总模型和组成总模型的三个子模型。三个子模型分别为主体 Agent 间多重关系子模型、Agent 的情感-行为子模型、驱动模型演化的动力学子模型。在主体 Agent 间多

## 第6章 复杂系统仿真的综合集成式建模方法

重关系子模型中，关系之间相互影响的量化模型采取定量的描述方式。在驱动模型演化的动力学子模型中，根据具体需要，建立关系动力学模型、隐性知识的情感行为动力学微分模型、环境激励微分动力学模型。MAD型社会网络模型表中流属性是动力学模型中随时间具有累积增加效应的属性。主体Agent间多重关系子模型中，Agent（代表隐性知识所有者或环境）之间的关系具有多重关系，且关系之间具有动力学影响。Agent的情感-行为子模型研究中，基于心理学建立Agent对自身受益的感知和评价模型。在驱动模型演化的动力学子模型中，建立关系动力学模型、隐性知识的情感行为动力学微分模型、环境激励微分动力学模型，目标是获得准确表示系统变量关系的一组微分方程模型。

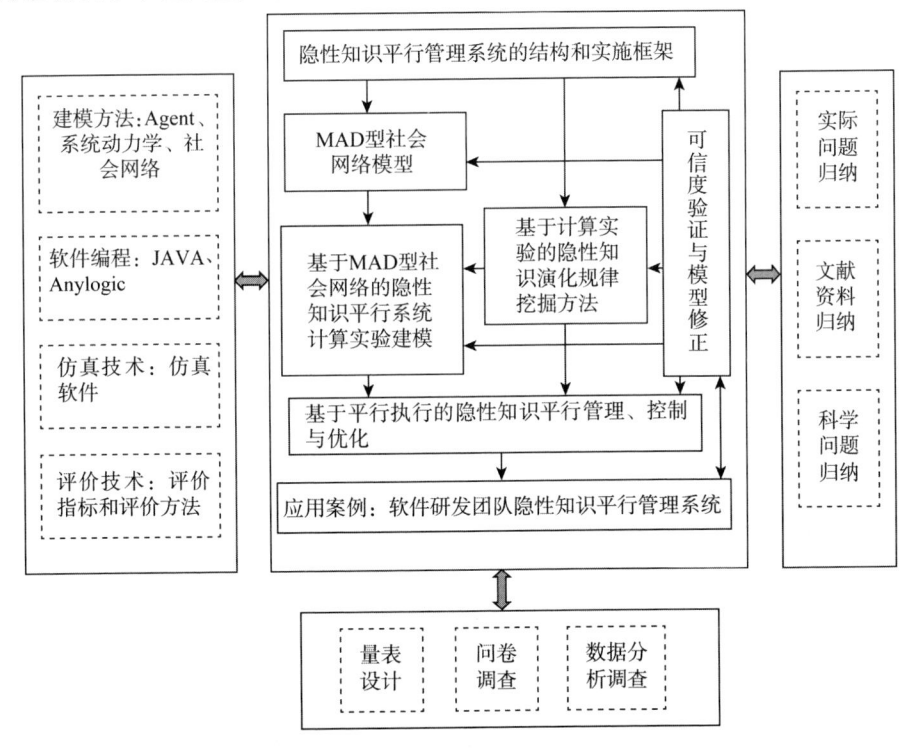

**图 6.5　基于 ACP 的隐性知识平行管理、控制与优化研究技术路线**

### 2. 基于 MAD 型社会网络的隐性知识传播动态演化

网络传播隐性知识的动态特性分析，是一个关键内容。在人工隐性知识系统的计算实验中，发现隐性知识网络结构的密度、平均距离、节点的度和中心度、节点间的强联结和弱联结关系、网络中的小团体、结构洞和桥等随着时间的演化规律，还包括隐性知识传播的速度随时间的变化规律，隐性知识创建的时间规律等，是非常重要的内容。在系统演化的不同时刻，在演化过程中在不同的时间节点间利用社会网络分析法计算上述内容，并通过最后的汇总分析，发掘规律，具体如图 6.6 所示。

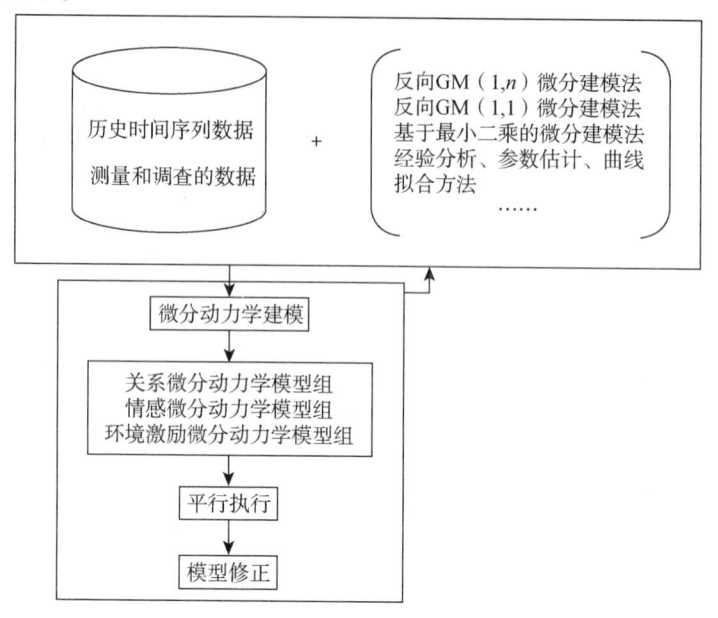

**图 6.6　微分动力学子模型的建模方案**

3. 企业内部隐性知识系统的平行管理、控制与优化的研究方案

企业内部隐性知识的评价、考核与激励及其反馈机制可采用如图 6.7 所示的方案。在系统中建立的隐性知识系统反馈机制，系统 Agent 的情感-行为子模型研究中，基于心理学建立 Agent 对自身收益的衡量和感知模型，并和系统动力学模型紧密融合，形成受外部环境影响的情感-行为动力学模型。

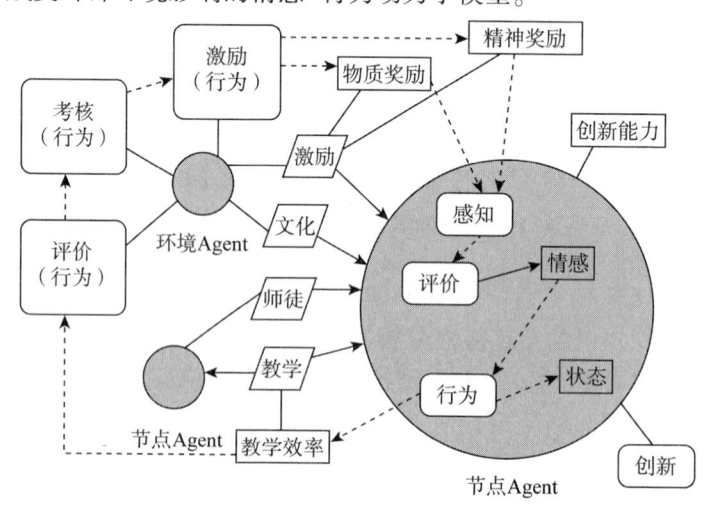

**图 6.7　隐性知识管理系统的平行管理、控制与优化**

## 第6章 复杂系统仿真的综合集成式建模方法

员工的激励基于评价考核结果,员工隐性知识的评价采用基于贡献度的方法,贡献度的计算采用如下方案:每个考核期间,每一个被考核组织内的员工都在期末填写隐性知识学习和教授量表,量表的内容之一为询问员工在本考核期内向哪些人学习,分别学习了多少;内容之二为询问员工在本考核期内教授了哪些人,分别教授了多少。此数据输入隐性知识管理系统,据此数据可分别计算教授贡献度和学习贡献度。此外,在研究具体案例时,考核激励制度可为案例中组织现在正在实施的具体考核和激励方式或其改进。

个人学习和创新能力对企业内部隐性知识的影响动力学机制拟采用如图6.8所示的方案,初始学习能力和创新能力的评价量表应该选择现有的成熟量表,应该在每个时间节点($i = 1, 2, \cdots, n$)重复图6.8所示的过程,在真实系统中不断计算每个时间节点($i = 1, 2, \cdots, n$)企业隐性知识系统中每个人的学习效率和创新能力,再根据这些不同时间节点的时间序列数据建立个人的学习能力和创新能力的动力学增长模型(动力学模型建立可参见图6.7的方法,单变量可采用反向GM(1,1)方法)。

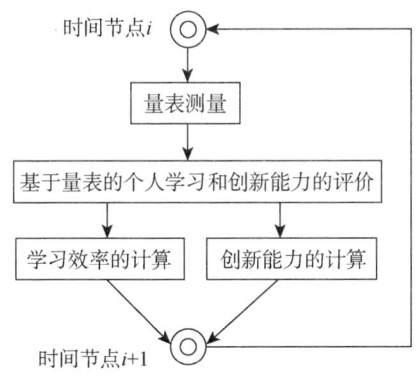

图6.8 个人学习效率和创新能力计算

企业内部文化对企业内部隐性知识的影响反馈控制环及其动力学模型可采用图6.9所示的方案:建立的基于成熟量表评价方法对组织学习氛围和创新文化氛围进行评价;应该在每个时间节点($i = 1, 2, \cdots, n$)重复图6.9的过程,在真实系统中不断计算每个时间节点($i = 1, 2, \cdots, n$)企业隐性知识系统中组织的学习氛围和创新氛围值,再根据这些不同时间节点的时间序列数据建立组织的学习氛围和创新氛围的动力学增长模型(动力学模型建立可参见图6.5的方法,单变量可采用反向GM(1,1)方法)。

最后,综合考虑激励和感知因素,个人学习能力、个人创新能力、组织学习氛围、组织创新氛围的隐性知识增长和传播模型,采用图6.5所示的方案建立,可采用其中的灰色反向GM(1,$n$)微分建模方法。

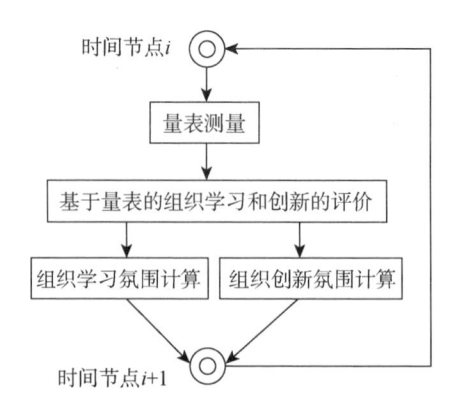

图 6.9　组织学习和创新文化氛围的计算

基于 MAD 社会网络模型的隐性知识平行系统建立后,可以通过平行仿真运行,对隐性知识管理系统进行以下控制和优化:

(1) 调整不同的激励方案,如增加物质刺激或精神奖励,观察隐性知识增长和传播,从而寻找最佳可行的激励方案。

(2) 模拟观察员工培训效果带来的影响,可以通过改变和调整员工的学习能力和效率来实现,从而寻找员工的最佳培训方案。

(3) 观察组织的学习氛围和创新氛围对隐性知识传播的影响,从而寻找组织文化氛围的培育策略。

(4) 模拟观察以上多种因素组合调整,对隐性知识增长和传播的影响,为隐性知识系统的综合管控提供参考。

(5) 通过社会网络静态和动态分析结合的方法,挖掘和观察隐性知识系统中小团体、结构洞、关键人物等,为激励和优化提供客观依据。

(6) 和真实系统交互调整,互相影响,互相参考,形成平行执行的管控系统。

## 本章小结

本章提出了基于综合集成思想的复杂系统仿真建模方法,在此思想指导下建立了 MAD 型社会网络模型,对解决一类社会问题的仿真具有较好的借鉴意义,按此思路,可以建立其他综合集成复杂系统仿真模型,为复杂系统的仿真建模提供有机融合的仿真建模方法。

## 本章参考文献

[1] Polaniyi M. The Tacit Dimension [M]. London:Routledge & kegn Paul,1996.
[2] Durcker P F. The new productivity challenge [J]. Harvard Business Review,

## 第6章 复杂系统仿真的综合集成式建模方法

1991, 11 (12): 69-79.

[3] Alice Ldm. Tacit knowledge, organizational learning and social institutions: an integrated framework [J]. Organization Studies, 2000, 23 (3): 487-513.

[4] 王连娟. 隐性知识管理文献综述 [J]. 情报科学, 2006, 24 (4): 636-640.

[5] 王众托. 知识系统工程 [M]. 北京: 科学出版社, 2004.

[6] 赵士英, 洪晓楠. 显性知识与隐性知识的辩证关系 [J]. 自然辩证法研究, 2001, 17 (10): 21-23.

[7] Leonard N, Znsch G S. Tacit knowledge in academia: aproposed model and measurement scale [J]. The Journal of Psychology, 2005, 139 (6): 495-512.

[8] 聂晶. 管理决策中隐性知识生成与转化的影响因素——来自复杂系统控制的实验证据 [J]. 情报杂志, 2011, 30 (09): 127-131.

[9] James Allen, Andrew D. James, Phil Gamlen. Formal versus informal knowledge networks in R&D: a case studying social network nanlysis [J]. R&D Management, 2007, (37): 179-196.

[10] Suh shin, Bock. Social network and knowledge accessibility Project Team: a multi-level approach [J]. Academy of Management Proceedings. 2002: 358-368.

[11] 刘福潮, 解建仓. 经验类隐性知识的表达及转化研究 [J]. 预测, 2008, 27 (06): 73-80.

[12] 魏法杰, 邓婉君, 单伟. 员工隐性知识转移的网络结构和影响因素 [J]. 北京航空航天大学学报 (社会科学版), 2011, 24 (02): 65-70.

[13] Hansen M. The search-transfer problem: the role of weak ties in sharing knowledge across organizational subunits [J]. Administration Science Quarterly, 1999 (44): 82-111.

[14] Culati R. Does familiarity bread trust? the implication of repeated tie for contractual choice in alliances [J]. Academy of Management Journal, 1994, 38 (1): 85-112.

[15] 王路帮, 钱省三. 基于元胞自动机的隐性知识传递仿真研究 [J]. 华东师范大学学报 (自然科学学报), 2011 (03): 123-133.

[16] 张庆普, 李志超. 企业隐性知识的流动和转化研究 [J]. 中国软科学, 2003 (01): 88-92.

[17] 汪应络, 李勖. 知识转移的特性研究 [J]. 系统工程理论与实践, 2002 (10): 8-11.

[18] Wellman Barry, Berknoeitz S D. Social Structures: A Network Approach [M]. Cambridge: Cambridge University Press, 1998.

[19] Stephen P. Borgatti, Ajay Mehra, Daniel J. Brass, et al. Network analysis in

the social sciences. Science, 2009, 323 (59): 892-895.

[20] 单伟, 张庆普, 刘臣. 企业内部隐性知识流转网络探析 [J]. 科学学研究, 2009, 27 (02): 254-263.

[21] 姜鑫. 基于"结构洞"视角的组织社会网络内隐性知识共享研究 [J]. 情报资料工作, 2012 (1): 32-36.

[22] Julia Nieves, Javier Osorio. The role of social networks in knowledge creation [J]. Knowledge Management Research & Practice, 2012 (8): 28-35.

[23] Harrison A, Qing Hu. Knowledge Transfer within Organizations: A Social Network Perspective. 2012 45th Hawaii International Conference on System Science (HICSS), 3766-3775.

[24] Ximing Ruan, Edward G. Ochieng, Andrew D. F. Price, et al. Knowledge integration process in construction projects: a social network analysis approach to compare competitive and collaborative working [J]. Construction Management and Economics, 2012, 30 (1): 5-19.

[25] Minna Janhonena, Jan-Erik Johansonb. Role of knowledge conversion and social networks in team performance [J]. International Journal of Information Management, 2011, 31 (3): 217-225.

[26] Wing S. Chow, Lai Sheung Chan. Social network, social trust and shared goals in organizational knowledge sharing [J]. Information & Management, 2008, 45 (7): 458-465.

[27] 殷国鹏, 莫云生, 陈禹. 利用社会网络分析促进隐性知识管理 [J]. 清华大学学报 (自然科学版), 2006, 46 (S1): 964-969.

[28] 胡婉丽. 知识在组织内传播的复杂网络模型: 算法及模拟 [J]. 运筹与管理, 2008, 17 (5): 150-154.

[29] 李金华. 复杂网络上的知识传播模型 [J]. 华南理工大学学报 (自然科学版), 2006, 34 (6): 99-102.

[30] 范彦静, 王化雨. 基于复杂网络的知识网建模研究 [J]. 心智与计算, 2008, 2 (1): 16-20.

[31] Pavani Rangachari. Knowledge sharing networks in professional complex systems [J]. Journal of Knowledge Management, 2009, 13 (3): 132-145.

[32] Jifeng Mu, Fangcheng Tang, Douglas L. MacLachlan. Absorptive and disseminative capacity: knowledge transfer in intra-organization networks [J]. Expert Systems with Applications, 2012, 37 (1): 31-38.

[33] Asish O. Mathew, Lewlyn L. R. Rodrigues, Alapati Vittaleswar. Human factors & knowledge management: a system dynamics based analysis [J]. Journal of Knowledge Management Practice, 2012, 13 (02): 128-139.

[34] 卢兵，岳亮，廖貅武. 组织通过外部学习进行隐性知识转移的模型研究 [J]. 系统工程理论与实践, 2006 (10): 35-43.

[35] 张生太，李涛，段兴民. 组织内部隐性知识的传播模型研究 [J]. 科研管理, 2004, 25 (4): 28-32.

[36] 张德茗. 企业隐性知识沟通的动力机制研究 [J]. 中国软科学, 2011, 10: 176-184.

[37] 卜心怡，刘潇潇，陈峰. 基于动态模糊认知图的隐性知识定量化表示 [J]. 情报学报, 2007, 26 (06): 839-844.

[38] 魏钢焰. 隐性知识的混沌理论 [J]. 科学学研究, 2007, 25 (A02): 369-374.

[39] 刘源. "传染病模型"在隐性知识传播中的应用 [J]. 科技进步与对策, 2008. 27 (5): 168-172.

[40] Wagner R I L, Sternber R J. Pracfical in intelligence in real world pursuits: the role of tacit knowledge [J]. Journal of Personality and Social Psychology, 1985, 49: 436-458.

[41] Sharon Ryan, Rory V. O'Connor. Development of a team measure for tacit knowledge in software development teams [J]. Journal of Systems and Software, 2009, 82 (2): 229-240.

[42] 李永周，彭璟. 企业研发团队个体隐性知识测度及应用研究 [J]. 科技管理研究, 2012, 18: 183-187.

[43] 蓝天，韵天宇. 企业隐性知识管理绩效评价指标体系研究 [J]. 生产力研究, 2011, 11: 177-179.

[44] 施翠芳，郭强，崔志明. 隐性知识主体风险态度的经济学分析 [J]. 科学学研究, 2003, 21 (1): 80-82.

[45] 叶志桂，颜光华. 纵向沟通中隐性信息获取的激励兼容机制研究 [J]. 中国管理科学, 2005 (2): 137-141.

[46] Steven J. Armstrong, Cynthia V. Fukami. Self-assessment of knowledge: a cognitive learning or affective measure? perspectives from the management learning and education community [J]. Academy Management Learning and Education, 2010, 9 (2): 335-341.

[47] 龙莎，等. 促进知识管理中隐性知识的显性化 [J]. 北京机械工业学院学报, 2008 (12): 70-72.

[48] 程慧平，万莉. 企业隐性知识显性化过程与机制研究 [J]. 情报学报, 2010, 29 (11): 118-121.

[49] 单伟，张庆普. 基于可拓方法的企业隐性知识管理绩效评价系统 [J]. 中国管理科学, 2006, 14 (z1): 603-606.

[50] 军霞, 官建成. 复合 DEA 方法在测度企业知识管理绩效中的应用 [J]. 科学学研究, 2002, 20 (1): 84-88.

[51] Anand G, Ward P T. Role of explicit and tacit knowledge in Six Sigma projects: an empirical examination of differential project $11C—cess [M]. Journal of Operations Management, 2010, 28: 303-315.

[52] 李倩, 程刚, 王夫芹. 基于隐性知识共享的企业知识创新模型研究 [J]. 情报理论与实践, 2014, 37 (06): 77-80.

# 第三篇

复杂系统仿真经济管理应用

# 第7章
# 基于情感计算的关系型社群商务行为的演化分析

**本章内容提要**

为了研究关系型社群的商务行为如何受到社群成员的情感因素的影响,本章基于情感计算使用系统仿真方法研究了关系型社群商务演化行为。首先给出了关系型社群商务行为影响因素的多 Agent 动力学模型,然后给出了关系型社群商务的多 Agent 动力学仿真建模方法,最后进行了社群商务行为的仿真演化分析。研究结果对社群商务相关研究有较好的借鉴意义。

**本章核心词**

情感计算,关系型社群商务行为,演化分析。

## 第1节 概 述

网络社群商务是社会化商务的一种表现方式。社会化商务指的是在以计算机为媒介的社会环境中,发生在个人的社会网络中或受其影响的与交易有关的活动,如需求确认、购前、购中和购后阶段相关活动[1]。网络社群是网络用户群体依托某种方式构建的网络组织,网络社群的构建以平台或软体为依托,如微信、博客、论坛等。与传统的社群相比,网络社群的组成个体更加多样化,沟通交流的效率更加通畅,但仍然保持着传统社群的信息互动性、人机互动、情感交流的特性[2]。网络社群社会影响力主要表现为在互动基础上传播信息、提供工具性支持和情感性帮助、以弱关系为基础进行强社会动员、以舆论聚焦为基础开展双向和多向互动[3]。网络社群的分类有很多种,有一种常见的分类把社群分为产品型社群、知识型社群和关系型社群。以小米手机为例，小米的社群形态是产品社群，使用产品社群和粉丝社群结合的模式构建。据相关报道，知名的"逻辑思维"社群向用户收取会员费，并出售 8 000 套单价为 499 元的图书礼包，这是社群商务的一种商业模式，社群商务是现在和未来极为重要的一种商务模式，如现在发展迅速的微商。关系型社群是依托一定的关系建立的社群组织，如朋友、同乡、校友、同事等建立的社群，这类社群没有产品型社群、知识型社群的商业目的性强。社群商务的变现能力是值得关注和研究的社群行为问题，尤其是对关系型社群，因为关系型社群没有产品型社群、知识型社群那样直接的转化目的和变现意图，一般情况下，在关系型社群开展商务行为会受到群成员的抵制，原因就在于此。如通过微信做微商营销，通过 QQ 群做推广的人，经常受到群成员的抵制和厌恶。究其原因，关系型社群是以情感为联系纽带的，关系型社群商务行为的成功与否，可能受到社群的黏性、社群氛围、社群成员的认同感，甚至社群成员情绪的影响，维系关系型社群存在的主要基础是社群成员之间的关系紧密程度，可以用社群对每个成员的黏性来体现。相关研究指出，社会化商务中，用户交互对用户黏性具有间接影响[4]。研究发现社群成员的情感资本投入对实际消费行为产生显著影响[5]。社群成员对在线品牌社群会产生泛家意识，该意识包括安全感和情感归属两项内容[6]。有研究关注了在社会化商务中减少负面情感和抱怨行为的方法[7]。文化传播、情感交流和价值认同是社群维系的关键，情感价值的传播是社群运营的核心，人们的本性里具有天然的交流需求，在社群交互中产生需求满足、情感共鸣和价值认同[8]。情感计算是关于情感、情感产生以及影响情感方面的计算，其目的是赋予计算机识别、理解、表达和适应人情感的能力[9]。其在电子商务中有很好的应用前景。相关研究运用情感计算理论，通过挖掘商品评论信息中的商品特征及相应的情感褒贬态度，为消费者提供一个商品特征粒度上的情感分析结果[10]。可以看出研究关系型社群商务行为应该以情感作为切入点。关系型社群商务中，社群成员群体交互和情绪变化如何影响社群成员的购买行为，是值得研究的问题。社群的商务行为是一个复杂的系统行为，仿真方法是从整体上研究复杂系统行为行之有效的方法，本章通过多 Agent 和动力学融合建模和仿真的方法，以情感计算视角研究和分析关系型社群商务的行为。

## 第 2 节　社群商务行为影响因素的多 Agent 动力学综合集成模型

### 一、多 Agent 动力学综合集成模型

构建如图 7.1 所示的多 Agent 动力学融合模型，将动力学和多 Agent 有机融合形成综合集成模型，用来表示和建立社群商务成员 Agent 内部的情感动力学影响机

# 第 7 章 基于情感计算的关系型社群商务行为的演化分析

制,以及成员 Agent 之间的关系型动力学机制,情感动力学模型可以表示情绪等因素的影响效应等,关系动力学模型可以用来表示社群商务促销因素的情感效应等。

图 7.1 多 Agent 与动力学综合集成模型

## 二、社群成员数量增长的动力学模型

社群会经历成长的过程,而且成员的数量也在不断的变化之中,在社群商务发展过程中,随着领导成员和其他成员不断吸引外部成员的加入,但成员的额增长有一定的极限,可以看成在有资源约束情况下,成员的数量增长符合逻辑斯蒂增长模型,假设每个共生单元的产出水平增长与其所处环境间的关系可以归结为以下 Logistic 方程[11]:

$$\frac{\mathrm{d}x}{\mathrm{d}t} = rx\left(1 - \frac{x}{k}\right) \tag{7.1}$$

式中,$k$ 表示一段时间和某一网络空间内,在给定的各种情况下,社群能够最大容纳的成员极限即最大成员数;$r$ 表示理想条件下社群成员数量的自然增长率或内禀性增长率;$x$ 为社群成员的增长数量,它是时间 $t$ 的函数。这里时间不仅包含日常意义上的含义,而且含有宣传投入、精力、成本等影响成员数量的增长水平的各种因素变化的含义;$(1-x/k)$ 称为 Logistic 系数,即社群成员尚可增长的空间。

## 三、社群商务行为影响因素的效应分析

根据心理和情感影响因素对行为的影响,构建社群商务行为的影响因素模型如图 7.2 所示。社群商务成员的购买行为受到内部购买驱动力和广告宣传的影响,内部购买驱动力受到成员的情绪和认同的影响,假设情绪受到社群中促销福利和社群交互的影响。

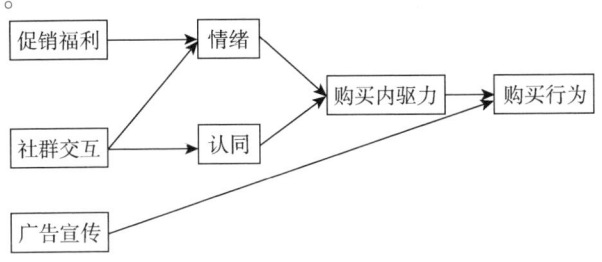

图 7.2 社群商务行为的影响因素模型

## 1. 心理认同因素的影响效应

在社群中，一般具有和社群其他成员相似的理念、观点或爱好的成员，对社群具有更好的认同感和归属感。认同来源于社群成员和其他成员交互过程中的心理感知。在此合理简化为交互信息带来的效应，当成员更多地收到和自己相似意见的信息（正面信息）时对社群认同增加，相反当成员更多地收到和自己相左意见的信息（负面信息）时则对社群认同减弱。

对于客观呈现的某种事件的数量使用 $P$ 来表示，近似描述心理认同量 $E$ 和客观呈现的某种事件的数量 $P$ 的关系式如下：

$$E = \frac{1}{a}\ln P + \frac{1}{b} \tag{7.2}$$

假设社群的交互中，成员收到的正面交互信息数量为 $N_p$，收到的负面交互信息数量为 $N_n$，正面交互信息产生正面的心理认同量，负面交互信息产生负面的心理情绪量，并假设正、负心理认同量可以相互做进一步抵消。

则总体认同 $Y_1$ 可以表示如下：

$$Y_1 = E_p - E_n = \left(\frac{1}{a}\ln N_p + \frac{1}{b}\right) - \left(\frac{1}{a}\ln N_n + \frac{1}{b}\right) = \frac{1}{a}\ln\frac{N_p}{N_n} \tag{7.3}$$

式中，$a$ 为调节系数。

## 2. 社群商务促销因素的情感效应

社群商务促销对成员情绪有重要影响。社群中的领导成员为了促进社群的商务变现，会定期进行情感促销，主要方式为发红包等福利。发红包等福利方式本质上属于情感措施，红包拉近了社群的情感距离，促进了成员的关注，间接促进了社群的黏性。假设对于社群成员，社群红包福利等促销措施的花费为 $x$，其引起的"欢喜"情绪增长 $Y_2$，其促销措施所能引起的最大情绪极限为 $M$，投入促销花费为 $x$ 时对情绪增长率影响水平为 $r$，因此的两者之间满足如下方程：

$$Y_2 = rx\left(1 - \frac{Y_2}{M}\right) \tag{7.4}$$

得到如下微分方程：

$$Y_2' = M^2 r(M + rx)^{-2} \tag{7.5}$$

## 3. 购买行为的内部驱动力

购买行为的价值认同产生的内部驱动力 $Z_1$，在有总体认同 $Y_1$ 刺激的情况下，将以 $\beta$ 逐渐增强，在没有总体认同刺激的情况下将以 $\alpha_1$ 逐渐消退，其微分方程如下：

$$\frac{dZ_1}{dt} = Z_1(-\alpha_1 + \beta_1 Y_1) \tag{7.6}$$

同理，"欢喜"情绪增长产生的内部驱动力 $Z_2$，在"欢喜"情绪 $Y_2$ 刺激的情况下，将以 $\beta_2$ 逐渐增强，在没有总体认同刺激的情况下将以 $\alpha_2$ 逐渐消退，其微分方程如下：

$$\frac{dZ_2}{dt} = Z_2(-\alpha_2 + \beta_2 Y_2) \tag{7.7}$$

在此没有将驱动力分类考虑，主要基于以下事实，不同的驱动力产生的来源不一样，所以社群成员会形成各种各样的不同驱动力，因此模型中假设一般情况下不同购买行为的产生源于不同的驱动力。

# 第3节　社群商务行为影响因素的多 Agent 动力学仿真演化分析

## 一、社群商务行为影响因素的多 Agent 动力学仿真建模

基于以上分析，通过计算机仿真软件建立多 Agent 动力学仿真模型。模型的建立和参数设置如下：

1. 社群成员 Agent 的状态建模

基于情感把社群的关系型社群成员分为核心成员、积极成员和普通成员几类。核心成员指的是在情感上与社群有较大的认同感和归属感的成员。积极成员一般指的是在情绪上比较积极，例如得到红包等福利情绪好的成员等。核心成员与积极成员可能有一定的交叉重叠。从普通成员变成核心成员再变成购买成员的行为路径如下：在与社群成员交互中逐渐提升自己的认同感，当认同感达到一定阈值时，成为社群的核心成员，并逐渐增加个人由认同感产生的购买驱动力，当购买的驱动力达到一定程度时，产生了社群商务的购买行为。积极成员从普通成员到积极成员再到购买成员的路径如下：在社群的交互中，逐渐因获得促销福利而获得心情愉悦等正向情绪的提升，从而成为积极成员，因此在社群中可能更容易产生购买行为，这类成员的数量和购买行为取决于促销福利的频率和强度。因此，建立如图7.3所示的社群商务行为的状态模型。

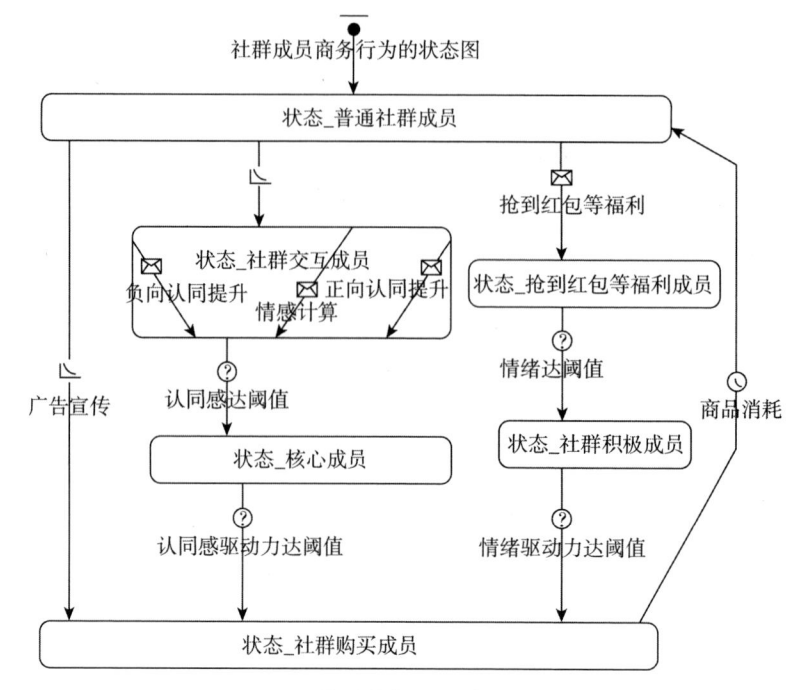

图 7.3　社群商务行为的状态模型

**2. 社群成员交互建模与情感计算**

社群成员之间的交互建模采用如下策略：使用泊松分布描述发言的概率，一般情况下，大多数社群成员基本不发言或者发言三到四句话是常态。因此合理假设如图 7.4（a）所示的参数为 3 的泊松分布来描述普通社群成员的发言次数。考虑到社群成员之间发生观点冲突的概率较小，合理假设使用如图 7.4（b）所示参数为 0.05 的伯努利分布表示发生观点冲突的随机分布。同理，合理假设使用参数为 0.15 的伯努利分布表示发生观点支持的随机分布。

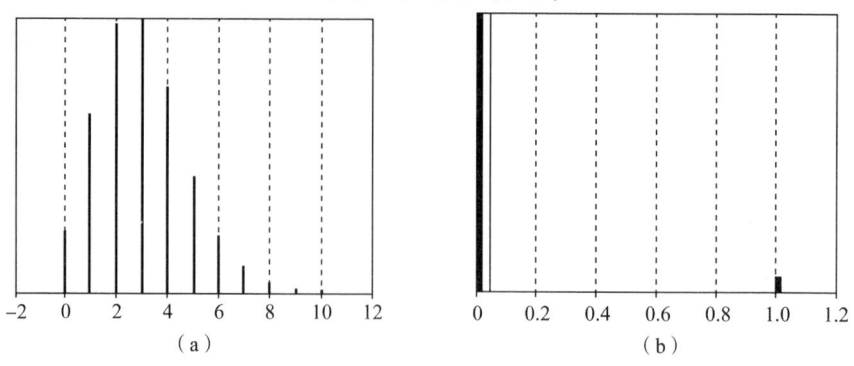

图 7.4　模拟社群交互的分布

（a）模拟社群成员发言的分布；（b）模拟社群成员观点冲突的分布

第 7 章 基于情感计算的关系型社群商务行为的演化分析

根据成员在交互中收到的冲突和支持的数量，使用式（7.3）计算其对社群的总体认同感，并根据总体认同感的阈值决定其是否成为核心成员。然后根据式（7.6）计算其内部驱动力，决定其是否产生购买行为。

对于促销福利的模拟采取如下策略：由于在日常中，以在社群抢红包为例，金额一般情况下不超过 20 元，且抢到大额红包的概率比较低，因此其促销福利的金额分布非常符合指数分布，因此合理假设采用参数为 Exponential（0，20，1，2.8）的指数分布（见图 7.5（a））来表示社群成员抢到的红包金额。

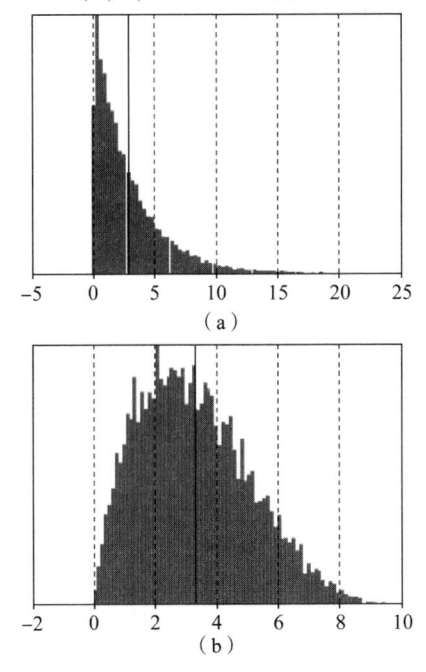

**图 7.5 模拟社群促销的分布**
（a）模拟每次促销福利金额的分布；（b）模拟广告效果的分布

对于抢到的促销福利红包金额，使用式（7.5）计算其情绪值，如果其情绪到达指定的阈值，则成为积极的社群成员，再根据式（7.6）计算其内部驱动力，决定其是否产生购买行为。

除此之外，模型考虑了普通的广告促销对社群商务销售的促进作用，根据已有的研究，广告的转化率有时服从 $\beta$ 分布，在此使用参数 $\beta$（2，4，0，10）来表示广告效果的随机分布（见图 7.5（b））。对于社群成员是否进行发言交互，因现实中一个成员是否发言符合 0-1 二项分布，所以合理假设使用参数 Bernoulli（0.05）来表示社群成员的发言情况。在建模中考虑了产品的消耗周期，假设该社群商务推销的是消费周期为 30 天的日常消费品，消耗周期过后，社群成员重新成为潜在购买客户。

3. 仿真参数设置

仿真中设置的参数如表 7.1 所示。

表 7.1 仿真参数设置

| 参数 | 含义 | 设置值（范围） |
| --- | --- | --- |
| Logistic（$r_1$, $r_2$） | 社群成员数量的成长 | Logistic（1 000, 1 000） |
| $a$ | 调节系数 | 1 |
| $\alpha_1$ | 价值认同驱动力方程参数 | 0.38 |
| $\beta_1$ | 价值认同驱动力方程参数 | 1.55 |
| $\alpha_2$ | 欢喜情绪驱动力方程参数 | 0.38 |
| $\beta_2$ | 欢喜情绪驱动力方程参数 | 1.1 |
| $r$ | 促销的情绪效应方程参数 | 0.1 |
| $M$ | 促销的情绪效应方程参数 | 100 |
| Recog_Thre | 认同值阈值 | 0.1 |
| Joy_Thre | "欢喜"情绪值阈值 | 0.1 |
| Gdriverpower_Thre | 认同感驱动力阈值 | 2 |
| Edriverpower_Thre | "欢喜"情绪驱动力阈值 | 2 |
| Win_T | 仿真的时间窗 | 500 |
| Samples_N | 显示的样本数 | 500 |
| Start_T | 仿真的开始时间 | 0 |
| End_T | 仿真的结束时间 | 500 |
| Unit_T | 仿真的时间单位 | 天 |

## 二、仿真结果分析

根据以上建立的模型，进行仿真分析，仿真中主要分析了社群成员的状态、购买次数、发言交互、促销福利、情感值和驱动力等的情况，得到如下仿真结果：

1. 基于情感的成员交互、促销福利及其情感值和驱动力

图 7.6 给出了成员交互、促销福利及其情感值和驱动力的变化情况。每天发言者的数量反映了社群成员的整体发言情况，观点支持的数量和观点冲突的数量反映了产生不同观点的情况。这影响了成员的认同感，其变化反映在整体成员的认同值总和上。收到红包的成员的数量反映了社群各种红包的发放数量情况，其红包的效果反映在成员整体的"欢喜"情绪值总和情况上。由此引起了认同驱动力的变化，也引起了欢喜情绪驱动力的变化。

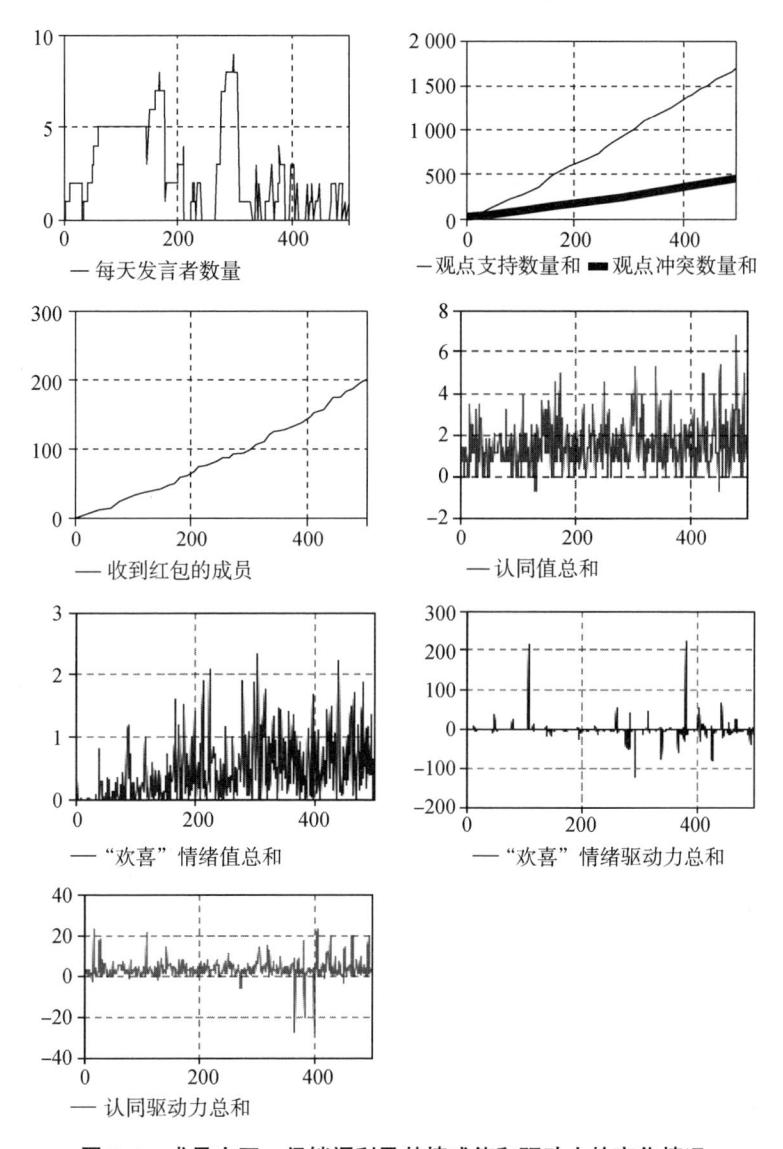

## 第 7 章　基于情感计算的关系型社群商务行为的演化分析

**图 7.6　成员交互、促销福利及其情感值和驱动力的变化情况**

### 2. 购买的分析

图 7.7 给出了社群每天购买数量（含重复购买）、每天人均购买数、每天首次购买者数量、每天首次购买率的变化情况，从中可以看出，每天的销售数量最多不超过 40 人，其中首次购买量一般很少超过 10 人。多数情况下，人均购买次数在 0.1 次以下。这反映在前文给定的假设条件下，社群商务的购买能力相对一般。

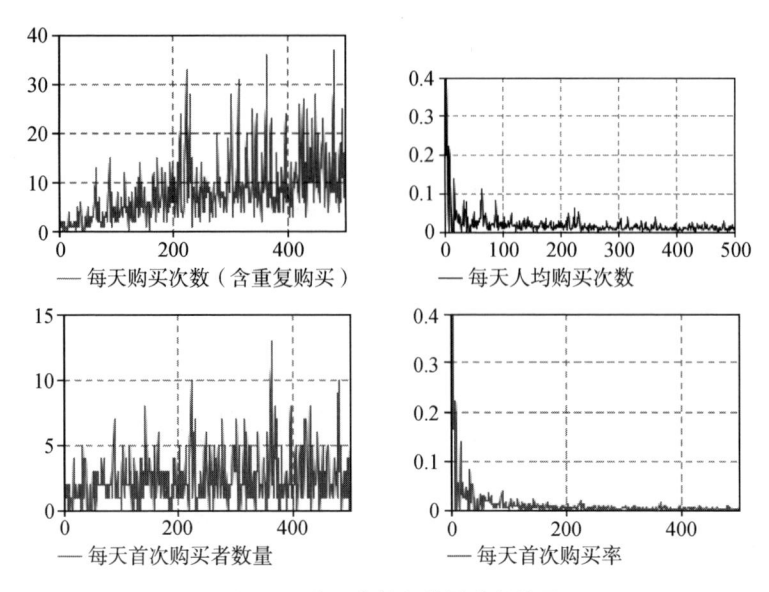

**图7.7 购买次数和数量分析结果**

图7.8给出了广告、促销福利和认同感各自带来的销量变化情况。通过比较可以看出，带来最多销量的是认同感，其次是广告促销，带来销量最少的是促销福利。这反映了在社群商务环境下，在相同的假定条件下，具有认同感的成员可能更容易产生购买行为。促销福利却带来了相对最少的销量，说明了促销福利手段产生相对较少的销量。

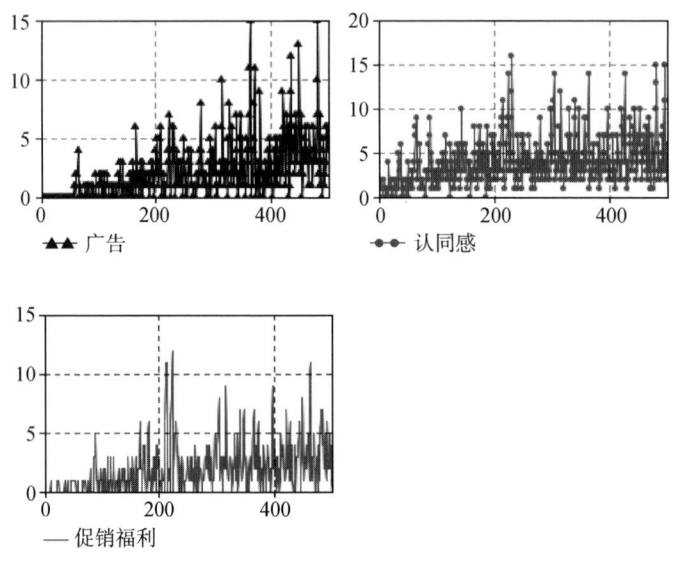

**图7.8 不同方式带来的销售量比较**

### 3. 社群成员的结构变化

图 7.9 给出了在社群商务环境下，各种社群成员的比例结构的变化情况。社群成员中认同成员的数量较少，却带来了较高的销量，这进一步肯定了在社群商务环境下，在相同的假定条件下，具有认同感的成员可能更容易产生购买行为。积极情绪的成员相对较多却没有产生更多的销量。社群商务的购买者给定假设条件下，数量保持了平缓变化的趋势。

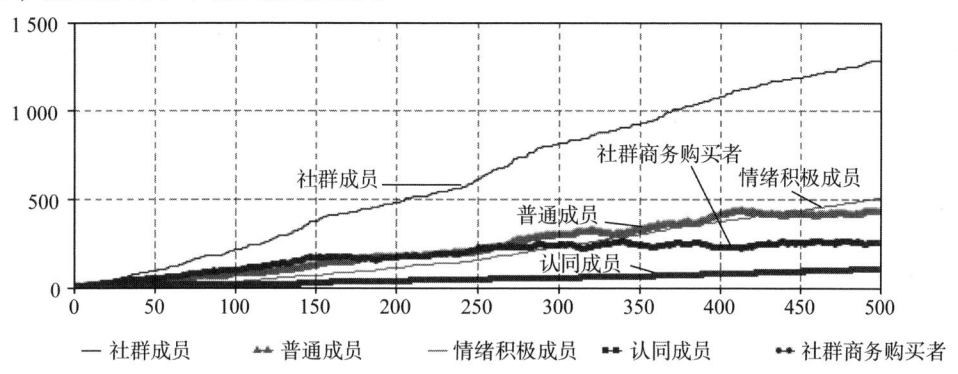

图 7.9 不同社群成员的数量变化情况

## 三、启示和建议

（1）在关系型社群商务环境中，重视社群成员的情感和价值认同的培养。较好的情绪和情感能够促进成员之间的交流和互动，增加成员之间的联系，提高社群的黏性，从而提高社群商务中社群成员的购买驱动力，促进社群的购买行为，达到变现的目标。情绪和价值认同应该分开来看待，一般对社群的认可不同于个人的情绪，认可程度越高，就越可能产生长期的依赖和归属感。一些促进情感和价值认同的手段应该被应用于社群商务，如宣传、线下活动、联谊和聚会等。

（2）关系型社群开展商务的难度相对较大，从仿真中的假设条件下产生一般的销售行为可以看出，关系型社群商务的转化率一般相对较低，没有产品型社群、知识型社群或者领导型人物主导的情怀型社群那种可以达到 30% 甚至 50% 以上的超高转化率，加之一个社群中容纳的成员数量一般有上限，像以上仿真中 1 000 多社群成员数量已经是现实社群的最高极限人数，因此实际上绝对的转化数相对一般。

（3）关系型社群的商务促销活动应重点放在消除社群成员的抵触情绪上。由于情绪影响的重要性，在关系型社群的商务促销活动中，应重点放在消除社群成员的抵触情绪上，采取的措施可能包括树立诚信、友善、合法经营、童叟无欺的形象，注重自身信誉的培养，尊重知识产权，注重产品质量和售后服务等。

## 本章小结

本章从情感计算的角度,通过多 Agent 与动力学融合模型仿真方法,模拟了关系型社群成员认同感和情绪的变化对社群成员购买的影响效果。结果表明,该方法能够较好地模拟关系型社群中,购买数量、购买频率和社群成员结构的变化情况。该研究是在一定的假设条件下进行的,具有一定的局限性,但从复杂系统的仿真角度观察了系统的涌现行为,对相关研究和商务活动具有较好的借鉴意义。

## 本章参考文献

[1] Yadav M S, Valck K D, Hennig-Thurau T, et al. Social commerce: a contingency framework for assessing marketing potential [J]. Journal of Interactive Marketing, 2013, 27 (4): 311-323.

[2] 张鹏. 基于社群认同的网络团购研究 [D]. 广州: 中南大学, 2013: 20.

[3] 张文宏. 网络社群的组织特征及其社会影响 [J]. 江苏行政学院学报, 2011 (04): 68-73.

[4] 周军杰. 社会化商务背景下的用户黏性: 用户互动的间接影响及调节作用 [J]. 管理论, 2015, 27 (07): 127-136.

[5] 张馨忆. 时尚类粉丝社群成员情感资本投入研究 [D]. 广州: 暨南大学, 2016.

[6] 赵建彬, 景奉杰. 在线品牌社群中的泛家意识以及前因和后效研究 [J/OL]. 管理评论, 2015, 27 (12): 88-98.

[7] Ho Lee, Seong, Sik Jung, Kyung. The strategical approach to reduce negative emotion and complaint behavior in social commerce: Focusing on perceived risk [J]. The e-Business Studies, 2015, 16 (06): 103-122.

[8] 金韶, 倪宁. "社群经济"的传播特征和商业模式 [J]. 现代传播 (中国传媒大学学报), 2016, 38 (04): 113-117.

[9] 罗森林, 潘丽敏. 情感计算理论与技术 [J]. 系统工程与电子技术, 2003, (07): 905-909.

[10] 林钦和, 刘钢, 陈荣华. 基于情感计算的商品评论分析系统 [J]. 计算机应用与软件, 2014, 31 (12): 39-44.

[11] Lotka A J. The Elements of Physical Biology [M]. Baltimore: Williams & Wilkins Company, 1925.

# 第 8 章

# 电子商务平台知识产权监管的仿真分析

### 本章内容提要

为了更系统地探究电子商务平台监管的复杂动态行为，本章从复杂系统的角度出发，通过元胞自动机构建了电子商务平台监管的模型进行演化分析。首先给出了元胞的属性和状态，接着研究了在博弈收益矩阵分析的基础上电子商务平台监管模型的构建，最后通过仿真结果分析给出了启示。

### 本章核心词

知识产权监管，电子商务平台，元胞自动机，商家。

## 第1节 概 述

电子商务平台的知识产权侵权行为屡见不鲜，最常见的知识产权侵权行为主要有商标侵权、版权（著作权）侵权与专利侵权三个大类。如在电子商务平台中销售假冒商品，商品的名称、标题、店铺名、域名中使用他人的商标，卖家未经授权擅自销售产品等一般属于商标侵权。在电子商务平台中，未经许可使用"盗取图片"或其他权利人的图片，包括产品官方网站、各级经销商、其他商家拍摄的产品模特的图片，擅自销售未经许可的影视音像制品等，属于版权（著作权）侵权。在电子商务平台中，销售未经专利权人许可而制造并售出的专利侵权产品，销售假冒专利的产品，属于专利侵权。电子商务平台知识产权的侵权最直接的涉及三类主体，分别为电子商务平台方、商家和被侵权者（以下称为维权者）。一般情况下，电子商务平台对知识产权的侵权有"连带责任"，这类似于线下的市场，市场方有责任监管卖家的不法行为。但是电子商务平台对知识产权侵权的监管需要付出很大的精力和成本，包括技术上的，然而技术不是万能的，平台方不可能发现所有的侵权行为，且其没有调查处理的执法权力，其只有监管和平台范围内的处罚措施，例如扣除信用分，甚至关闭店铺等。在电子商务知识产权保障机制中，平台商在电子商务平台网络交易中是独立的第三人，基于一定的规则与协议而享有一定的监管权利。但这种管理权在目前电子商务领域知识产权保障机制中并未完全发挥其作用，在监管机制与维权机制中均表现出一定的现实缺陷[1]。政府在电子商务平台的知识产权侵权中扮演立法者的角色，在本文中不考虑政府的立法，只假设立法健全，维权者的正常合法权益会得到政府的完全维护。毋庸置疑，商家可以从侵权行为中获得利益，所以他们才铤而走险，但加大打击力度，让其付出较大代价呢？为什么电子商务平台的知识产权侵权行为屡禁不止？如果加大打击的力度，商家能够在多大程度上收敛自己的侵权行为？现实中为什么屡屡出现知名品牌起诉电子商务平台知识产权侵权，电子商务平台是否有足够的驱动力从事严格的监管？这些都是值得深入分析的问题，从电子商务平台、商家和维权者三者之间的关系看，存在复杂的博弈关系，三者之间的多轮博弈演化形成了复杂的系统行为，对于知识产权的监管，现有的研究从博弈的角度进行了深入分析[2~4]，但从复杂系统的角度进行演绎分析是一个比较新颖的视角，通过个体行为的互动，来分析系统的整体涌现行为，是复杂系统研究的最常用方法。元胞自动机作为一种离散化动力学模型方法，一种利用简单规则的反复迭代方法，是研究复杂系统的演绎方法，其成功应用于流行病的传播[5]、生物聚集模式[6]、交通模拟[7]、计算机与信息科学[8]、地理与环境[9]、复杂性科学[10]等。基于此，为了探究电子商务平台的知识产权侵权行为问题的机理，本章从复杂系统角度，基于元胞自动机对电子商务平台知识产权侵权的演化进行分析。

## 第2节 基于元胞自动机的电子商务平台知识产权监管模型

### 一、元胞的属性和状态

元胞自动机通过对系统进行格状分割，形成 $n \times n$ 的元胞空间，通过相邻的元胞相互作用，模拟系统的整体涌现行为。电子商务平台中许多从事跨境贸易的商

## 第8章 电子商务平台知识产权监管的仿真分析

家,可以被看作元胞自动机系统中无数个小的元胞。每个商家是否侵犯知识产权,并以多大的程度侵犯,侵犯后承担的后果等,一般取决于商家观察到的其他商家及自身进行侵权的后果或收益,如果商家观察到平台的监管很松,其能观察到其他侵权的商家大多都从侵权行为中获利,那么这个商家进行侵权的概率就无形中被加大了,如果这个商家已经在侵权,那么继续侵权的概率就加大了。由于获取信息的成本和精力,一个商家不可能获得或观察到所有商家的侵权和获利信息,只能观察到有限的商家侵权和获利信息,这些被观察到信息的商家可以看作元胞自动机系统中中心元胞的邻居元胞,所以完全可以将每个商家看作中心元胞,每个中心元胞与周围其他元胞进行相互作用,这种作用表现在元胞(商家)观察周围元胞的侵权和获利状态,并结合自身的状态来调整自己的策略。所有元胞的行为,引起电子商务平台和维权者采取相应的行动,这些行动决定了元胞(商家)的获利(或被惩罚)结果,这些结果反过来影响所有元胞的下一轮行为,如此循环,构成了在简单规则下系统演化的复杂行为。

这里需要确定元胞的初始状态。每个小的元胞(商家)具有可选的状态,电子商务平台中的商家,初始状态分为两种状态,一种是侵权状态,一种是未侵权状态。接着需要确定元胞(商家)的各种属性,这些属性包括每轮是否侵权、侵权获利(因惩罚的损失为负数)、是否被发现侵权、是否被惩罚。

使用如下的状态集合来刻画元胞(商家)的状态:

$$S_i^t = (A_i^t,\ PR_i^t,\ AF_i^t,\ AP_i^t,\ AC_i^t) \tag{8.1}$$

式中,$A_i^t$ 表示电子商务平台中商家 $i$ 第 $t$ 轮时刻是否采取侵权行为;$PR_i^t$ 表示电子商务平台中商家 $i$ 第 $t$ 轮时刻进行侵权的收益;$AF_i^t$ 表示电子商务平台中商家 $i$ 第 $t$ 轮时刻进行侵权是否被发现;$AP_i^t$ 表示电子商务平台中商家 $i$ 第 $t$ 轮时刻进行侵权是否被惩罚;$AC_i^t$ 表示电子商务平台中商家 $i$ 第 $t$ 轮时刻进行侵权的成本。

假设电子商务平台、商家和维权者的策略分别为(监管,不监管)、(侵权,不侵权)和(维权,不维权)。设电子商务平台 $M$ 第 $t$ 轮时刻的监管成本为 $C_M^t$,其在采取不监管策略的情况下不需要付出成本,在监管情况下如果商家畏惧监管而不侵权,因商家 $i$ 销售额 $SA_i^t$ 下降 $\Delta SA_i^t$,电子商务平台 $M$ 损失一部分佣金 $SC_{M,i}^t$,损失佣金的大小取决于商家销售额下降的多少,如果商家在监管情况下冒险侵权,那么电子商务平台 $M$ 可能对商家作出扣除信用分、关闭店铺或关禁闭(禁止推广活动等)等措施,记其损失为 $L_i^t$。电商平台 $M$ 和商家 $i$ 侵权支付的惩罚金总额为 $TAP_{M,i,j}^t$,维权者 $j$ 维权时电子商务平台 $M$ 若无监管则需承担连带责任,

即电子商务平台 $M$ 要支付惩罚金 $CAP_{M,j}^t$，商家 $i$ 侵权需要支付惩罚金 $CAP_{i,j}^t$。它们之间的公式关系如下：

$$\Delta SA_i^t = SA_i^{t-1} - SA_i^t \tag{8.2}$$

$$SC_{M,i}^t = \Delta SA_i^t \cdot a\% \tag{8.3}$$

$$CAP_{M,j}^t = TAP_{M,i,j}^t \cdot b\% \tag{8.4}$$

$$CAP_{i,j}^t = TAP_{M,i,j}^t \cdot (1 - b\%) \tag{8.5}$$

式中，$a\%$ 表示佣金比例；$b\%$ 表示电子商务平台若无监管承担侵权连带责任的份额比例。

商家 $i$ 如果采取侵权策略，则其能够从侵权行为中提高销售额 $\Delta SA_i^t$ 和利润 $PR_i^t$，如果商家不侵权，将可能维持原状态。此时：

$$\Delta SA_i^t = SA_i^t - SA_i^{t-1} \tag{8.6}$$

$$PR_i^t = \Delta SA_i^t \cdot c\% \tag{8.7}$$

式中，$c\%$ 表示利润率的大小。

如果维权者 $j$（知识产权所有者或其他商家）采取维权策略，则需要付出维权成本 $C_j^t$，同时获得电商平台 $M$ 和侵权商家 $i$ 支付的维权赔偿收益 $TAP_{M,i,j}^t$。如果不维权，则自己没有收益，不付出成本。其维权策略的收益 $PR_j^t$ 为

$$PR_j^t = TAP_{M,i,j}^t - C_j^t \tag{8.8}$$

## 二、元胞的演化规则构建

在电子商务平台、商家和维权者（知识产权所有者或其他商家）三者的关系中，存在一种三方博弈关系，维权者（知识产权所有者或其他商家）对自身权益的侵犯所采取的策略包括两种：一种追究不严格；另一种严格追究。在不严格追究的情况下，可能会纵容侵权者的行为，同时可能导致电子商务平台对在其中进行经营的商家的监管不严。如果严格追究，则会使得侵权者和电子商务平台付出较多的侵权成本，同时增加了自己的维权成本，但是会在一定程度上遏制和打击非法侵犯知识产权的行为。对于电子商务平台也面临着两种策略选择，一种是严格监管和打击商家非法的知识产权侵权行为，如通过技术手段侦测，加大惩罚力度，扣除商家的信用分和对严重侵权行为关闭店铺等措施，但需要付出一定的监管成本，甚至因此减少自己的平台佣金和费用收益，这主要是因为商家通过侵权增加了自己的销售额，那么平台能够收取更多的佣金提成，这在一定程度上打消了电子商务平台进行严格的知识产权监管的决心，这也可能是电子商务平台知识

## 第8章 电子商务平台知识产权监管的仿真分析

产权侵权屡禁不绝的一个原因;另外一种惩罚力度过小,使得电子商务平台和侵权商家侵权的机会成本过低,也可能导致侵权行为的泛滥成灾。

构建元胞自动机系统中元胞(代表商家)的演化规则,需要首先研究分析商家、电子商务平台和维权者(知识产权所有者或其他商家)三者的博弈关系及其最终收益。

为了构建元胞自动机系统中元胞的演化规则,需要首先研究分析商家、电子商务平台和维权者三者的博弈关系及其最终收益。在商家侵权、电子商务平台进行监管、维权者维权的情况下,商家、电子商务平台和维权者三者的收益分别为 $PR_i^t - CAP_{M,j}^t - L_i^t$,$SC_M^t - C_M^t$ 和 $-C_j^t + TAP_{M,i,j}^t$。在商家侵权、电子商务平台不监管、维权者维权的情况下,三者的收益分别为 $PR_i^t - CAP_{M,j}^t$,$SC_M^t - CAP_{i,j}^t$ 和 $-C_j^t + TAP_{M,i,j}^t$。在商家侵权、电子商务平台不监管、维权者不维权的情况下,三者的收益分别为 $PR_i^t$,$SC_M^t$、0。在商家侵权、电子商务平台监管、维权者不维权的情况下,三者的收益分别为 $PR_i^t - L_i^t$,$SC_M^t - C_M^t$ 和 0。在商家不侵权、电子商务平台监管、维权者维权的情况下,三者的收益分别为 0、$-C_M^t$、$-C_j^t$。在商家不侵权、电子商务平台监管、维权者不维权的情况下,三者的收益分别为 0、$-C_M^t$、0。在商家不侵权、电子商务平台不监管、维权者维权的情况下,三者的收益分别为 0、0、$-C_j^t$。在商家不侵权、电子商务平台不监管、维权者不维权的情况下,三者的收益分别为 0、0、0。电子商务平台、商家和维权者三方博弈的博弈树如图 8.1 所示。

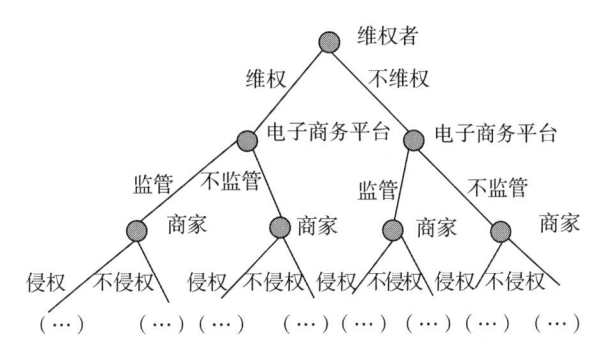

**图 8.1 电子商务平台、商家和维权者三方博弈的博弈树**

假设维权者维权的概率为 $p$,不维权的概率为 $1-p$;电子商务平台进行监管的概率为 $q$,不进行监管的概率为 $1-q$;商家侵权的概率为 $r$,不进行侵权的概率为 $1-r$,可以建立如表 8.1 所示的电子商务平台、商家和维权者三方博弈的收益矩阵。

表 8.1 电子商务平台、商家和维权者三方博弈的收益矩阵

| 电子商务<br>平台维权者 | 商家 | 维权 $p$ | | 不维权 $1-p$ | |
|---|---|---|---|---|---|
| | | 监管 $q$ | 不监管 $1-q$ | 监管 $q$ | 不监管 $1-q$ |
| 侵权 $r$ | | $(PR_i^t - CAP_{M,j}^t - L_i^t,\ SC_M^t - C_M^t,\ -C_j^t + TAP_{M,i,j}^t)$ | $(PR_i^t - CAP_{M,j}^t,\ SC_M^t - CAP_{i,j}^t,\ -C_j^t + TAP_{M,i,j}^t)$ | $(PR_i^t - L_i^t,\ SC_M^t - C_M^t,\ 0)$ | $(PR_i^t,\ SC_M^t,\ 0)$ |
| 不侵权 $1-r$ | | $(0,\ -C_M^t,\ -C_j^t)$ | $(0,\ 0,\ -C_j^t)$ | $(0,\ -C_M^t,\ 0)$ | $(0,\ 0,\ 0)$ |

# 第8章 电子商务平台知识产权监管的仿真分析

上面的收益矩阵无法找到纯策略纳什均衡解，但是可以求解得到混合策略纳什均衡解。求出其混合策略纳什均衡能够从理论上分析三者的利益博弈。但是在现实情况中，很少有商家做到每时每刻根据纳什均衡解呈现出高度的理性行事行为，主要原因是其掌握的信息有限，连其纳什均衡解都难以准确获得。一般情况下商家根据自己掌握的有限信息作出自己的局部有限决策。这为使用元胞自动机仿真模拟商家的行为，观察其整体行为提供了现实基础。每个元胞（商家）下一时刻的状态为当前时刻邻居元胞状态、自身状态和控制变量的函数，使用公式表示如下[11]：

$$S_i^{t+1} = F(S_i^t, S_{iL}^{t+1}, R) \tag{8.9}$$

式中，$R$ 为控制变量；$S_{iL}^{t+1}$ 表示第 $t+1$ 时刻所有邻居元胞状态的集合，使用如图8.2所示的 Moore 型邻居，即每个元胞有8个邻居元胞。

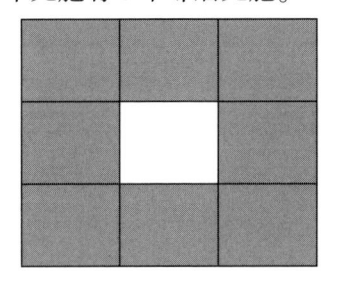

**图 8.2　Moore 型邻居元胞**

函数 $F(S_i^t, S_{iL}^{t+1}, R)$ 就是元胞的演化规则，根据对电子商务平台、商家和维权者三者的博弈分析，设定元胞按照如下演化规则进行演化：

规则1：如果中心元胞观察到周围的邻居元胞1/2或以上数量（≥4）处于侵权状态，而且侵权邻居元胞获得收益大于0的数量 $x$ 大于等于侵权邻居元胞总数的一半，则中心元胞在下一轮调整自己的状态为侵权。

规则2：如果中心元胞观察到周围的邻居元胞1/2或以上数量（≥4）处于侵权状态，而且侵权邻居元胞获得收益大于0的数量 $x$ 小于侵权邻居元胞总数的一半，则中心元胞在下一轮以 $x/(8\delta)$ 的概率调整自己的状态为侵权。

规则3：如果中心元胞观察到周围的邻居元胞小于1/2数量（<4）处于侵权状态，而获得收益大于0的周围邻居元胞中的数量 $x$ 大于等于侵权邻居元胞总数的一半，则中心元胞在下一轮以 $x\delta/8$ 的概率调整自己的状态为侵权。

规则4：如果中心元胞观察到周围的邻居元胞小于1/2数量（<4）处于侵权状态，而且获得收益大于0的周围邻居元胞中的数量 $x$ 小于侵权邻居元胞总数的一半，则中心元胞下一轮的状态调整为不侵权。

在规则2和规则3中，$\delta \geqslant 1$ 代表示范效应系数。当观察到多数侵权行为并不能得到好的回报时，其侵权概率除以该示范效应系数。当观察到多数侵权行为能得到好的回报时，其侵权概率乘以该示范效应系数。$\delta = 1$ 表示不考虑示范效应。

在元胞选择状态后，在平台和维权者行为选择下，以支付矩阵计算各方本轮实际收益，下一轮元胞在周围元胞的影响下，依演化规则决定其状态选择，如此反复循环，形成系统的复杂演化行为。

## 第3节 电子商务平台知识产权监管演化仿真分析

### 一、仿真模型的参数与情境设置

根据以上构建的基于元胞自动机的电子商务平台知识产权监管模型，通过计算机建立其仿真模型并进行仿真演化分析。其中仿真演化中设置的仿真参数如表8.2所示。

表8.2 关键词竞价初始仿真参数

| 参数 | 含义 | 严格监管 | 一般监管 | 放松监管 |
|---|---|---|---|---|
| $n \times n$ | 元胞空间 | 33×33 | 33×33 | 33×33 |
| $n \times n$ 的值 | 商家（元胞）数量 | 1 089 | 1 089 | 1 089 |
| $a\%$ | 电子商务平台收取的佣金百分比 | 10% | 10% | 10% |
| $b\%$ | 电子商务平台承担侵权责任的百分比 | 30% | 30% | 30% |
| $c\%$ | 商家侵权的利润率 | 25% | 25% | 25% |
| $L_i^t$ | 电子商务平台惩罚导致的商家损失 | 300 | 150 | 75 |
| $\Delta SA_i^t$ | 商家侵权销售额增加 | 4 000 | 4 000 | 4 000 |
| $C_j^t$ | 维权者维权的成本 | 50 | 50 | 50 |
| $TAP_{M,i,j}^t$ | 对侵权的惩罚额 | 3 000 | 1 500 | 750 |
| $C_M^t$ | 电子商务平台的监管成本 | 500 | 250 | 125 |
| Max_ticks | 演化轮次 | 50 | 50 | 50 |
| $p\%$ | 维权者维权的概率 | 90% | 60% | 30% |
| $q\%$ | 电子商务平台监管的概率 | 90% | 60% | 30% |
| $r\%$ | 商家侵权的初始化概率 | 30% | 30% | 30% |
| $\delta$ | 示范效应系数 | 1.2 | 1.2 | 1.2 |

仿真中模拟"严格监管""一般监管""放松监管"三种情境下电子商务平台知识产权监管的演化。其中电子商务平台收取的佣金百分比假定设置为10%。电

子商务平台承担侵权连带责任的百分比设定为30%,这是一种假定,另外的70%由商家承担。商家侵权的利润率值设定为25%,可能高于一般电商店铺的平均利润率,主要是考虑到侵权不用支付较高的专利费和授权许可费等费用。商家侵权时销售额增加设定为4 000元。维权者维权的成本设定为50元。其中"严格监管"情境的设置如下:对侵权的惩罚额$TAP^t_{M,i,j}$为3 000元,相当于每个商家侵权利润(4 000×25%)的3倍;维权者维权的概率为90%,电子商务平台监管的概率为90%,每个商家侵权的初始化概率为30%,电子商务平台惩罚导致的商家损失,包括扣除信用分、禁止参加推广活动、店铺屏蔽等导致的损失,设定为300元;电子商务平台的监管成本为500元。其中"一般监管"情境的设置如下:对侵权的惩罚额$TAP^t_{M,i,j}$为1 500元,维权者维权的概率为60%,电子商务平台监管的概率为60%,每个商家侵权的初始化概率为30%,电子商务平台惩罚导致的商家损失为150元,电子商务平台的监管成本为250元。其中"放松监管"情境的设置如下:对侵权的惩罚额$TAP^t_{M,i,j}$为750元,维权者维权的概率为30%,电子商务平台监管的概率为30%,每个商家侵权的初始化概率为30%,电子商务平台惩罚导致的商家损失为75元,电子商务平台的监管成本为125元。以上各仿真情境设置值只具有相对意义,而不具有实际上的绝对意义。

## 二、仿真分析

1. "严格监管"情境演化分析

图8.3和图8.4给出了"严格监管"情境下电子商务平台知识产权监管的演化仿真情形,通过观察元胞自动机的演化构型,可以发现演化在50次迭代前形成平稳构型。图8.3给出了演化结果中侵权商家的数量情况(图中黑色元胞的部分),图8.4(c)部分给出了侵权商家和侵权案件的数量演化趋势,侵权商家的数量呈现急剧上升后下降趋于平稳的趋势。所有侵权商家累计侵权次数均值最终接近24.3,多轮累计侵权案件总数量最终接近18 700。

图8.3 "严格监管"情境演化平稳构型

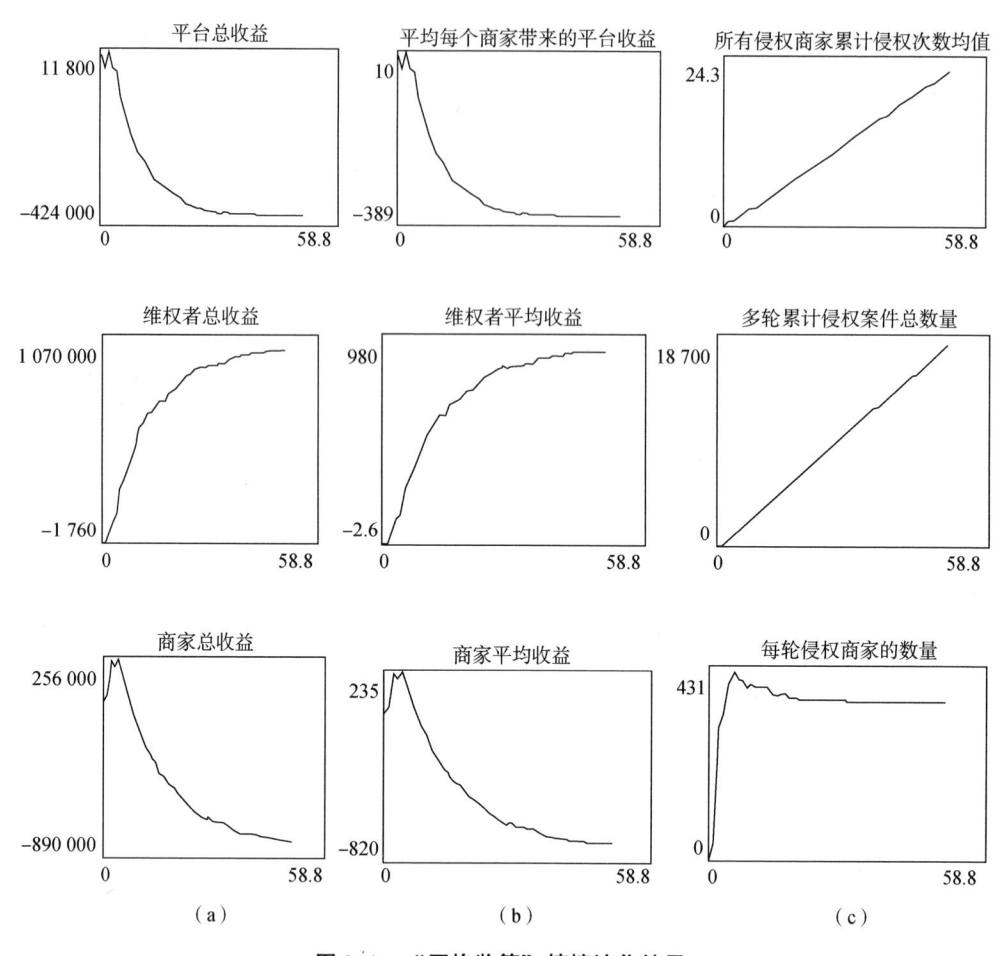

图8.4 "严格监管"情境演化结果

图8.4（a）和图8.4（b）部分给出了商家和维权者的总收益和平均收益、平台的总收益和平均每个商家带来的平台收益演化情况（平均每个商家带来的平台收益=平台总收益/商家数量），可以看出，所有商家的收益和平均收益呈初期略升后持续下降趋势，且后续出现连续负收益状态。这说明在"严格监管"情境下如果商家持续侵权会受到应有的惩罚，因支付罚金出现连续负收益。而维权者在"严格监管"情境下获得了很高的收益。平台最终没有获得好的收益，这可能更好地解释了电子商务平台没有进行知识产权保护的原因，对现实的启示是通过制定法律形成电子商务平台进行知识保护的有效机制，同时可以考虑制定政策对电子商务平台进行知识产权监管，给予相应的经济激励或合理补偿。

2. "一般监管"情境的演化分析

图8.5和图8.6给出了"一般监管"情境下电子商务平台知识产权监管的演化仿真情形。图8.5表示演化在50次迭代前形成的平稳型构型，侵权商家的数量呈现

# 第 8 章 电子商务平台知识产权监管的仿真分析

急剧上升后趋于平稳的趋势，其与"严格监管"情境相比较，侵权商家的数量明显增多。所有侵权商家累计侵权次数均值最终接近 31.8，多轮累计侵权案件总数量最终接近 28 700，所有侵权商家累计侵权次数均值、多轮累计侵权案件总数量与每轮侵权商家的数量比"严格监管"情境明显增多，这是监管力度减弱所导致的结果。

**图 8.5** "一般监管"情境演化平稳构型

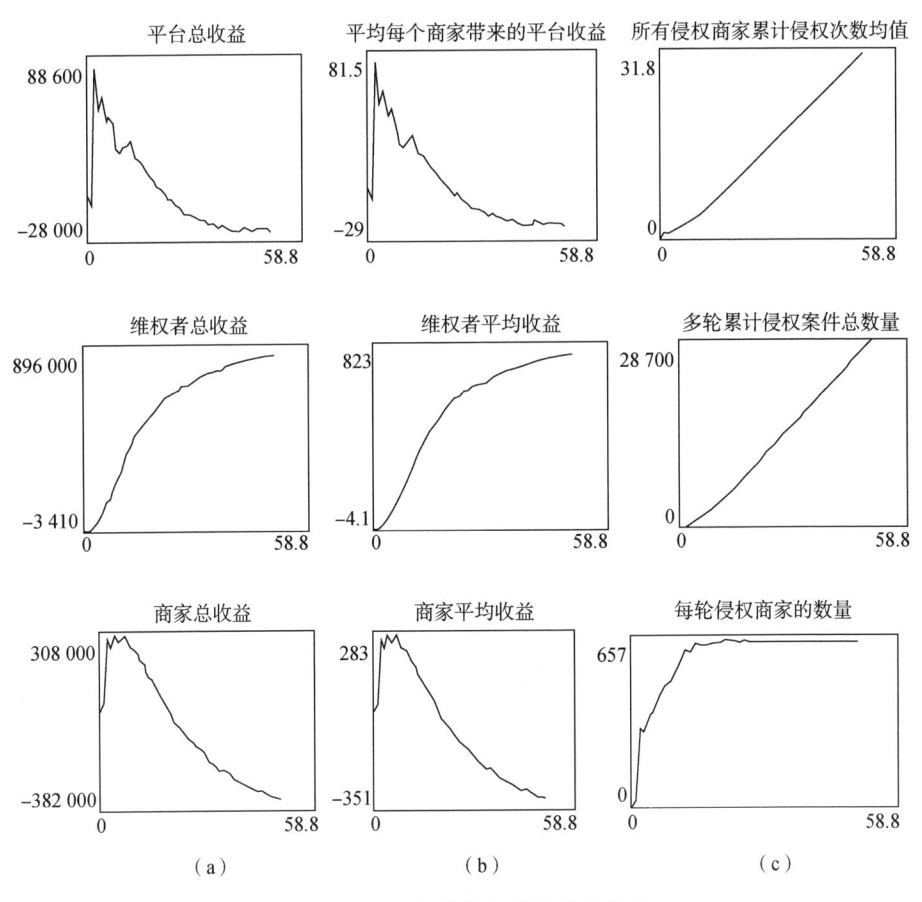

**图 8.6** "一般监管"情境演化结果

从图 8.6 中还可以看出，所有商家的总收益和平均收益呈现初期上升后持续下降的趋势。可以看出，与"严格监管"情境的状态进行对比，商家的总收益和平均收益整体上高于"严格监管"情境。电子商务平台的总收益和平均每个商家带来的平台收益整体趋势上高于"严格监管"情境，主要原因是减弱监管力度导致更多侵权带动了销售额的提升，平台提取的佣金有所增加，给平台带来了多于"严格监管"情境的收益。与"严格监管"情境对比，维权者的总收益和平均收益呈现了整体降低的现象。可见，减弱监管力度会对维权者的利益造成损害，而对侵权商家和电子商务平台却带来了高于加强监管力度的经济利益。

3．"放松监管"情境下的演化分析

图 8.7 和图 8.8 给出了"放松监管"情境下电子商务平台知识产权监管的演化仿真情形。图 8.7 表示演化在 50 次迭代前形成的平稳构型，侵权商家的数量呈现较快上升后趋于饱和的趋势，最终所有的商家都参与了侵权。与"严格监管"和"一般监管"情境相比，侵权商家的数量达到最大化。所有侵权商家累计侵权次数均值最终接近 50，多轮累计侵权案件总数量最终接近 54 500。所有侵权商家累计侵权次数均值、多轮累计侵权案件总数量与每轮侵权商家的数量比"一般监管"情境明显增多，这是放松监管所导致的结果。分析其原因可能是放松监管导致了侵权行为的泛滥，对应现实中可能出现的对侵权行为"民不举，官不究"的一种极端现象。

从图 8.8 中还可以看出，所有商家的总收益和平均收益呈现前期上升后下降的趋势，且总体处于盈利状态，比"一般监管"情境的利润进一步提高。说明在"放松监管"情境下商家的侵权进一步获得更多非法收益。与"一般监管"情境相比，电子商务平台在整个过程中获得更多的灰色收益，主要是由于商家的更多侵权进一步带动销售额的提升，平台提取的佣金进一步增加，而又没有因监管不力而付出应有的代价。与"一般监管"和"严格监管"情境对比，维权者的总收益和平均收益呈现下降的现象。可见，较松的监管对维权者的利益造成了更严重的损害。

图 8.7 "放松监管"情境演化平稳构型

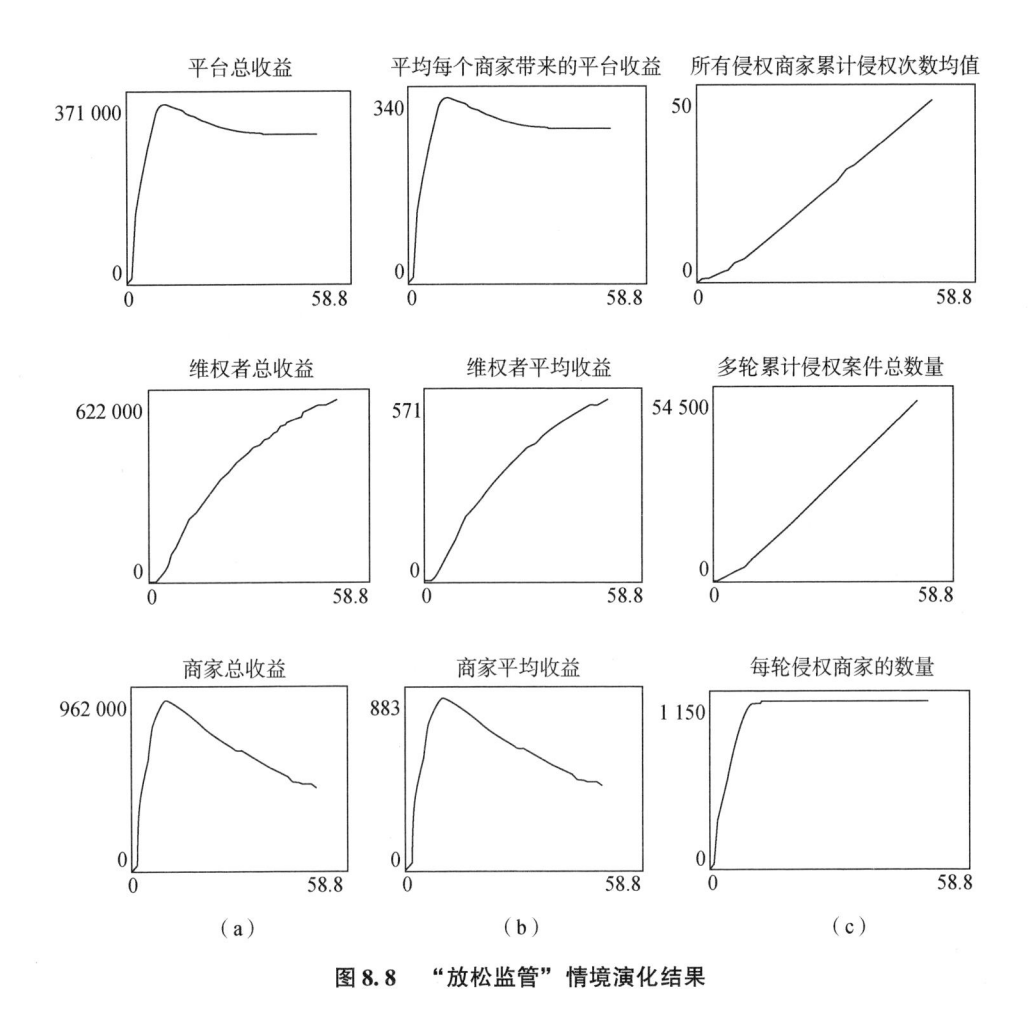

## 第8章 电子商务平台知识产权监管的仿真分析

图8.8 "放松监管"情境演化结果

### 三、启示

以上的演化分析结果，对电子商务平台的知识产权监管带来的启示如下：

首先，应该加大电子商务知识产权侵权的打击力度，以维护公平、公正的市场环境。从三种情境的演化分析可以看出，随着在电子商务平台对知识产权侵权的打击力度不断减弱，不法商家获得灰色利益不断增加，这有违建立公平竞争的市场环境和秩序的原则，同时将打击商家合法经营的积极性。从长远看将对正常的产品研发、商标和品牌建立与维护等正常商业行为构成威胁，阻碍社会经济的良性发展和进步。

其次，应该建立电子商务平台知识产权监管的利益协调机制。从三种情境的演化过程的对比中可以看出，如果没有利益协调机制，由于可以获取灰色利益，电子商务平台打击知识产权侵权的积极性一般不高，电子商务平台打击知识产权不但要付出监管成本，还可能入不敷出，而放任知识产权侵权却能短期内获得较多经济利益，但同时电子商务平台的社会声誉可能会受到不同程度的影响。因此，有必要建立一种利益协调机制，提高电子商务平台知识产权监管的积极性。

应该加大电子商务知识产权保护的立法和执法力度。加大知识产权立法和执法的力度，改变容忍"民不举，官不究"存在的现象。通过立法让电子商务平台纵容和包庇知识产权侵权时付出较大代价，是值得考虑采取的措施。只有加大电子商务知识产权保护的立法和执法力度，才能做到商家不敢侵权，电子商务平台不敢纵容侵权，同时可进一步减少维权者的维权成本。

## 本章小结

以上从复杂系统的角度，通过构建元胞自动机模型，对电子商务平台的知识产权监管进行了仿真演化分析。结果表明，元胞自动机很好地模拟了电子商务平台知识产权监管的三种情境，得到很有意义的结果和启示，相关结果和启示对电子商务平台的知识产权监管具有较好的参考意义。后续的研究将进一步考虑政府参与情境下的电商知识产权监管问题。

## 本章参考文献

[1] 刘斌，陶丽琴，洪积庆. 电子商务领域知识产权保障机制研究 [J]. 知识产权，2015，(02)：64-68，78.

[2] 张伟，孙燕玲. 论知识产权侵权与反侵权的成本——收益博弈 [J]. 科研管理，2012，33（05）：86-94.

[3] 李敏，刘和东. 知识产权开发与侵权的博弈分析 [J]. 科学与科学技术管理，2008，(07)：5-8+25.

[4] 陈轶，舒正荣，马连杰. 知识产权管理中的博弈论 [J]. 科技进步与对策，2004，(04)：20-22.

[5] L. L. Chaves. On the effects of the spatial distribution in an epidemic model based on cellular automaton [J]. Ecological Complexity, 2017, 31: 144-148.

[6] 赵峰，陶祖莱. 生物模式的元胞自动机模型（I）：盘基网柄菌的聚集模式 [J]. 生物医学工程学杂志，2006（02）：304-308.

[7] 邱小平，于丹，孙若晓，等. 考虑坡道的元胞自动机交通流模型研究 [J/OL]. 计算机应用研究，2016，33（09）：2611-2614.

[8] Satyabrata Roy, Jyotirmoy Karjee, U. S. Rawat, et al. Symmetric key encryption technique: A cellular automata based approach in wireless sensor networks [J]. Procedia Computer Science, 2016, 78: 408-414.

# 第 8 章　电子商务平台知识产权监管的仿真分析

[9] Hamidreza Keshtkar, Winfried Voigt. Potential impacts of climate and landscape fragmentation changes on plant distributions: Coupling multi-temporal satellite imagery with GIS-based cellular automata model [J]. Ecological Informatics, 2016, 32: 145-155.

[10] 曹兴芹. 复杂系统的元胞自动机方法研究 [D]. 武汉：华中科技大学, 2006.

[11] 李学伟, 吴金培, 李雪岩. 实用元胞自动机导论 [M]. 北京：北京交通大学出版社, 2013.

# 第9章

# 面向电子商务人工系统的情绪建模与仿真

## 本章内容提要

针对电子商务顾客购物人工系统的计算实验研究，首先提出一种基于状态类比假说的人工情绪模型，给出了情绪的产生、增强、衰落和消失过程的描述方法，研究了外部刺激、情感强度和内部驱动力的计算方法，并进行了模拟分析。然后基于此人工情绪模型，构建了电商顾客购物的情绪-行为影响关系模型。最后将其应用于电商顾客购物的计算实验分析，结果表明该人工情绪模型能较好地应用于电商复杂人工系统顾客购物的计算实验。

## 本章核心词

电子商务人工系统，人工情绪。

## 第1节 概 述

随着计算实验方法的兴起和发展，人工股市、人工金融等人工社会形式的研究为理解各种社会和经济现象提供了崭新的视角。其中很多与人密切相关的社会和经济问题的计算实验研究，如在电子商务中，研究情绪对购物行为的总体影响效果，都涉及人工情绪的建模。人工情绪的建模包括情绪的产生机制建模和情绪的行为机制建模两部分，在建模中两者不可完全分割开来，而是有机融合于人工情绪的建模之中。情绪的产生机制建模主要研究情绪的产生、状态描述、变化、计算和消失等内容；情绪的行为机制建模主要研究情绪如何影响和产生行为等内

## 第9章 面向电子商务人工系统的情绪建模与仿真

容。相关研究对人工情绪的建模进行了比较深入的研究,Russell 提出了情绪的二维环状模型,其中将情绪分为愉快度和强度两个维度[1],此外相关研究学者提出了情绪的三维和多维模型。早期的情绪建模中,Tyrrell[2] 将 Agent 的资源实际拥有量与预期之差作为基本优先度量,计算情绪的影响系数。Hirth 等[3] 基于环境资源、资源需求量,定义了情绪的行为选择函数,其中情绪受到资源情况的影响。Lee 等[4] 研究提出以反射为基础的情绪行为选择方法,情绪基于概率机制而产生,但对环境的适应性不强。程宁等基于自组织理论,提出了一种情绪产生机制的数学模型,认为情绪的强度是情绪最明显的性质,起着序参量的作用,建立外界刺激与8种情绪强度的微分方程数学模型,并用内驱力来表征人的行为意志,采用模糊数学中隶属度函数的数值方法计算内驱力的大小,指出情绪和内驱力之间既相互影响,又都有自发衰退的趋势,并建立了内驱力和复合情绪之间的数学关系,基于情感熵描述复合情绪的变化过程[5]。较早的情绪行为模型将情绪的行为机制分为三个层次,分别是推理层、情绪层和反应层,从情感层到反应层和推理层都可以传递参数影响推理和反应[6]。Scheutz[7] 基于行为趋势,给出了情感控制和应用的效用评估方法,并给出了应用案例。Pereira 等[8] 研究将情感与心理学基本原理 BDI(信念-期望-意图)相结合,并基于情绪标记体假设理论,构建了情绪与信念、期望和意图相结合的行为选择机制。Slomant[9] 提出 CogAff 情绪行为选择机制模型,根据心理学情绪原理,将情绪分别隶属不同的三个反应层次:反应层、慎思层和元管理层,不同的动机产生不同的情绪反应。张国锋等[10] 认为基本情绪是时间的瞬时函数,通过对自身行为所导致的发生事件给自己带来的生存资源实际与预期之间差异的瞬时评价而产生,并参考 Loren 的液压模型,建立了情绪行为机制模型,该机制强调对拥有资源的内在需求转化为驱动情绪,并比较与抑制情绪的差值,当差值大于给定阈值时产生行为,其中抑制情绪根据生命体感知环境可被利用的认知结果产生,但是该机制没有体现外部刺激下情绪的产生来源和过程。史雪飞等[11] 提出基于有限状态机矩阵模型的机器人人工情绪模型,认为人工情感中的情绪计算模型通过与用户的情绪发生作用来实现更有效的人机交互的关键组成部分,其基础是对自然情绪实质的理解和表示,其将给定情绪状态转换过程使用有限状态机矩阵形式的映射方法进行描述,给出了相应的情绪状态方程和行为输出方程,同时引入 Lapicque 的神经细胞模型,用模型中的模电位表示情绪强度,并进行了应用仿真分析;他们还提出了人工情绪模型的分层结构,在模糊刺激感知矩阵基础上计算情绪激活状态,用有限状态机矩阵模型描述行为输出方程,并进行了仿真分析[12]。Choxi 等[13] 提出了反馈机制的情绪行为选择模型。张国锋、李祖枢结合典型控制系统结构,提出情绪行为机制,大脑系统在反馈情绪的作用下形成行动方案,根据经济学中的前景理论,建立了行为特征函数,应用于情绪行为选择机制[14]。Cañamero 等[15] 根据 Agent 对环境的感知，提出自身的情绪计算受到自身资源状况和感知到的竞争者资源状况的共同影响，Agent 群体不断演化出整体涌现行为，体现出对环境的动态适应。翟俊杰[16] 基于情绪发展变化与二阶动力学系统的类比，类比冲量作用于物体，并假定一个黏滞阻尼器作为情绪阻尼器，建立了一个情绪状态模型。

计算实验是一种研究复杂系统的新兴计算方法[17]，最早应用于经济领域。在不同学科交叉和融合的推动下，管理科学研究领域内的计算实验方法应运而生，它不仅提供了研究复杂管理系统自组织、动态演化及宏观与微观层次之间相互作用等问题的新工具和手段，而且还可以和传统研究方法一起，在综合集成思想的指导下形成现代管理科学研究方法体系，即定性定量、科学实验、虚实结合、综合集成[18]。王飞跃基于对人工社会理念的审视和思考，提出基于人工社会、计算实验、平行系统的复杂系统研究方法，系统是由人和社会的相关行为生成的特定社会，其中相关行为也可以是完全假定的[19]。电子商务中情绪与网络购物行为和意愿有着密切的关系[20~23]，相关研究基于计算实验方法研究了消费者或消费者市场的行为或关系[24~26]。从关于人工情绪的研究中可以看出，目前关于情绪的产生机制建模和情绪的行为机制建模，大多根据仿生原理，以生存机制原理为基础进行设计[27]；并结合其他学科，如数学、控制学科、生理学科和复杂科学的原理和方法进行情绪建模，没有形成完全统一的理论和方法。研究中存在的不足是对情绪的产生、增强、衰落和消失过程缺乏有效描述，对情绪、内部驱动力和行为的关系描述有进一步的改进可能。基于人工情绪对电商顾客购物行为影响的计算实验研究，能够构造"人工的"电商顾客购物复杂系统，虚拟分析情绪对电商顾客购物行为的影响，从中发现现有的研究中难以发现的规律和现象。但电子商务中顾客购物的情绪-行为关系有独有的特征，一是情绪基于特定的刺激，如群体购买造成的刺激、评论的好坏等。二是情绪具有产生、增强、衰落和消失过程，且购买行为的发生释放了内部驱动力和情绪。因为行为对内部驱动力有反馈影响，表现为行为的发生释放了内部驱动力，如现实电子商务购物中，一次购物行为将释放之前的购物内部驱动力，使得内部驱动力阶梯下降，内部驱动力的阶梯下降接着反馈影响情绪。三是电商顾客购物情绪，现有研究缺乏对其机制的详细描述和计算实验分析。现有研究中还通常假设情绪是时间的瞬时或短时函数，但一般情况下电子商务购物情绪的持续时间较长。因此电商顾客购物是一个涉及情绪的复杂系统，需要借鉴已有情绪研究，研究人工情绪模型，构建顾客购物的情绪-行为影响关系模型，并构建电商顾客购物复杂人工系统模拟分析情绪对电商购物的影响。

# 第9章 面向电子商务人工系统的情绪建模与仿真

## 第2节 人工情绪模型

### 一、人工情绪的状态类比假说

当我们感官接触一个情绪性刺激后,引起某一情绪波动,然后经过短暂时间的自我调节后恢复平静[16]。但情绪持续时间可能并不是短暂的,比利时 Verduyn 和 Lavrijsen 教授研究发现悲伤持续 120 h,满足持续 24 h,仇恨持续 60 h,喜悦持续 35 h[28]。本书认为持续时间不是完全绝对的,情境差异和个体差异也会导致情绪持续时间不同。情绪消亡可类比为图 9.1 所示的装置,其中一个人用脚使用水平外力踢一个足球,挡板(无弹性,对运动靠近的足球有瞬间促其静止的作用)下方空间使得足球不能通过而可将脚伸过去踢球,足球在瞬时力作用下产生动能,使得足球产生初始速度。足球下方完全光滑地面固定有一个奇怪吸引子,其对足球有吸引力,随着与足球距离的不断增大吸引力增大,足球在其作用下,以初始速度做减速运动,当足球到达最远距离时,在吸引力作用下加速运动回到原点,当足球接触挡板时其速度将瞬间复零静止。将此装置中踢足球的外力类比于引起情绪的外界刺激,将奇怪吸引子类比于人的情绪调节器,将挡板类比于情绪恢复平静器-情绪复零器。与以往类比假说相比,该假说一是通过情绪复零器,更好地解决了在情绪平静后向负向情绪发展的不合理问题,二是通过奇怪吸引子模拟了情绪调节。

**图 9.1 人工情绪的状态类比**

### 二、外部刺激与心理动能

美国神经学家 Mamasio 的研究认为,任何一种感受都是由某种刺激引起的一种认知性感知觉和一种伴随的情绪[29]。心理学通常认为情绪由某种刺激引起。参考唐孝威的研究[30],对于客观呈现的某种事件(刺激)的数量使用 $N$ 来表示,近似描述心理动能 $E$ 和客观呈现的某种事件的数量 $N$ 的关系式如下:

$$E = \frac{1}{a}\ln N + \frac{1}{b} \tag{9.1}$$

假设个体接受外部刺激过程中，个体受到正面刺激的数量为 $N_p$，受到负面刺激的数量为 $N_n$，正面刺激产生正面的心理动能量，产生正面情绪，负面刺激产生负面的心理动能量，产生负面情绪。在正面刺激和负面刺激同时刺激的情况下，假设个体根据正面和负面刺激的相对比较综合产生心理动能量，则此时总体动能 $E'$ 可以表示如下：

$$E' = E_p - E_n = \left(\frac{1}{a}\ln N_p + \frac{1}{b}\right) - \left(\frac{1}{a}\ln N_n + \frac{1}{b}\right) = \frac{1}{a}\ln\frac{N_p}{N_n} \tag{9.2}$$

式中，$a$ 称为动能系数；$N_p$ 除以 $N_n$ 被称为正面和负面刺激的相对比值 PNRV。

### 三、情绪源动能与情绪强度

以上的刺激引起的心理动能 $E'$ 是产生情绪的源泉，称为情绪源动能。根据人工情绪的状态类比假说，个体在情绪源动能 $E'$ 的作用下，形成产生某种情绪的初始速度 $v_0$，参照动能定理，源动能 $E$ 和情绪初始产生速度 $v_0$ 之间的关系如式（9.3）所示，其中 $k$ 称为个体的情绪敏感度惰性因子，$k$ 越大相同的源动能产生的初始速度 $v_0$ 越小，$k$ 越小相同的源动能产生的初始速度 $v_0$ 越大，所以 $k$ 反映了个体之间的差异，因此相同大小的刺激在不同的个体可能产生不同强度的情绪。

$$E' = \frac{1}{2}kv_0^2 \tag{9.3}$$

在不考虑个体内部调节的情况下，该种情绪强度 $y$ 随时间的推移从 0 不断增长，增长的速度大小为 $v_0$，直到经过时间 $t$ 达到最大极限值 $y_{max}$，而后情绪会随时间的推移而趋于平静。此时有：

$$y = v_0 t \tag{9.4}$$

在考虑个体内部调节的情况下，该种情绪强度 $y$ 随时间的推移从 $O$ 不断增长，增长的速度大小 $v$ 受到个体内部情绪调节系数 $\lambda$ 的影响从 $v_0$ 不断衰减，直到经过时间 $t_1$，速度衰减为 0，此时情绪强度 $y$ 达到极限值 $y_{max}$（负向情绪时为 $-y_{max}$），由于个体情绪调节的适应性，随着个体情绪强度的增强或减弱，个体内部情绪调节系数 $\lambda$ 则适应性地增强或减弱，假定其初始调节系数为 $\lambda_0$，$\lambda$ 在 $O \sim t_1$ 段增强速率为 $\Delta\lambda_1$。此时 $v$ 和 $y$ 的表达式分别如式（9.5）、式（9.6）所示（如图 9.2 中 $O \sim t_1$ 段所示）：

$$v = v_0 - \left(\lambda_0 t + \frac{1}{2}\Delta\lambda_1 t^2\right) \tag{9.5}$$

$$y = v_0 t - \left(\frac{1}{2}\lambda_0 t^2 + \frac{1}{6}\Delta\lambda_1 t^3\right) \tag{9.6}$$

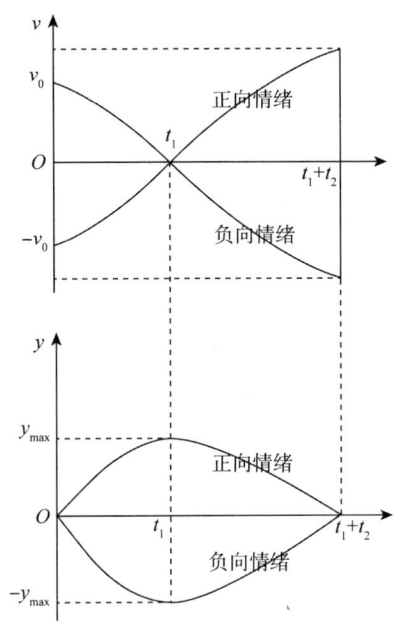

# 第9章 面向电子商务人工系统的情绪建模与仿真

**图 9.2 人工情绪的生消**

而后情绪会随时间而衰减，经过时间 $t_2$ 衰减为 0，衰减的速度 $v$ 大小受到个体内部情绪调节系数 $\lambda$ 的影响。假定情绪调节系数 $\lambda$ 的变化率在 $O \sim t_1$ 和 $t_1 \sim t_1 + t_2$ 两个时间段是可以不同的，假定此时间段 $\lambda$ 的减弱速率为 $\Delta\lambda_2$，如与 $O \sim t_1$ 变化率大小相同时其等于 $\Delta\lambda_1$，否则不等。此时 $v$ 和 $y$ 的表达式分别如式（9.7）、式（9.8）所示（图 9.2 中 $t_1 \sim t_1 + t_2$ 时间段）：

$$v = \lambda_0(t - t_1) + \Delta\lambda_1 t_1(t - t_1) - \frac{1}{2}\Delta\lambda_2(t^2 - t_1^2) \tag{9.7}$$

$$y = -\frac{1}{6}\Delta\lambda_2(t^3 - t_1^3) + \left(\frac{1}{2}\Delta\lambda_1 t_1 + \frac{1}{2}\lambda_0\right)(t^2 - t_1^2) - \left(\lambda_0 t_1 + \Delta\lambda_1 t_1^2 + \frac{1}{2}\Delta\lambda_2 t_1^2\right)(t - t_1) \tag{9.8}$$

以上 $\Delta\lambda_1$ 与 $\Delta\lambda_2$ 的不同变化，对应了一种假设的人类情感强度合理调节机制：当情感强度不断增加时，人可能不断增加调节；当情感强度不断减少时，人可能不断减少调节。一般情绪值可能并不是对称的，具体取决于 $\Delta\lambda_1$ 与 $\Delta\lambda_2$ 的取值，图 9.2 只给出了其中的一种不对称情形，如假设情绪一般具有产生快消亡慢的特征，则对应图 9.2 所示的情形。正向情绪和负向情绪的产生和消亡过程一样，但方向相反。

## 四、情绪强度与内部驱动力关系

（内部）驱动力是动机概念的早期称谓，指生命体由生理需求所引起的一种紧张状态，它能激发或驱动生命体实施行为满足需求[31]。也有研究认为，驱动力代表人采取某种行为的意志。情绪产生内部驱动力 $z$，在有情绪强度 $y$ 刺激的情况下，将以 $\beta$ 逐渐增强，在没有情绪刺激的情况下将以 $\alpha$ 逐渐消退，参考王玉洁的研究[32]，它们之间的微分方程表示如下：

$$\frac{\mathrm{d}z}{\mathrm{d}t} = (z + \gamma)(-\alpha + \beta y) \tag{9.9}$$

式中，$\alpha$、$\beta$ 为衰减和增强系数；$\gamma$ 为调节常数。

### 五、同源同标组合情绪与情绪维度

当一个刺激能够就某一事物或事件产生多种情绪时，刺激被称为同源刺激，同一刺激产生的多种情绪往往因该事物或事件相互伴随和纠缠，因此是同源的，且与同一目标关联的几个情绪称为同源同标组合情绪，其由若干情绪组合而成。德国心理学家普拉切克（Plutchik）提出了 8 种基本情绪：悲痛、恐惧、惊奇、接受、快乐、厌恶、兴趣和愤怒[33]。美国加利福尼亚大学伯克利分校人员在《美国国家科学院院刊》发表文章，发现人的情绪共 27 种，其中包括渴望[34]。本书的组合情绪是指广义上的组合情绪，即若干任意情绪的组合。同时假设同源同标组合情绪中的各情绪源动能之和等于同源刺激产生的源动能大小。

假设如下的 $n$ 维向量表示组成同源同标组合情绪的 $n$ 个情绪的源动能比例向量为

$$\boldsymbol{P} = (p_1, p_2, \cdots, p_n) \tag{9.10}$$

那么 $n$ 个情绪的源动能向量为

$$E' \times (p_1, p_2, \cdots, p_n) = (E'p_1, E'p_2, \cdots, E'p_n) \tag{9.11}$$

其中

$$\sum_{i=1}^{n} p_i = 1 \tag{9.12}$$

本研究中提出的组合情绪与复合情绪的差别在于，复合情绪是基本情绪组合而成的一种情绪，尽管它不是一种基本情绪，而组合情绪不能单独作为一种情绪。组成组合情绪的情绪可以是基本情绪也可以是复合情绪。

Mehrabian 等[35] 于 1974 年提出了 PAD 情绪模型，该模型认为情感具有愉悦度、激活度和优势度三个维度，并分别定义了不同的情绪在三个维度上的取值。德国心理学家普拉切克提出了情绪的三维度模型，主张情绪具有强度、相似性和两极性三个维度，在强度维度之外描述了不同情绪之间的相似性和对立性特性[31]。

本书借鉴普拉切克的情绪维度理论，认为情绪具有强度、锚定相似性和锚定对立性三个维度。对同一驱动力具有影响的不同情绪对该驱动力的影响是同向的（均正向影响或负向影响），则称情绪之间具有锚定相似性。对同一驱动力具有影响的不同情绪对该驱动力的影响是反向的（影响一正向一负向），则称情绪之间具有锚定对立性。锚定相似性和锚定对立性之所以称之为"锚定"，是因为其具有依赖于不同驱动力的特征。对一种驱动力具有锚定相似性的不同情绪，可能对另一种驱动力具有锚定对立性。

第9章　面向电子商务人工系统的情绪建模与仿真

锚定相似的不同情绪之间会产生情绪强度对驱动力的叠加影响效应。不同的锚定对立情绪之间会产生情绪强度对驱动力的抵消影响效应。需要强调的是，这里的不同情绪可能是同一刺激产生的组合情绪中的不同情绪，也可能是不同刺激产生的不同情绪。

### 六、人工情绪的模拟分析

以下假定情绪持续时间较长，横轴单位为 h（小时）。

1. 单一情绪模拟分析

1）正面和负面刺激的相对比值（PNRV）的影响

图 9.3 表达了不同的正面和负面刺激相对比值（PNRV）下情绪速度的变化，表明情绪速度 $v$ 随时间变化，PNRV 越大，情绪速度越大。图 9.4 表达了不同的正面和负面刺激的相对比值（PNRV）下情绪强度的变化，表明情绪强度随时间先上升后下降，PNRV 的值越大，情绪强度 $y$ 值就越大。

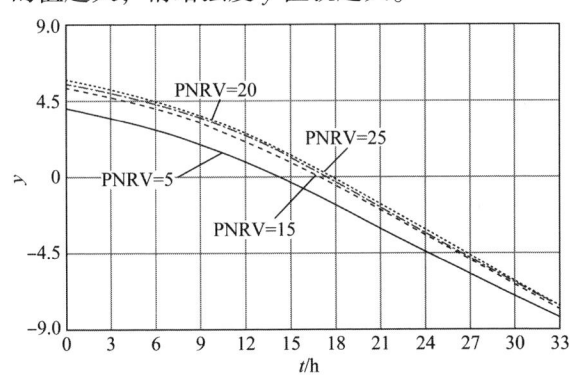

图 9.3　不同的正面和负面刺激的相对比值（PNRV）下情绪速度 $v$ 变化模拟

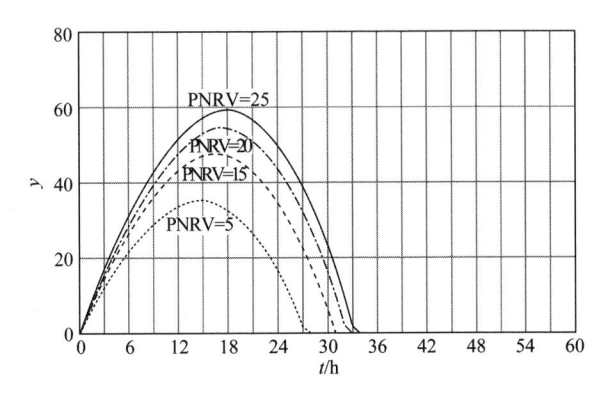

图 9.4　不同的正面和负面刺激的相对比值（PNRV）下情绪强度 $y$ 变化模拟

图 9.5 表达了不同的正面和负面刺激的相对比值（PNRV）下情绪内驱力 $z$ 的变化，表明内驱力随时间先上升后下降，PNRV 越大，内驱力变化越大。

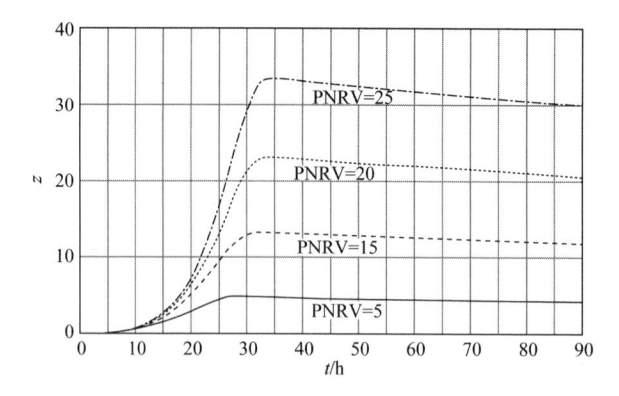

**图 9.5** 不同的正面和负面刺激的相对比值（PNRV）下内驱力 $z$ 变化模拟

2）人工情绪调节的影响

图 9.6 表达了不同的情绪调节系数下情绪强度 $y$ 和内驱力 $z$ 的变化，表明随着调节系数的升高，$y$ 和 $z$ 整体上呈降低趋势。

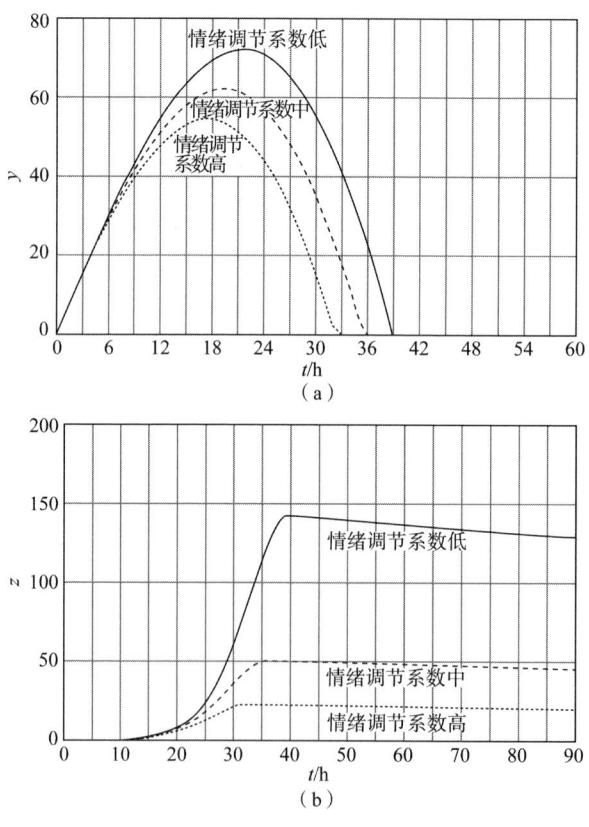

**图 9.6** 情绪调节对情绪强度和内驱力的影响

（a）情绪强度；（b）内驱力

## 2. 组合情绪模拟分析

当一种刺激产生同源同标组合情绪时，其中情绪强度最大的情绪称为主导情绪，其他情绪称为从属情绪。一般情况下，同源同标组合情绪中存在主导情绪和从属情绪，特殊情况下，存在各种情绪强度相等的特例。组合情绪产生的情绪强度和内部驱动力的模拟分别如图9.7和图9.8所示（此时组成组合情绪的基本情绪源动能的比例按照一定固定比例产生），主导情绪与从属情绪可能同时消失，也可能不同时消失。

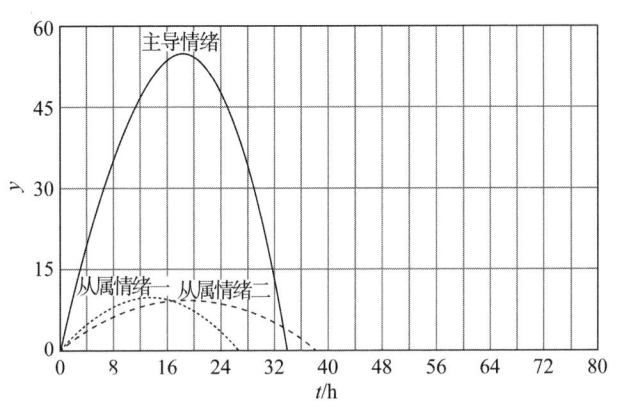

**图9.7** 一种刺激产生组合情绪情境下的情绪强度模拟

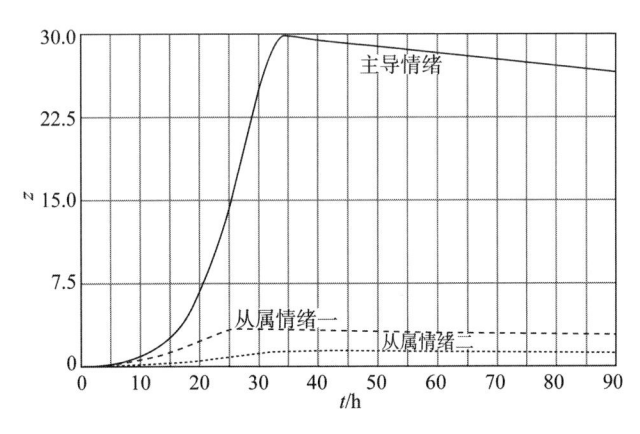

**图9.8** 一种刺激产生组合情绪情境下的驱动力模拟

# 第3节 电商顾客购物的计算实验分析

本计算实验应用以电子商务中进行购物的商家群体行为的人工模拟为例，并考虑到美国加利福尼亚大学伯克利分校人员研究中的情绪包括渴望的发现，本节将对商品的拥有渴望作为一种情绪，并作为电商购物中的主导情绪来研究，基于上文提出的人工情绪模型研究在网络购物中外部刺激（刺激可以是商家宣传、他人购买或不购买、好评或差评、网络口碑等）下对商品的拥有渴望情绪与同源同标组合情绪的产生、发展变化及其对购物行为的影响。假设其中消费者收到自己很想购买而以前没有买到的紧俏新品的上线销售信息，会以随机比例产生对商品的拥有渴望、高兴和担心抢不到的组合情绪。

此情境下渴望应理解为人类对所需要或喜爱物品的拥有渴望或所有渴望，其中拥有是一种有偿拥有。外部刺激引起了顾客对商品的拥有渴望情绪，由此产生购买驱动力。正负刺激比越大，对物品的拥有渴望情绪就越强烈，其购买驱动力就越大，结合自我需求产生购买行为的可能性就越大，购买后自我需求得到满足，对商品的拥有渴望情绪和购物驱动力消失。

## 一、电商顾客购物的人工情绪-行为影响关系模型

在前面研究基础上，建立电商顾客购物的人工情绪-行为影响关系模型如图 9.9 所示。

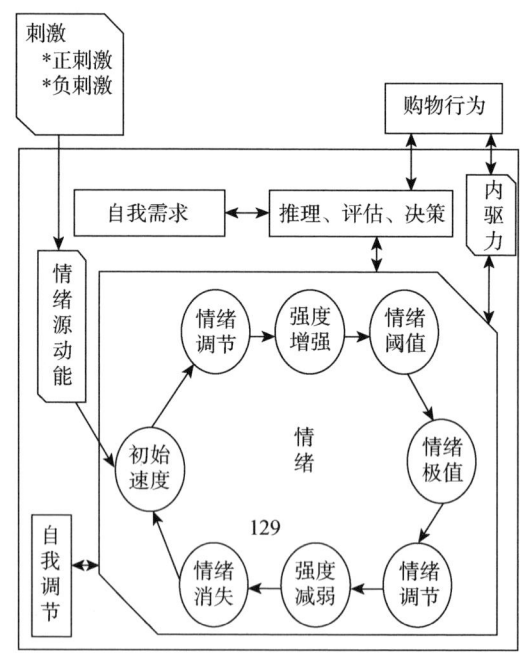

图 9.9 电商顾客购物的人工情绪-行为影响关系

## 二、计算实验分析

1. 基本情境假定与分析

计算实验的基本情境如下：1 000 个顾客浏览某类商品，其中顾客受到外部刺

激,并在外部刺激下产生对商品的拥有渴望情绪。为了体现顾客的客观差异,假定其受到的正、负刺激的数量分别为 100~200 和 1~100 之间均匀分布的随机数。假定情绪持续时间长短和具体的情境有关,假设顾客在此情境下各种不同情绪的持续时间较长。设定个体的不同情绪的敏感度惯性因子 $k$ 为 0~10 内的随机数,动能系数 $a$ 在 0~1 之间设定,情绪调节系数 $\lambda$ 的初值 $\lambda_0$ 在 0~1 之间设定,增强或减弱速率 $\Delta\lambda_1$ 和 $\Delta\lambda_2$ 设定为 0~1 内某区间的随机数,内部驱动力的衰减和增强系数 $\alpha$、$\beta$ 分别设定值在 0~1 之间,$\gamma$ 在 0~2 之间;以上参数可在各自区间内根据情况调整设定值。对商品的拥有渴望情绪强度阈值设定为 42,内部驱动力阈值设定为 20,顾客自我购物需求的概率设定为 0~1 之间的数值并根据情况调整。驱动力达到阈值者经过评估决策根据自我需求产生购买行为。顾客产生购买行为后情绪强度和内部驱动力阶梯下降至零。其中假定每个顾客具有重复消费行为,即发生购买行为的顾客,情绪强度和驱动力复零,之后按照一定的规律重新成为潜在的消费者。假定顾客产生一种随机比例的高兴和担心同源同标组合情绪,其中产生对商品的拥有渴望主导情绪的源动能占比设置高(85%~90% 的随机数),以较低比例产生高兴情绪和担心抢不到商品两种从属情绪。根据前文提出的情绪维度的锚定相似性,显然高兴情绪和担心情绪与对商品的拥有渴望情绪之间具有锚定相似性。图 9.10 所示为基本情境计算实验分析结果,给出了主导情绪达阈值者累计、驱动力达阈值者累计和产生购买行为者累计、主导情绪强度均值 $y'$ 和三种情绪共同产生的驱动力均值 $z'$,显示该模型较好地人工模拟了电子商务中消费者情绪和购物行为之间的影响关系。

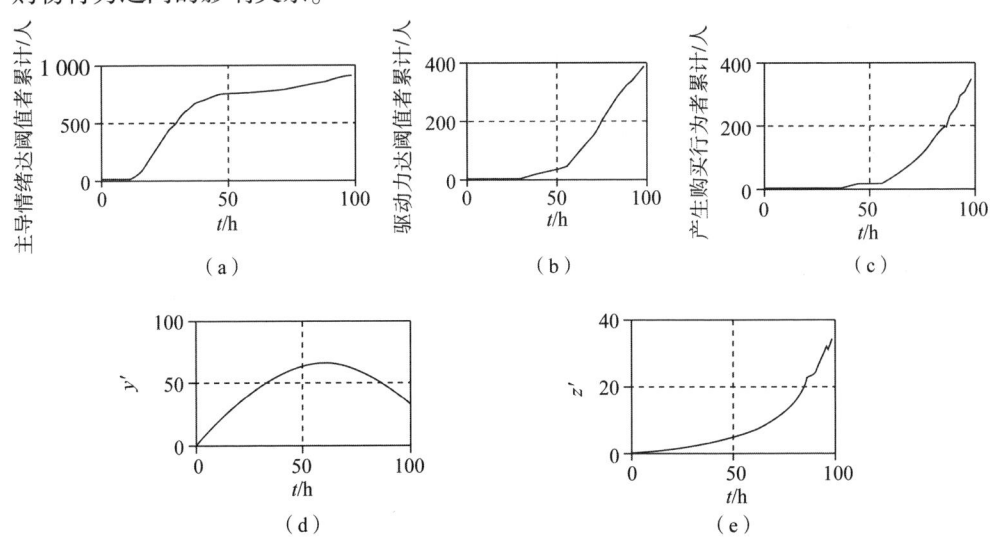

图 9.10 电商顾客购物的基本情境计算实验分析
(a) 主导情绪达阈值者累计;(b) 驱动力达阈值者累计;(c) 产生购买行为者累计;
(d) 主导情绪强度均值;(e) 驱动力均值

## 2. 组合情绪与情绪维度影响分析

以上对购买行为的影响分析，根据情绪维度，综合考虑同源同标组合情绪中情绪之间的锚定相似性影响，把主导情绪产生的情感强度和三种情绪共同产生的驱动力进行了分析。如把其中两种情绪的影响单独分析，可分别得到从属情绪高兴和担心的强度 $y''$、$y'''$ 和驱动力 $z''$、$z'''$，如图 9.11 所示。

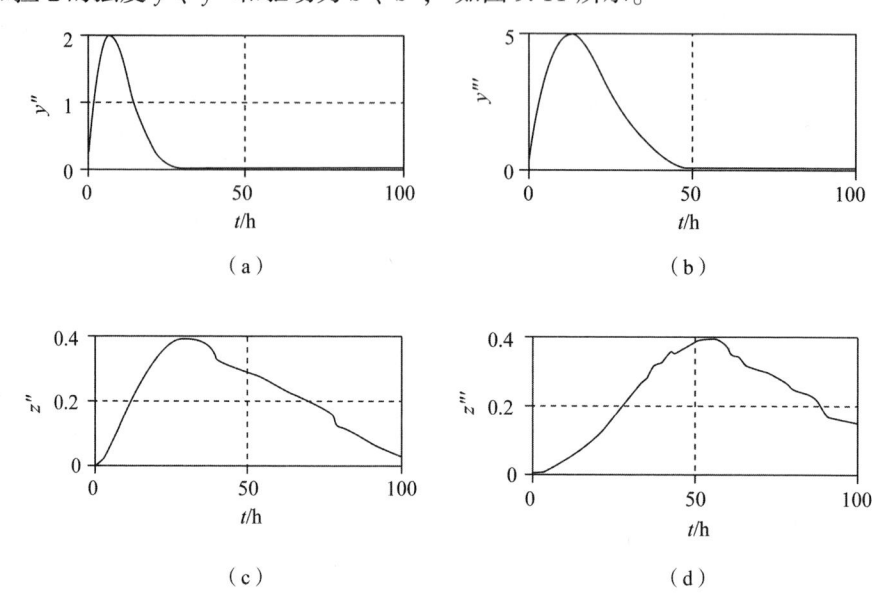

**图 9.11　电商顾客购物的从属情绪影响分析**

（a）高兴从属情绪强度均值；（b）担心从属情绪强度均值；
（c）高兴从属情绪驱动力均值；（d）担心从属情绪驱动力均值

## 3. 主导情绪调节的影响分析

调整参数值的设置，进行主导情绪调节影响的分析。图 9.12 分析了主导情绪初始调节系数 $\lambda_0$（不断增加）变化情况下主导情绪强度、驱动力均值和产生购买行为者的变化情况，表明随着主导情绪调节的增强，在从属情绪调节设置保持不变的情况下，主导情绪强度均值 $y'$、驱动力均值 $z'$ 和产生购买行为者累计总体上均下降。其中 Run 0、Run 1、Run 2 和 Run 3 表示 4 次模拟分析，依次代表情绪调节系数从小到大不断增强。

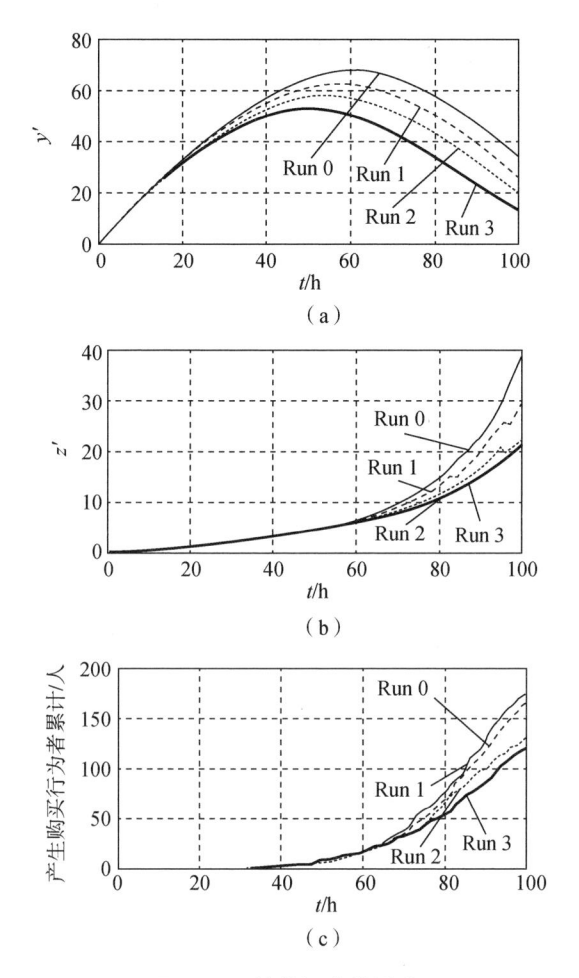

# 第 9 章　面向电子商务人工系统的情绪建模与仿真

**图 9.12　情绪调节的影响**

（a）主导情绪强度均值；（b）驱动力均值；（c）产生购买行为者累计

**4. 正面刺激的影响分析**

调整参数值的设置，进行正面刺激影响的分析。图 9.13 分析了不同的正面刺激（正面刺激不断降低，负面刺激设置保持不变）的影响，给出了主导情绪强度均值、驱动力均值和产生购买行为者的变化情况，表明随着正面刺激的降低，主导情绪强度均值 $y'$、驱动力均值 $z'$ 和产生购买行为者累计总体上均下降。其中 Run 0、Run 1、Run 2 和 Run 3 表示 4 次模拟分析，依次代表外部刺激从大到小不断降低。

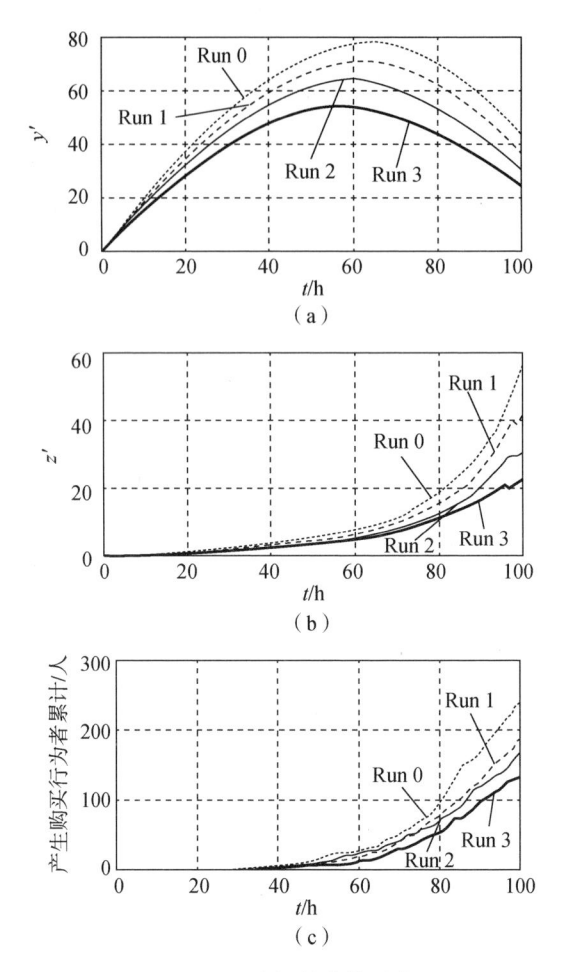

**图 9.13　外部刺激的影响**

（a）主导情绪强度均值；（b）驱动力均值；（c）产生购买行为者累计

# 本章小结

本章为实现电子商务顾客购物的复杂人工系统构建和分析，基于状态类比提出了一种人工情绪模型，并建立了情绪的产生和消亡的数学模型，给出同源同标组合情绪概念，根据情绪维度理论，给出情绪的锚定相似性和情绪的锚定对立性描述。然后将对商品的拥有渴望作为主导情绪，并构建了人工情绪-行为影响机制模型，通过电子商务顾客购物的计算实验验证了模型。本研究为人工情绪的建模及其在电子商务复杂人工系统中的应用提供了一种有意义的参考和借鉴。

## 本章参考文献

[1] James A. Russell. A circumplex model of affect [J]. Journal of Personality and Social Psychology, 1980, 39 (6): 1161-1178.

[2] Tyrrell T. Computational mechanisms for action selection [D]. Edinburgh, the United Kingdom: University of Edinburgh, 1993.

[3] Hirth J, Braun T, Berns K. Emotion based control architecture for robotics applications [C]. German Conference on Advances in Artificial Intelligence. Springer-Verlag, 2007: 464-467.

[4] Lee D H, Lee K B, Kim J H. Reflex and emotion-based behavior selection for toy robot [C]. The IEEE International Symposium on Robot and Human Interactive Communication, 2007. Ro-Man. IEEE, 2008.

[5] 程宁, 范玉妹, 刘冀伟, 等. 基本情绪理论在人工心理建模研究中的应用 [J]. 计算机工程, 2005 (22): 185-187.

[6] Camurri A, Coglio A. An architecture for emotional agents [J]. IEEE Multimedia, 2002, 5 (4): 24-33.

[7] Scheutz M. Useful roles of emotions in artificial agents: a case study from artificial life [C] // National Conference on Artifical Intelligence. AAAI Press, 2004: 42-47.

[8] Pereira D, Oliveira E, Moreira N, et al. Towards an architecture for emotional BDI agents [C]. EPIA 2005 Portuguese Conference on Artificial Intelligence, 2005.

[9] Sloman A. Varieties of affect and the CogAff architecture schema [J]. Proc. Symposium on Emotion, Cognition, and Affective Computing, 2001: 39-48.

[10] 张国锋, 李祖枢. 基于行为的人工生命情绪理论模型研究 [J]. 计算机仿真, 2009, 26 (01): 169-173.

[11] 史雪飞, 王志良, 张琼. 基于有限状态机矩阵模型的人工情绪模型 [J]. 计算机工程, 2010, 36 (18): 24-25+28.

[12] 史雪飞, 王志良, 张琼. 模糊数学和有限状态机矩阵形式描述的人工情绪模型 [J]. 北京科技大学学报, 2010, 32 (09): 1238-1242.

[13] Choxi H, Lomas M, Franke J, et al. Using motivations for interactive robot behavior control [J]. Contract, 2006.

[14] 张国锋, 李祖枢. 基于情绪的人工生命行为选择机制研究 [J]. 系统仿真学报, 2009, 21 (06): 1701-1705+1709.

[15] Cañamero L, Avilagarcía O. A bottom-up investigation of emotional modulation in

competitive scenarios [C]. International Conference on Affective Computing and Intelligent Interaction. Springer-Verlag, 2007: 398-409.

[16] 翟俊杰. 基于动力学的人工情感模型研究 [D]. 北京: 北京邮电大学, 2007.

[17] 崔凯楠, 郑晓龙, 文丁, 等. 计算实验研究方法及应用 [J]. 自动化学报, 2013, 39 (08): 1157-1160.

[18] 盛昭瀚, 张维. 管理科学研究中的计算实验方法 [J]. 管理科学学报, 2011, 14 (05): 1-10.

[19] 王飞跃. 人工社会、计算实验、平行系统——关于复杂社会经济系统计算研究的讨论 [J]. 复杂系统与复杂性科学, 2004 (04): 25-35.

[20] 张初兵, 王旭燕, 李东进, 等. 网络购物中消极情绪与行为意向的传导机制——基于压力应对与沉思理论整合视角 [J]. 中央财经大学学报, 2017 (02): 84-92.

[21] 吕泊怡, 张利明, 苗心萌, 等. 网络购物下第三方评价与冲动性购买意愿: 情绪的调节作用和中介作用 [J]. 中国健康心理学杂志, 2015, 23 (02): 214-218.

[22] 马庆国, 王凯, 舒良超. 积极情绪对用户信息技术采纳意向影响的实验研究——以电子商务推荐系统为例 [J]. 科学学研究, 2009, 27 (10): 1557-1563.

[23] 巫月娥. 在线冲动性购买、购后情绪与重复购买意愿的关系研究 [J]. 石家庄经济学院学报, 2014, 37 (03): 98-104.

[24] 蒋国银, 马费成, 刘行军. 在线到移动环境下消费接受行为的演化研究: 基于计算实验方法 [J]. 中国管理科学, 2014, 22 (11): 97-104.

[25] 赵爱武, 杜建国, 关洪军. 基于计算实验的有限理性消费者绿色购买行为 [J]. 系统工程理论与实践, 2015, 35 (01): 95-102.

[26] 于璐. 网络评论环境下制造商生产销售策略与消费者市场关系的计算实验研究 [D]. 南京: 南京大学, 2013.

[27] 张国锋, 李祖枢. 人工生命行为选择情绪机制研究进展 [J]. 小型微型计算机系统, 2012, 33 (08): 1774-1780.

[28] Verduyn P, Lavrijsen S. Which emotions last longest and why: The role of event importance and rumination [J]. Motivation & Emotion, 2015, 39 (1): 119-127.

[29] Mamasio A R. The Feeling of What Happens: Body and Emotion in the Making of Consciousness [M]. New York: Harcourt Brace, 1999.

[30] 唐孝威. 情绪的数学公式 [J]. 应用心理学, 2001 (02): 50-51.

[31] 张国锋. 情绪驱动的人工生命行为选择机制研究 [D]. 重庆: 重庆大

学，2009.
[32] 王玉洁. 基于人工心理的情感建模及人工情感交互技术研究［D］. 北京：北京科技大学，2007.
[33] Plutchik R. The emotions：Facts，theories and a new model［J］. American Journal of Psychology，1962，77（3）：518.
[34] Cowen A S，Keltner D. Self-report captures 27 distinct categories of emotion bridged by continuous gradients［J］. Proceedings of the National Academy of Sciences of the United States of America，2017，114（38）：E7900-7909.
[35] Mehrabian A，Russell J A. The basic emotional impact of environments［J］. Perceptual & Motor Skills，1974，38（1）：283-301.

# 第10章

# 基于系统动力学的工程机械设备故障间隔仿真预测

## 本章内容提要

为了客观地综合考虑设备故障时间间隔预测中的各种因素，提出了工程机械设备故障时间间隔系统动力学仿真预测方法。首先分析了工程机械设备故障时间间隔的影响因素，其次给出了面向故障时间间隔的系统动力学建模方法，再次给出了故障时间间隔的系统动力学建模过程，最后通过一个故障时间间隔仿真预测案例验证了文中提出的研究方法的有效性。该方法具有综合考虑多种因素，不依赖于特定分布，且具有动态演化的特点。

## 本章核心词

故障时间间隔，工程机械设备，系统动力学，预测。

## 第1节 概 述

设备故障的检测、维修和维护是防止事故发生和产生严重后果的重要手段[1]。视情维修理论改变了传统维修的"故障发生后进行维修的"理论，强调根据设备的现实使用状况、故障情况提前进行设备的维护，以预防故障的发生，最大限度减小故障的损失。如果频繁进行故障检测，则浪费人力和物力资源，如果进行的次数过少，则会加速设备的老化陈旧从而导致故障发生，造成重大的人员伤亡和财产损失。现实中，如能合理地预测设备的故障间隔时间，将更加有效地预防故障的发生，降低成本，减小损失。因此，设备故障间隔时间的预测成为设备故障检测、维修和维护中非常关键的研究问题。

# 第 10 章　基于系统动力学的工程机械设备故障间隔仿真预测

关于设备故障间隔时间的预测，相关文献提出的方法可以归结为两类：第一类方法根据历史数据，使用模型拟合等方法，建立故障时间间隔分布模型，然后使用模型对未来可能的设备故障时间间隔进行预测[2]。该类方法中，拟合数据所使用的分布模型常常是威布尔分布。如张海波、贾亚洲、周广文使用了威布尔分布研究数控系统故障间隔时间的分布模型[3]。张宏斌、贾志新、郗安民提出了电火花线切割机床平均故障间隔时间分布模型的研究[4]。张立斌、苏建、陈熔、贾亚洲提出了 CH-85 柔性制造系统预维修策略研究[5]。张海波、郭鑫、任淮辉研究了风力发电机故障间隔时间的分布模型[6]。王桂华、张连祥提出了采用 Dvane 模型评估发动机平均故障间隔时间[7]，Meng X H 给出了指出分布的设备维修周期预测方法[8] 等。此类方法使用较多。第二类方法为其他类型的方法。其根据历史数据，使用神经网络、灰色系统理论的 GM（1,1）模型等一种或几种方法和工具建立预测模型，并有时结合马尔科夫模型对设备的故障间隔时间进行预测。如 Ying Peng 等提出了基于马尔科夫的设备健康预测方法[9]。曹政才提出了基于自适应神经模糊推理系统的半导体生产线故障预测及维护调度[10]。Yili Hong，William Q. Meeker 提出了考虑动态协变量信息的故障时间预测方法[11]。Florent Brissaud 提出了基于影响因素法的故障预测方法[12]。F P Garcia Morquez 等提出了定性与定量相结合的故障预测方法[13]。韩西龙、李青、刘锋提出了基于时序分解的飞机平均故障间隔飞行时间组合预测[14]。刘熠、周林提出了基于灰色组合模型的装备故障间隔时间预测研究[15]。赵亮、徐延学、韩建立、韩朝提出了导弹电子设备故障时间间隔预测方法研究[16]。

两类方法各有其特点，第一类方法对于现有已知分布的历史数据，能够很精确地进行设备故障时间间隔的预测。但现实情况是设备的故障间隔时间受多种因素的影响，尽管模型拟合方法可以使用威布尔分布以外的分布，但是大多数情况下，对于现有已知分布以外的情况，此种方法显得力不从心，究其原因在于其事先假定所有的故障间隔时间符合特定范围的已知分布，且其不考虑其他因素的影响。第二类方法，基于神经网络、GM（1,1）模型方法或其与马尔科夫模型相结合的方法，该方法的优点在于利用了灰色理论的特点，可以使用比较少的历史数据进行预测。因此对设备故障时间间隔的预测具有一定的优势。但以上两种方法的共同特点是，只考虑了设备的故障间隔时间这一单一因素，并围绕这一单一因素进行模型建立，而并不考虑设备的故障间隔时间的其他影响因素。然而现实情况中，设备的故障间隔时间受到许多因素的影响，这些因素包括设备使用强度现场因素、环境和天气因素、维修和保养因素、操作人员因素等，因此必须在模型建立中考虑这些因素。基于以上分析，为更好地进行设备时间间隔的预测，本章对以上方法的优缺点进行扬弃，研究了不同于以上研究的预测方法，提出了基于系统动力学仿真的工程设备故障时间间隔预测方法。该方法基于历史数据，使用微分方程学模型建立设备的故障间隔时间和其影响因素之间的系统动力学模型，然后使用建立的系统动力学模型对设备的故障间隔时间进行仿真预测。该方法的优点是能够综合考虑影响设备的故障间隔时间的各种因素，并使用系统动力学仿真方法清晰反映了各因素的动态演化，因此具有动态特征，而且不用事先知道故障时间间隔原始数据分布的先验特征，对无规律或服从任何分布的任意光滑离散的故障时间间隔原始数据均可进行仿真预测，为设备的故障间隔时间预测提供了创新方法，为更好地进行设备维护提供了指导。

## 第2节 工程机械设备故障时间间隔系统动力学建模

### 一、工程机械设备故障时间间隔的影响因素分析

工程机械设备在使用过程中其故障的产生受到多种因素的影响，主要包括以下因素：

（1）使用强度：在一定的使用期内，单位时间内工程机械设备完成的工作量越多，其使用强度越大，其耗损程度就越大。在现实中，往往发现机械故障和使用强度存在较大的关联，如果使用强度小，往往不会发生故障；如果使用强度大，往往会频繁发生故障。

（2）累计使用时间：传统的工程机械故障理论指出，工程机械故障规律符合浴盆形状的曲线。工程机械设备大多具有固定的使用寿命，因此其使用时间越长，距离使用寿命的终结时间就越近，其发生故障的概率就越大。工程机械使用的初期，由于工程机械刚刚投入使用，故故障的发生率较多。在工程机械使用的平稳期，故障的发生率比初期和晚期相对较少。因此，其使用时间曲线是浴盆曲线。

（3）设计与制造缺陷因素：设计和制造时期的不合理必将在使用时造成一定的故障，如易损件非通用化、拆装不合理、使用材料不符合要求、加工工艺不达标等。

（4）现场环境因素：机械设备现场环境因素包括设备现场的安装环境，如平整性等，还包括设备使用环境，如温度、湿度等。

（5）日常管理和操作因素：包括设备管理制度的完善性、管理方法的科学性、操作人员的熟练性等。如非熟练的操作人员将产生多余操作、误操作等行为，造成额外损耗和损失。

保养和维护因素：设备保养维护的次数将很大程度决定故障的时间间隔，同时保养和维护的质量也决定了故障的时间间隔，如维护和保养过程中使用的润滑油质量将对设备产生影响，质量低劣的润滑油将对设备造成更多的损坏。正常的保养和维护会使设备保持在正常内部温度和正常的摩擦损耗范围内。绝对不可否认的是，同样的设备，那些维护和保养良好的设备，将产生较少的故障和较长的使用寿命。

# 第10章 基于系统动力学的工程机械设备故障间隔仿真预测

根据以上分析可以建立如图10.1所示的工程机械故障时间间隔的影响图。在此影响图中，给出了故障时间间隔各影响因素、设备维护和保养成本、设备维修成本之间的关系。其中由于保养和维护将产生一定的成本，因此应该在企业的维护成本和故障时间间隔之间作出权衡。

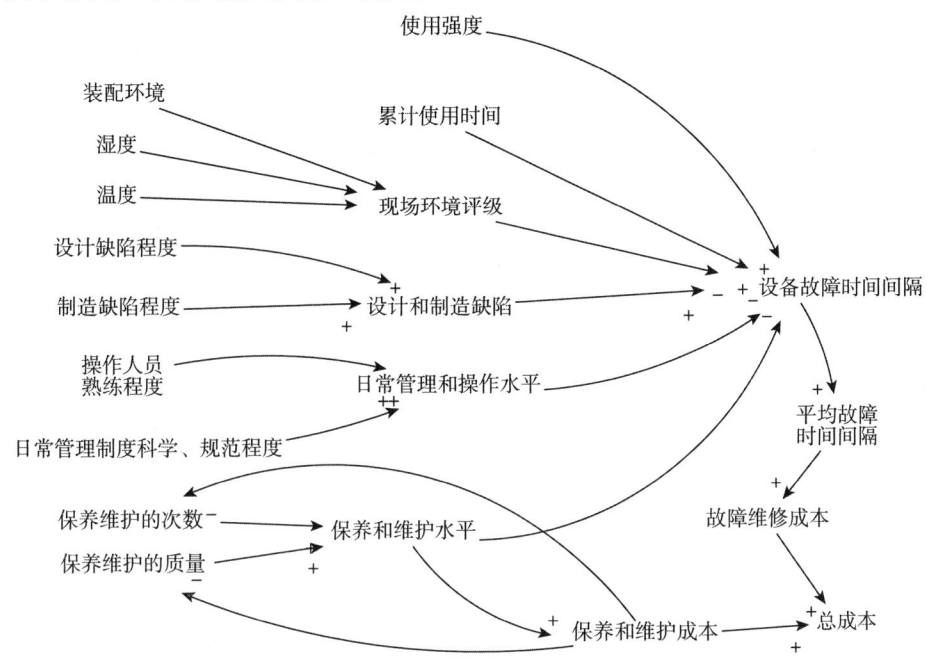

**图10.1 工程机械设备故障时间间隔因素的影响图**

## 二、故障时间间隔预测的系统动力学建模过程

工程机械设备故障时间间隔微分方程系统动力学建模过程如下：

第一步：收集、整理和统计工程机械设备故障时间间隔及其影响因素的时间序列原始历史数据，如工程机械设备故障时间间隔、使用强度、设计和制造缺陷评级、日常管理和操作评价、现场环境的评级、保养和维护评级等。

第二步：利用反向灰色GM建立设备故障时间间隔及其影响因素之间的微分方程。

第三步：建立影响"设备故障时间间隔"的因素的计算模型。

设计与制造缺陷因素：建立设计与制造缺陷评级和易损件非通用化、拆装不合理、使用材料不符合要求、加工工艺不达标等因素之间的模型。

现场环境因素：建立机械设备现场环境评级和设备现场的安装环境，如平整性等；设备使用环境，如温度、湿度等之间的模型。

日常管理和操作因素：建立日常管理和操作评级和设备管理制度的完善性、

管理方法的科学性、操作人员的熟练性等因素之间的模型。

保养和维护因素：建立设备日常保养与维护评级和保养维护的次数、保养和维护的质量之间的模型。

以上模型中，一般采用移动平均法计算模型：

$$D_E = \sum_{i=1}^{n} F_i / n \qquad (10.1)$$

式中，$D_E$ 为评价因素的等级；$F_i$ 为评价指标或影响因素，如次数、质量等级、程度等。

第四步：建立影响"设备故障时间间隔"的因素 $F_i$ 的预测模型。

建立影响"设备故障时间间隔"的因素 $F_i$ 的预测未来趋势的模型，可以根据实际情况确定。如对于使用强度、保养维护的次数、保养和维护的质量、温度、湿度、易损件非通用化、拆装不合理、使用材料不符合要求、加工工艺不达标等因素可以采用移动平均、加权移动平均等方法。对于操作人员的熟练性，如果其为新手可采用GM（1，1）方法；如果为熟练操作人员，可采用移动平均方法。

第五步：使用系统动力学分析方法，利用系统动力学分析软件，建立分析的计算机仿真模型，对故障时间间隔的演化过程进行分析和预测。

## 第3节 设备故障时间间隔仿真预测案例

### 一、模型建立

1. 故障时间间隔的建模

一种用于海底隧道特种工程施工的高价值大型机械工程设备，其故障时间间隔的历史数据如表10.1所示（其中，故障序号是发生故障的序号，故障时间间隔是两次故障之间的时间间隔。累计使用时间在数值上可以看成故障时间间隔的加和）。

表10.1 设备故障时间间隔的历史数据

| 故障序号 | 使用强度 $m^3$（单位时间完成工作量） | 设计和制造缺陷评级（0~1） | 日常管理和操作评价（0~1） | 现场环境的评级（1~10） | 保养和维护评级（1~10） | 故障时间间隔/h |
|---|---|---|---|---|---|---|
| 1 | 236 | 0 | 0.89 | 5 | 6 | 338 |
| 2 | 355 | 0 | 0.85 | 4 | 5 | 695 |
| 3 | 315 | 0.09 | 0.88 | 6 | 8 | 1 098 |
| 4 | 300 | 0.07 | 0.91 | 7 | 8 | 1 569 |

# 第10章 基于系统动力学的工程机械设备故障间隔仿真预测

续表

| 故障序号 | 使用强度 m³（单位时间完成工作量） | 设计和制造缺陷评级（0~1） | 日常管理和操作评价（0~1） | 现场环境的评级（1~10） | 保养和维护评级（1~10） | 故障时间间隔/h |
|---|---|---|---|---|---|---|
| 5 | 326 | 0.11 | 0.92 | 9 | 9 | 1 921 |
| 6 | 268 | 0.12 | 0.93 | 8 | 8 | 1 752 |
| 7 | 289 | 0.13 | 0.91 | 9 | 8 | 2 962 |
| 8 | 317 | 0.15 | 0.90 | 7 | 7 | 2 612 |
| 9 | 307 | 0.16 | 0.89 | 8 | 7 | 3 538 |
| 10 | 329 | 0.16 | 0.88 | 6 | 8 | 3 706 |

令 $X_1^{(1)}$、$X_2^{(1)}$、$X_3^{(1)}$、$X_4^{(1)}$、$X_5^{(1)}$、$X_6^{(1)}$ 和 $X_7^{(1)}$ 分别表示表10.1中故障时间间隔、使用强度、设计和制造缺陷评级、日常管理和操作评价、现场环境的评级、保养和维护评级和累计使用时间的历史数据序列，利用 Mathlab 7.0 实现其程序计算参数和进行校验，建立故障时间间隔及其影响因素之间的微分方程如下：

$$\frac{dX_1^{(1)}}{dt} - 0.3491X_1^{(1)} = 11.9X_2^{(1)} - 631.79X_3^{(1)} + 721.45X_4^{(1)} + 210.4X_5^{(1)} + 734X_6^{(1)} + 0.01X_7^{(1)} \quad (10.2)$$

2. 其他因素的测算

使用强度、设计和制造缺陷评级、日常管理和操作评价、现场环境的评级、保养和维护评级是故障时间间隔的影响动因，为了有效预测故障时间间隔，必须建立这些因素的预测计算方法。

1）使用强度的测算

未来工程机械设备的使用强度使用移动平均法，移动平均法是用一组最近的实际数据值来预测未来一期或几期预测量的一种常用方法。移动平均法适用于即期预测。当未来情况既不快速增长也不快速下降时，移动平均法能有效消除预测中的随机波动，是非常常用的。计算公式如下：

$$X_t = \frac{X_{t-1} + X_{t-2} + \cdots + X_{t-n}}{n} \quad (10.3)$$

式中，$X_t$ 为对下一期的预测值；$n$ 为移动平均的时期个数；$X_{t-n}$ 为前 $n$ 期的实际值。

2）设计和制造缺陷评级的测算

设计和制造缺陷评级使用如下公式进行计算：

$$X_c = \frac{\sum_{i=1}^{n} x_i}{n} \quad (10.4)$$

式中，当第 $i$ 类缺陷存在时，则 $x_i = 1$，否则 $x_i = 0$。对于设计和制造缺陷的预测值，使用式（10.3）的移动平均法进行预测。

3）日常管理和操作评价的测算

日常管理和操作评价等级使用如下公式进行：

$$X_c = \frac{x_1 + x_2 + x_3}{3} \quad (10.5)$$

式中，$x_1$ 表示对管理制度和规章的评价，此取自设备日产管理和监督中，检查督导专家组的打分汇总表（取值在 0~10 之间）；$x_2$ 表示对操作员熟练水平的评价，此值取自企业中层管理人员对操作员的评级表（取值在 0~10 之间）；$x_3$ 表示其他管理因素的综合评价，此值取自企业定期进行的其他管理因素的综合评价（取值在 0~10 之间）。

对于日常管理和操作评价的预测，首先使用式（10.3）的移动平均法计算 $x_1$、$x_2$、$x_3$ 的预测值，再使用式（10.5）计算 $x_1$、$x_2$、$x_3$ 的预测值的均值，作为日常管理和操作评价等级的预测值。

4）现场环境的评级

现场环境的评级使用如下公式进行计算：

$$X_c = \frac{W_0/(W_c - W_0) + S_0/(S_c - S_0) + T_0/(T_c - T_0)}{3} \quad (10.6)$$

式中，$W_0$ 为最佳工作环境温度；$W_c$ 表示当前温度；$S_0$ 为最佳工作环境湿度；$S_c$ 表示当前环境湿度；$T_0$ 表示其他工作环境综合因素最佳值；$T_c$ 为其他工作环境综合因素当前值。

对于现场环境评级的预测，首先使用式（10.3）的移动平均法计算 $W_c$、$S_c$、$T_c$ 的预测值，再使用式（10.6）计算现场环境评级的预测值。

5）保养和维护评级的测算

保养和维护评价评级使用如下公式进行计算：

$$X_c = \partial \left( \frac{H_T/H_{T0} + H_c/H_{c0} + H_p/H_{p0}}{3} \right) \quad (10.7)$$

式中，$H_T$ 表示维护的次数；$H_{T0}$ 表示标准维护次数；$H_c$ 表示维护的成本；$H_{c0}$ 表示标准维护成本；$H_p$ 表示参与维护的专业人员数量；$H_{p0}$ 表示标准参与维护的人员数量；$\partial$ 为评价指标系数。

对于保养和维护评价的预测，首先使用式（10.3）的移动平均法计算 $H_T$、$H_c$、$H_p$ 的预测值，再使用式（10.7）计算现场环境评级的预测值。

## 二、仿真预测与分析

根据以上对案例的分析，使用系统动力学仿真软件 Vensim 建立如图 10.2 所示的设备故障时间间隔的系统动力学仿真模型。

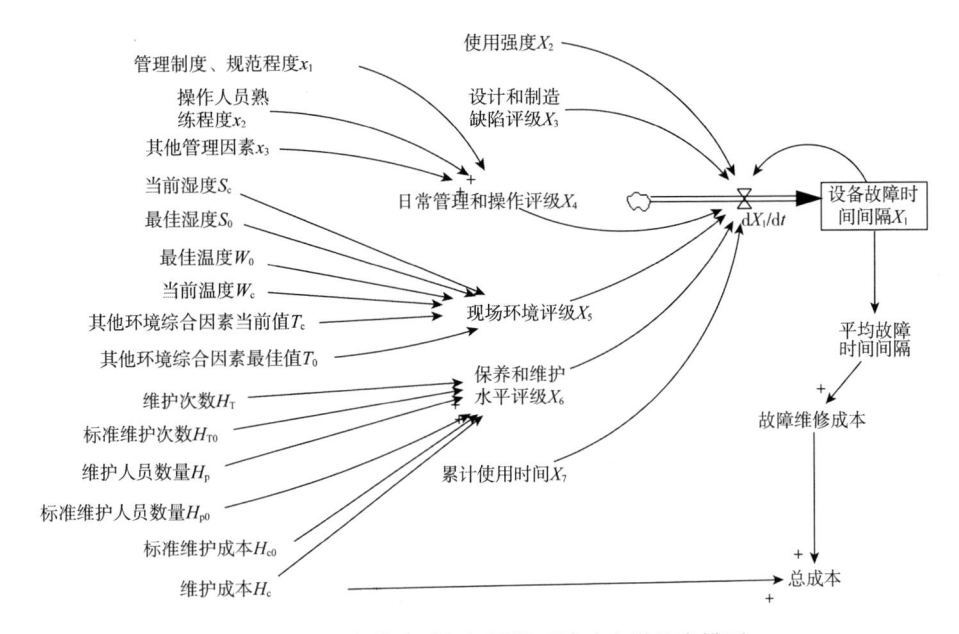

## 第10章 基于系统动力学的工程机械设备故障间隔仿真预测

**图10.2** 设备故障时间间隔的系统动力学仿真模型

式（10.2）所建立的设备故障时间间隔的微分方程在软件中的设置如图10.3所示，同时设置其他各变量的约束关系。

**图10.3** 设备故障时间间隔的微分方程设置

设置初始时间为0，终止时间为30，仿真步长为1，代表一次故障间隔。设置设备维护和保养的平均成本为200 000元/次，故障处理的平均成本为2 000 000元/次。运行以上仿真模型，分别得到如图10.4所示的设备故障时间间隔预测曲线，如图10.5所示的设备使用寿命预测曲线（通过累计故障间隔时间得到），如图10.6所示的设备维护、保养和故障处理总成本预测曲线。

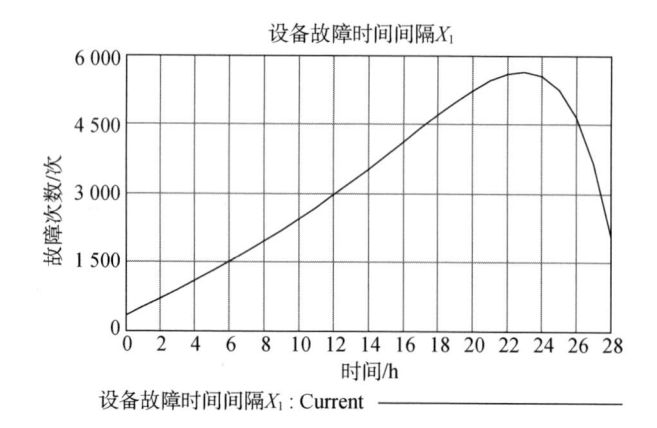

图 10.4　设备故障时间间隔预测

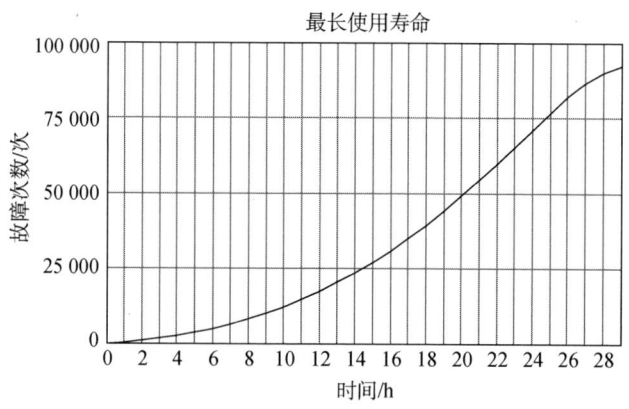

图 10.5　设备使用寿命预测

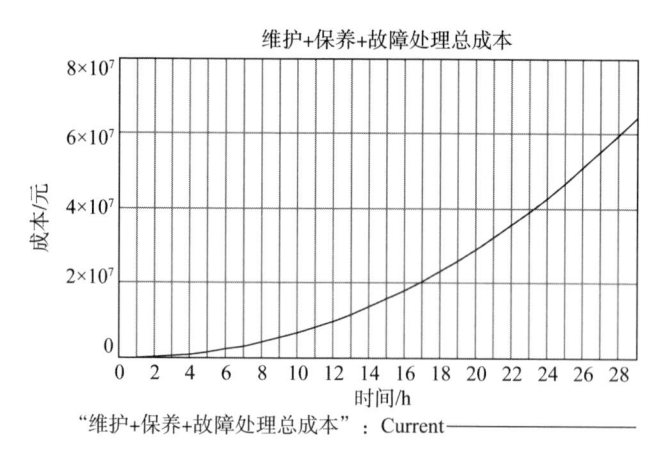

图 10.6　设备维护、保养和故障处理总成本预测

# 第10章　基于系统动力学的工程机械设备故障间隔仿真预测

从图 10.4 中的仿真预测结果曲线可以看出，该工程机械设备在多种因素的综合影响下，呈现故障时间间隔先逐渐增加而后逐渐减少的趋势，与传统故障时间间隔遵循的倒立浴盆曲线基本吻合。但不同的是，传统的故障时间间隔预测曲线一般呈现左右对称的趋势。而图 10.4 中的预测曲线呈现非对称趋势。主要原因在于本研究的预测方法综合考虑了各种因素的影响，预测结果更加符合该工程设备的实际情况。可以看出，该设备当前所处的故障时期属于使用前期故障，紧接着该设备将进入使用故障平稳期，故障时间间隔将逐渐上升，而后设备将进入使用后期，其故障时间间隔将呈现快速下降趋势。从图 10.5 中的仿真预测结果曲线可以看出，该工程机械设备的使用寿命极限在 90 000 h 左右。从图 10.6 的仿真预测结果可以看出，设备维护、保养和故障处理总成本呈现逐渐升高的趋势，并在 6 400 万元处到达最大值。实际的使用中，工程机械设备的使用寿命不可能达到 90 000 h 左右。因为综合图 10.5 和图 10.6 可以看出，越是接近极限使用寿命设备维护、保养和故障处理总成本就越高，因此应该根据实际情况决策设备的报废期间。综合图 10.4、图 10.5、图 10.6 可以进一步为设备的维护和保养提供参考，在设备的平稳期应该适当宽松地进行设备的维护计划，在设备的使用后期应该使用适当紧密的设备维护计划，并在设备的维护成本和故障处理成本作出权衡。

## 本章小结

本章提出了一种基于系统动力学的工程机械设备故障时间间隔的仿真预测方法，解决了工程机械设备故障时间间隔仿真预测建模的关键问题。通过预测案例验证了该方法能够很好地预测将来的故障时间间隔，该方法具有综合考虑多种因素、不依赖于具体的分布、动态演化的特点，对故障时间间隔预测具有较好的效果。

## 本章参考文献

［1］Wang Y Q, Jia Y Z. Early failure analysis of machining centers：a case study ［J］. Reliability Engineering and System Safety, 2001, 72（1）：91-97.

［2］Michael B B, Ming J Z, Li X H. Modelling and optimizing sequential imperfect preventive maintenance ［J］. Reliability Engineering and System Safety, 2009, 94（1）：53-62.

［3］张海波，贾亚洲，周广文. 数控系统故障间隔时间分布模型的研究 ［J］. 哈尔滨工业大学学报，2005，37（2）：189-191.

［4］张宏斌，贾志新，郗安民. 电火花线切割机床平均故障间隔时间分布模型的研究 ［J］. 机械设计与制造，2009，10：178-180.

［5］ 张立斌, 苏建, 陈熔, 等. CH-85 柔性制造系统预维修策略研究［J］. 兵工学报, 2006, 27（3）: 488-501.

［6］ 张海波, 郭鑫, 任淮辉. 风力发电机故障间隔时间分布模型研究［J］. 电力电子技术, 2015, （12）: 132-134.

［7］ 王桂华, 张连祥. 采用 Dvane 模型评估发动机平均故障间隔时间［J］. 航空发动机, 2006, 39（1）: 29-31.

［8］ Meng X H, Wang W, Zhou Y T. An exponential distribution-based model for equipment remaining life prediction［C］. 2012 National Conference on Information Technology and Computer Science, 2012: 473-475.

［9］ Peng, Ying, Dong Ming. A prognosis method using age-dependent hidden semi-Markov model for equipment health prediction［J］. Mechanical Systems and Signal Processing, 2011, 25（1）: 237-252.

［10］ 曹政才. 基于 ANFIS 的半导体生产线设备故障预测及维护调度［J］. 计算机集成制造系统, 2010, 16（10）: 2181-2186.

［11］ Hong Yili, William Q. Meeker. Field-failure predictions based on failure-time data with dynamic covariate information［J］. Technometrics, 2013, 55（2）: 135-149.

［12］ Florent Brissaud, Dominique Charpentier, Mitra Fouladirad, et al. Failure rate evaluation with influencing factors［J］. Journal of Loss Prevention in the Process Industries, 2010, 23（2）: 187-193.

［13］ Garcia Morquez F P, Roberts C, Tobias A M. Railway point mechanisms: condition monitoring and fault detection［J］. Journal of Rail and Rapid Transit, 2010, 224（1）: 35-44.

［14］ 韩西龙, 李青, 刘锋. 基于时序分解的飞机平均故障间隔飞行时间组合预测［J］. 计算机应用, 2016, （S2）: 99-102, 119.

［15］ 刘熠, 周林. 基于灰色组合模型的装备故障间隔时间预测研究［J］. 电光与控制, 2010, 17（11）: 61-64.

［16］ 赵亮, 徐延学, 韩建立, 等. 导弹电子设备故障时间间隔预测方法研究［J］. 舰船电子工程, 2012, 32（7）: 101-103.

［17］ Wen Kunli. Grey Systems Modeling and Prediction［M］. USA: Yang's Scientific Press, 2004.

［18］ Hsu C C, Chen C Y. Applications of improved grey prediction model for power demand forecasting［J］. Energy Conversion and Management, 2003, 44（14）: 2241-2249.

# 第11章

# 基于共生理论的电子商务产业园生态演化动力学分析

## 本章内容提要

本章从生态学共生理论的角度，对电子商务产业园区的进化进行了系统动力学生态演化分析。首先，给出了电子商务产业园生态系统共生分析。其次，基于Logistic方程建立了电子商务产业园的共生模型。再次，给出了电子商务产业园成员共生演化的动力学分析。最后，对电子商务产业园成员共生演化的动力学分析结果进行了剖析。本章的研究对电子商务产业园生态系统分析具有一定的借鉴意义。

## 本章核心词

电子商务，产业园区，共生，动力学。

## 第1节 概 述

世界互联网经济的发展，催生了电子商务的迅速发展。电子商务出现了集群化现象，从业人员和数量增加，类型也呈现多元化，相关研究指出了这种现象[1]。为了支持电子商务的发展，以促进经济转型和良性发展，各级政府纷纷建立了电子商务产业园和电子商务示范基地。相关研究对电子商务示范基地在发挥电子商务产业集训优势，促进经济发展方面的优势有较好的阐述[2]。电子商务产业园的建设，有利于形成良好的电子商务生态，促进电子商务的快速发展。相关研究对电子商务生态系统中种群的种类进行了阐述，其中包括领导种群、关键种群、支持种群和寄生种群等，并对其演化阶段进行了归纳，包括开拓、拓展、协调、进化阶段[1]。同时相关研究也对电子商务产业园的主体进行了阐述，指出它们包括大学及科研机构、投融资机构、中介机构、电子商务企业、关联企业以及政府机构，且它们承担的功能也是不同的[3]。它们是电子商务产业园中的主体，通过聚集作用，逐步建立共生共荣的生态系统。相关研究指出了发展电子商务产业园的目的，其包括资源聚集和优势整合，最终生成电子商务整个产业的良好生态系统[4]。从生态系统的角度研究电子商务系统的发展，能够从生态学角度审视和剖析电子商务产业系统各主体的关系和相互作用原理。本章从电子商务产业园区内部的生态学分析入手，通过生态学的共生理论，分析电子商务产业园区各主体的共生机理；并通过系统动力学仿真分析，研究电子商务产业园共生单元共生演化的动力学效应和机制。

## 第2节 电子商务产业园生态系统共生演化分析

### 一、电子商务产业园聚集的生态作用

1. 规模效应

通过电子商务产业园的规模聚集，园区内企业实现了集体规模效应。产业园区以整体物流运送规模与物流企业签约，达到以规模降低成本的目标。例如原本单个企业6~8元单件的物流成本，通过规模聚集降低到3~4元的单件成本。同时吸引物流企业在产业园区内开办物流网点或分公司。

2. 共生效应

电子商务产业园内的企业通过聚集达到了互相依靠和依赖，形成共生共存的生态系统。电商、金融、物流、办公租赁、教育培训企业和机构，甚至供应商、生产商纷纷聚集到产业园区。

3. 共享效应

通过在同类共生单元之间的资源共享，提高资源的配置效率，减少重复建设。政府可以通过统一的政策减少服务成本，增加服务效率。例如教育培训资源共享，多家企业共享优质的电商培训资源，共同定制电商培训课程。

4. 聚集和迁徙效应

产业园生态系统外的企业可能由于以上规模效应、共生效应和共享效应的吸引而聚集到产业园中。同时，生态系统理论中的集群迁移理论表明，具有强共生关系的集群往往具有集体迁徙的特性，由于产业内主导型产业企业被引入产业园，可能带动与其具有强共生关系的产业企业随迁，更有甚者导致整个产业链的迁徙。

### 二、电子商务产业园生态系统组成分析

Moore指出商业生态系统是以组织和个人的相互作用为基础的经济联合体[5]。

# 第11章　基于共生理论的电子商务产业园生态演化动力学分析

电子商务产业园内企业显然共同组成了一个经济联合体，即构成了一个相对独立的商业生态子系统。在此系统中，同样包括领导种群、关键种群、支持种群和寄生种群等种群类型。即电子商务产业园生态系统包括电子商务产业园领导种群、电子商务产业园关键种群、电子商务产业园支持种群、电子商务产业园寄生种群，产业园通过这些企业种群的相互生态作用而发挥整体作用。电子商务产业园内各种群的具体内涵如下：

（1）电子商务产业园领导种群：电商产业园的主办企业，类型包括平台型电子商务企业、主办产业园的其他网络公司或集团等。通过投入资金、场地和资源吸引其他类型的种群入驻电子商务产业园区。

（2）电子商务产业园关键种群：入驻电子商务产业园的核心电子商务企业，开展电子商务的生产型企业、开展电子商务的商业型企业（包括网络批发商、零售商和代理商）等。

（3）电子商务产业园支持种群：电子商务产业园内企业发展所需要的物流服务企业、金融服务企业、科研机构、信息服务企业、电子商务教育培训机构、政府机构等。这些机构提供电子商务产业园内企业发展所必需的资源和服务。

（4）电子商务产业园寄生种群：包括第三方管理咨询公司、网络和信息技术服务提供商、物业服务公司等依靠电子商务产业园领导种群、电子商务产业园关键种群、电子商务产业园支持种群而生存的企业或个体。

生态系统中的共生理论认为，生物共生理论由共生单元、共生模式和共生环境三个要素组成[6]。共生单元是指构成共生体或共生关系的基本能量生产和交换单位，是形成共生体的基本物质条件；共生模式指的是共生单元相互作用的方式或相互协同的形式；共生环境是指共生关系及共生模式存在与发展的内部或外部条件[7]。共生模式可以为互利共生关系、偏利共生关系和寄生关系等。电子商务产业园的共生单元、共生模式（关系）和共生环境的具体内涵如下：

（1）电子商务产业园共生单元：当把电子商务产业园看作一个共生系统时，各个入驻的企业就成了一个个共生单元。它们包括电子商务产业园领导种群、电子商务产业园关键种群、电子商务产业园支持种群、电子商务产业园寄生种群中的各个个体。

（2）电子商务产业园共生模式：产业园和电子商务平台或企业之间、电子商务企业和物流企业之间、电子商务企业和金融企业之间、电子商务企业和电子商务教育培训机构之间、电子商务企业和政府机构之间构成了各种共生模式（也被称为共生关系）。

（3）电子商务产业园共生环境：指的是产业园外部的环境因素，包括经济政策、地理环境、交通环境、基础设施、人文和社会环境等。

### 三、基于 Logistic 方程的电子商务产业园共生模型

在电子商务产业园共生演化过程中，共生单元经历内部和外部两种变化，可以看成在有资源约束情况下，共生单元产生的服务于其他单元的产出水平，共生单元产生的产出水平的变化过程实质上反映了电子商务产业园中共生单元的共生演化过程，假设每个共生单元产生的产出水平增长与其所处环境间的关系可以归结为如下公式（借鉴参考文献［8］的 Logistic 方程）：

$$\frac{dx}{dt} = rx\left(1 - \frac{x}{N}\right) \quad (11.1)$$

式中，$N$ 表示一段时间和某一地域空间内，在给定各种要素禀赋（包括技术、劳动力、资本和规模等）的情况下，每个成员产生的产出水平的极限，即最大产生的产出水平；$r$ 表示理想条件下成员产生的产出能力自然增长率或内禀性增长率；$x$ 为成员产生的产出水平，它是时间 $t$ 的函数，这里时间不仅包含日常意义上的含义，而且还含有技术、信息、交易成本等影响产生的产出能力水平的各种因素变化的含义；$(1 - x/N)$ 称为 Logistic 系数，即成员尚可生产的产生的产出水平空间。

以 Logistic 方程为基础，假设电子商务产业园成员都以资源基础论和核心竞争能力理论主导成员战略，考虑电子商务产业园成员之间的共生关系。这时，电子商务产业园共生关系满足 Lorka - Volterra 方程。与传统方程的不同之处在于，Logistic 方程在特定环境中是相对固定的，但考虑环境的不断变化对产业园共生单元的影响，共生环境 $E$ 通过影响 $k$ 而影响共生单元的成长，在变化的环境中，导致 $N$ 的连续变化，借助 Lorka-Volterra 方程[9]，建立式（11.2）所示电子商务产业园中两个单元的共生模型：

$$\begin{cases} \dfrac{dx_1}{dt} = r_1 x_1 \left(1 - \dfrac{x_1}{N_1} + \lambda_{12} x_2\right) \\ \dfrac{dx_2}{dt} = r_2 x_2 \left(1 - \dfrac{x_2}{N_2} + \lambda_{21} x_1\right) \\ N_i = f(E, \ r_i = f(E)) \\ \lambda_{12} = \mathrm{Act}(U_1, \ U_2) \neq 0 \\ \lambda_{21} = \mathrm{Act}(U_2, \ U_1) \neq 0 \end{cases} \quad (11.2)$$

式中，$x_i$ 为电子商务产业园中成员 $i$ 产生的产出水平；$r_i$ 为成员 $i$ 产生的产出自然增长率；$N_i > 0$ 表示 $x_i$ 最大可能产生的产出水平；$\lambda_{ij} \geq 0$ 表示成员 $j$ 对成员 $i$ 的作用影响系数，即互利系数，$i$，$j = 1$，2。

同理，电子商务产业园两共生单元的偏利共生模型表示为

## 第11章 基于共生理论的电子商务产业园生态演化动力学分析

$$\begin{cases} \dfrac{\mathrm{d}x_1}{\mathrm{d}t} = r_1 x_1 \left(1 - \dfrac{x_1}{N_1} + \lambda_{12} x_2 \right) \\ \dfrac{\mathrm{d}x_2}{\mathrm{d}t} = r_2 x_2 \left(1 - \dfrac{x_2}{N_2} + \lambda_{21} x_1 \right) \\ N_i = f(E, \ r_i = f(E)) \\ \lambda_{ij} = \mathrm{Act}(U_i, \ U_j) > 0 (i, j = 1, 2) \\ \lambda_{12} = 0, \ \lambda_{21} = 0 \end{cases} \quad (11.3)$$

同样，电子商务产业园三共生单元的共生模型表示为

$$\begin{cases} \dfrac{\mathrm{d}x_1}{\mathrm{d}t} = r_1 x_1 \left(1 - \dfrac{x_1}{N_1} + \lambda_{12} x_2 + \lambda_{13} x_3 \right) \\ \dfrac{\mathrm{d}x_2}{\mathrm{d}t} = r_2 x_2 \left(1 - \dfrac{x_2}{N_2} + \lambda_{21} x_1 + \lambda_{23} x_3 \right) \\ \dfrac{\mathrm{d}x_3}{\mathrm{d}t} = r_3 x_3 \left(1 - \dfrac{x_3}{N_3} + \lambda_{31} x_1 + \lambda_{32} x_2 \right) \\ \lambda_{ij} = \mathrm{Act}(U_i, \ U_j) \\ N_i = f(E, \ r_i = f(E)) \\ \lambda_{ij} \ne 0 \end{cases} \quad (11.4)$$

当存在 $\lambda_{ij} < 0$ 时，可能存在偏害共生、互害共生或寄生关系。

电子商务产业园三共生单元的偏利（包含寄生）共生模型为

$$\begin{cases} \dfrac{\mathrm{d}x_1}{\mathrm{d}t} = r_1 x_1 \left(1 - \dfrac{x_1}{N_1} + \lambda_{12} x_2 \right) \\ \dfrac{\mathrm{d}x_2}{\mathrm{d}t} = r_2 x_2 \left(1 - \dfrac{x_2}{N_2} + \lambda_{21} x_1 \right) \\ \dfrac{\mathrm{d}x_3}{\mathrm{d}t} = r_3 x_3 \left(1 - \dfrac{x_3}{N_3} + \lambda_{31} x_1 \right) \\ \lambda_{ij} = \mathrm{Act}(U_i, \ U_j) \ne 0 (i \ne 1, j \ne 2) \\ N_i = f(E, \ r_i = f(E)) \\ \lambda_{12}、\lambda_{21}、\lambda_{31} \text{至少有一个为} 0 \end{cases} \quad (11.5)$$

同样当存在 $\lambda_{ij} < 0$ 时，可能存在偏害共生、互害共生或寄生关系。

一般地，$n$ 个异质共生单元组成的电子商务产业园共生模型为

$$\begin{cases} \dfrac{\mathrm{d}x_i}{\mathrm{d}t} = r_i x_i \left(1 - \dfrac{x_i}{N_i} + \sum_{j=1}^{n} \lambda_{ij} x_j \right) i \ne j (i = 1, 2, \cdots, n) \\ N_i = f(E, \ r_i = f(E)) \\ \lambda_{ij} = \mathrm{Act}(U_i, \ U_j) \\ \lambda_{ij} \in (-\infty, \ \infty) \end{cases} \quad (11.6)$$

式中，$\lambda_{ij}$ 表示成员 $j$ 对成员 $i$ 的作用影响系数或共生效应；$r_i$ 为成员 $i$ 产生的产出水

平自然增长率。该模型描述了电子商务产业园中 $n$ 个成员之间的共生关系。当存在 $\lambda_{ij}<0$ 时，可能存在偏害共生、互害共生或寄生关系。

## 四、电子商务产业园成员共生演化动力学分析

### 1. 系统动力学建模

基于以上共生模型分别建立电子商务产业园"一方独立成长""两方（成员，即单元）共生"和"三方（成员，即单元）共生"的系统动力学模型，并进行仿真比较分析。其中三方共生的电子商务产业园共生演化动力学模如图 11.1 所示。所建立的系统动力学模型中的假设条件如下：

设定产出水平的单位为百万元，在相对稳定的正向环境中，假定单元的最大产出水平为 10（即 1 000 万元，只要能够设定合理的增长率，此取值一般不影响仿真结果）；同时假设成员产生的产出能力自然增长率或内禀性增长率在 0～10% 之间选定。在持续变化的环境中，单元的最大产出水平和产出能力自然增长率随环境持续变化。同时假设成员 $j$ 对成员 $i$ 的作用影响系数或共生效应 $\lambda_{ij}$ 在（-0.1，0.1）之间选定。

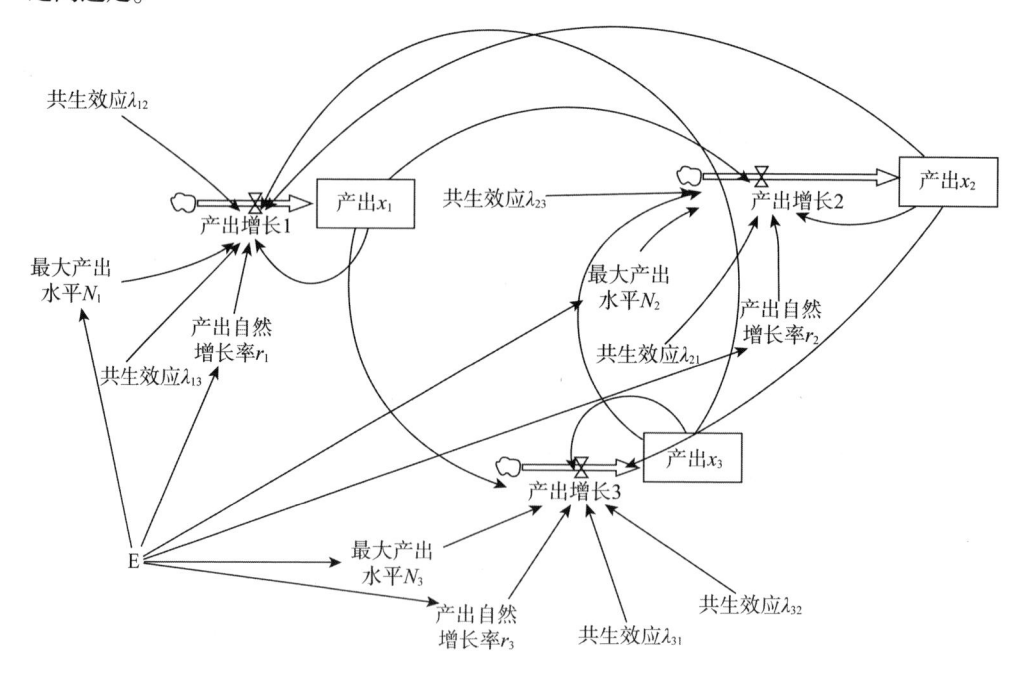

图 11.1　三方共生的电子商务产业园共生演化动力学模型

根据模型（11.4），图 11.1 所示的三方共生的电子商务产业园系统动力学模

# 第 11 章 基于共生理论的电子商务产业园生态演化动力学分析

型中设定如下（以 output $x_1$ 为例）：

$$dx_1/dt_1 = \text{output rate } r_1 * x_1 * (1 - x_1/N_1 + \lambda_{12} * x_2 + \lambda_{13} * x_3) \quad (11.7)$$

在仿真中，以三成员的电子商务产业园共生模式为主要研究对象，在共生机制下，通过动力学仿真分析了如下内容：不同的共生关系下，共生效应的差异；共生单元的数量对共生效应的影响；补偿机制中补偿的差异对共生模式的影响；共生环境的差异对电子商务产业园的共生系统影响等。

2. 仿真结果分析

（1）在电子商务产业园的共生环境下，不同模式下的共生效应有什么不同，是否具有明显的差异，是值得分析的问题。即在互利共生关系、偏利共生关系和寄生关系的模式下，共生效应有什么不同。通过共生理论的定性分析认为，在互利共生关系、偏利共生关系和寄生关系模式下，产生的效应大小关系为"互利共生关系>偏利共生关系>寄生关系"。那么可以推断在电子商务产业园的共生系统中也会存在这种共生效应。在电子商务产业园共生的系统动力学仿真分析结果中，从图 11.2 和图 11.3 可以看出，电子商务产业园的共生系统中，寄生关系、偏利共生关系和互利共生关系的共生效应具有明显的差异，且效应依次增强，其产出增长率也具有明显的差异，寄生关系中的被寄生方具有相对较低的产出水平和产出增长率。

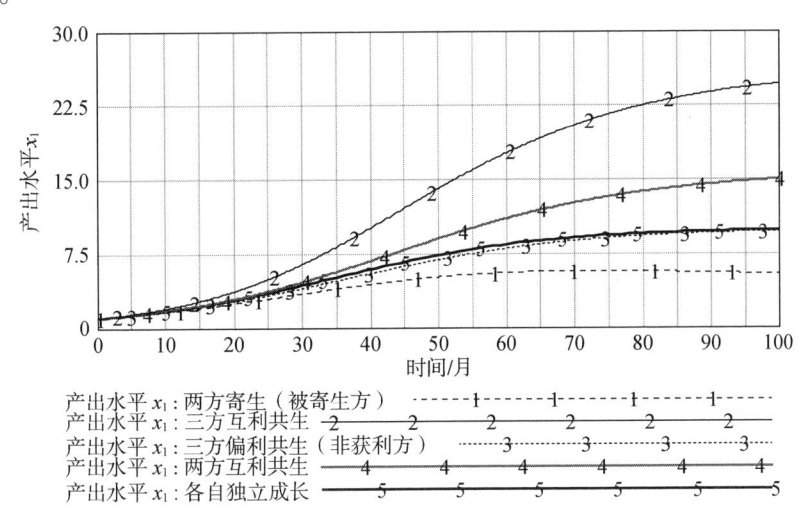

图 11.2 不同共生模式下的产出水平比较

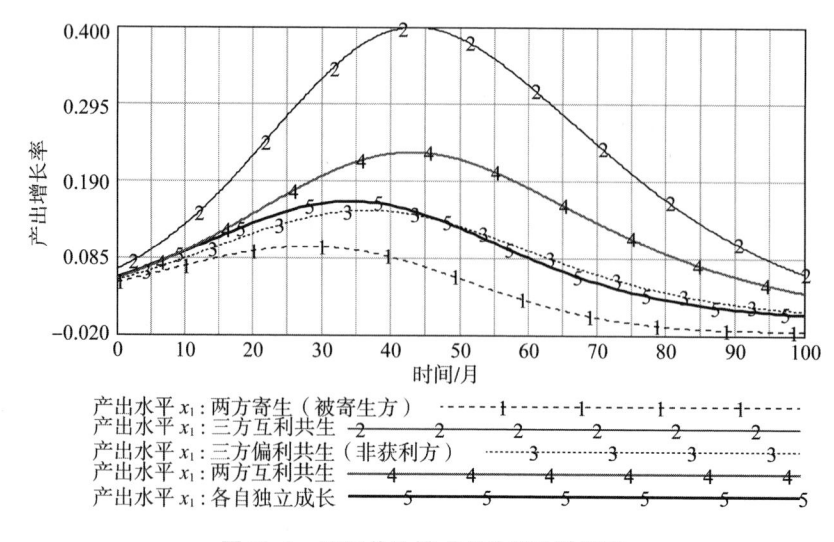

图 11.3  不同共生模式下的产出增长率

（2）电子商务产业园的共生系统中，由于规模效应的存在，随着共生单元数量的增加，即产业园内企业和其他主体数量的不断增加，共生效应将越来越明显。在电子商务产业园共生的系统动力学仿真分析结果中，从图 11.2 曲线 5、4、2（分别代表独立成长、两方互利共生和三方互利共生）可以看出，在电子商务产业园的共生系统中，随着参与共生的主体数量增加，共生效益在不断增强。

（3）多种共生模式的存在，导致共生单元之间在共生过程中收益的不均等。需要某种补偿机制，才能维持共生关系的稳定。电子商务产业园的共生系统中，补偿机制的存在能够维系共生体之间相对共生模式的稳定，例如政府对某类企业的补贴、免税或免租等措施。在电子商务产业园共生的系统动力学仿真分析结果中，从图 11.4 可以看出，由于三方偏利共生和三方互利共生之间的显著差异（补偿区），需要向在共生关系中不能得到平等利益的共生单元进行补偿，以避免共生关系的不可持续。对电子商务产业园的建设启示是：应该尽量通过各种补贴，促进在偏利共生中非获利方企业的进驻和发展。

（4）电子商务产业园的共生环境影响。共生环境整体上可以分为正向环境、负向环境和中性环境三类。电子商务产业园的共生系统中，正向环境指的是环境对电子商务产业园的共生系统有积极影响的环境；负向环境指的是环境对电子商务产业园的共生系统有不利和消极影响的环境；中性环境指的是环境对电子商务产业园的共生系统无明显有利或不利影响的环境。从电子商务产业园共生的系统动力学仿真分析结果中，通过图 11.5 可以看出，不同的共生环境对电子商务产业园的共生系统共生单元的产出效应影响存在差异。对电子商务产业园的建设启示是：应该尽量通过各种政策创造园区发展的正向环境。

# 第 11 章 基于共生理论的电子商务产业园生态演化动力学分析

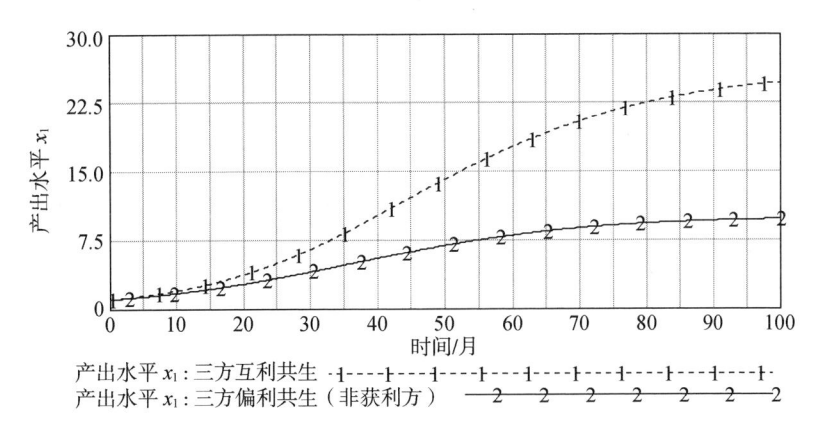

**图 11.4** 偏利共生的补偿区

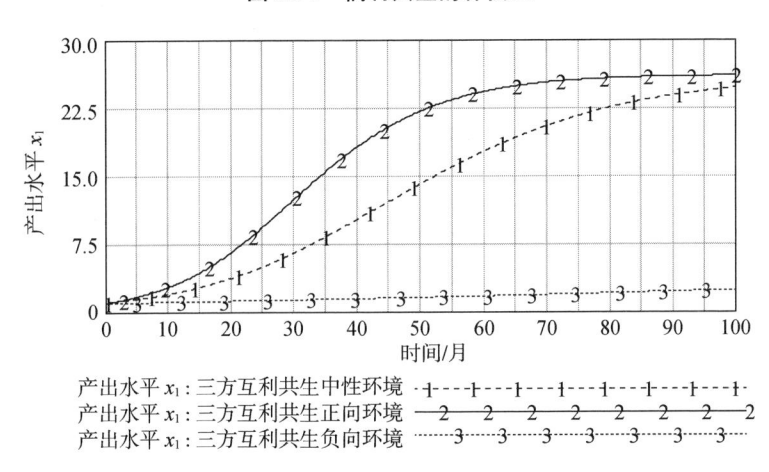

**图 11.5** 环境对电子商务产业园区共生的影响

另外，为了模拟环境变化的影响，在仿真中通过随机数方法分别模拟不同的环境，具体方法是：通过设定连续随机数的不同最大值、最小值、均值和方差模拟不同的随机环境变化，并将变化施加给 $r_i$ 和 $N_i$，完成对 $N_i=f(E, r_i=f(E))$ 的模拟。设定随机变量 RANDOM NORMAL（-3，3，0，0.2，0.2）、随机变量 RANDOM NORMAL（-1，1，0，0.1，0.1）和随机变量 RANDOM NORMAL（-5，5，0，0.5，0.5）分别模拟一般环境、稳定环境和不稳定环境。图 11.6 中的曲线 1 和 2 分别揭示了一般和稳定情况下电子商务产业园的共生系统某共生单元进化情况，曲线 3 是在不稳定随机环境下电子商务产业园共生系统的此共生单元进化情况。可以看出，不稳定环境下，单元的进化情况波动最大。对电子商务产业园的建设启示是：在创造正向环境发展的同时，企业应该创造平稳环境，以避免波动带来的不确定影响，或在不可避免的情况下能够及时预测和采取预防措施。

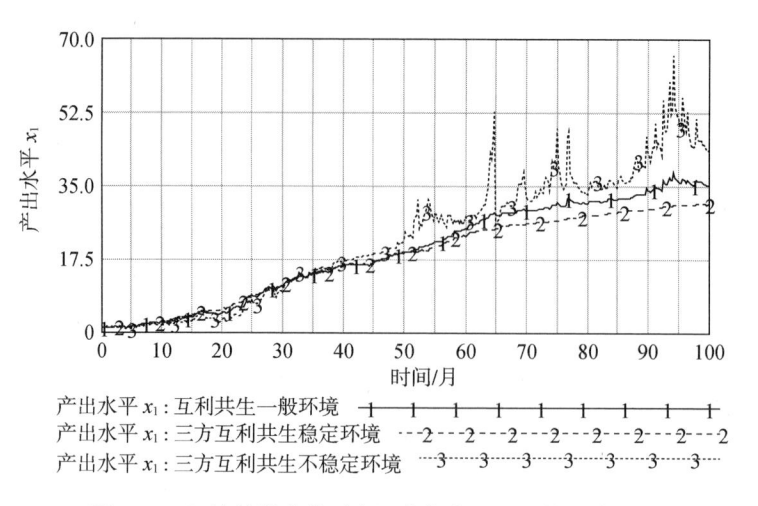

图 11.6　环境持续变化对电子商务产业园区共生的影响

# 本章小结

本章从生态学共生理论的角度分析了电子商务产业园区的共生单元进化发展趋势，分析了电子商务产业园聚集的生态作用、电子商务产业园生态系统组成，然后基于 Logistic 方程建立了电子商务产业园的共生模型，并建立系统动力学仿真模型进行分析。仿真结果表明，不同模式下的共生效应不同；检验到随着参与共生的主体的数量增加共生效益在不断增强；为避免共生关系的不可持续，应该对在共生关系中不能得到平等利益的共生单元进行补偿；不同的共生环境对电子商务产业园的共生系统共生单元的产出效应影响存在差异。相关结果对电子商务产业园生态系统分析具有一定的参考价值。

# 本章参考文献

[1] 胡岚岚，卢向华，黄丽华. 电子商务生态系统及其演化路径 [J]. 经济管理，2009，13 (6)：110-116.

[2] 石帅帅，骆念蓓. 基于共生理论的电子商务产业园形成机理研究 [J]. 长春大学学报，2016 (05)：23-27.

[3] 孙倩. 电子商务园区运行机制与评价研究 [D]. 杭州：浙江工商大学，2015.

[4] 姚国章，陈菲，赵刚. 电子商务产业园发展的现状、问题与对策研究 [J]. 中国商贸，2014 (21)：116-118.

[5] Moore J F. Predators and prey: A new ecology of competition [J]. Harvard Business Review，1999，71 (3)：75-86.

第11章　基于共生理论的电子商务产业园生态演化动力学分析

［6］冷志明，张合平. 基于共生理论的区域经济合作机理［J］. 经济纵横，2007（07）：32-33.

［7］邵云飞，詹坤，钱航. 共生理论视角下高校协同创新共生一体化研究［J］. 科技进步与对策，2015（08）：150-154.

［8］王志福，管杰，苏再兴. 基于Logistics模型的中国人口增长预测［J］. 渤海大学学报（自然科学版），2010，31（04）：326-330.

［9］Gandolfo G. Giuseppe palomba and the Lorka-Volterra equations［J］. Rendiconti Lincei，2008，19（4）：347-357.

# 第 12 章

# 基于元胞自动机的连续双向拍卖报价策略

### 本章内容提要

针对连续双向拍卖中的报价问题，提出利用有限感知的周围个体及其内部的有限信息的有限感知式报价策略，并提出稀疏异质元胞自动机模型用于实现和仿真验证有限感知式报价策略。首先回顾了已有研究中连续双向拍卖的报价策略。然后提出了稀疏异质元胞自动机，并建立了连续双向拍卖的稀疏异质元胞自动机模型，同时给出了基于稀疏异质元胞自动机的有限感知式报价策略。最后给出了仿真结果和对比分析。研究结果表明，基于稀疏异质元胞自动机的有限感知式报价策略具有较好的市场均衡效率。本研究对连续双向拍卖中的报价问题具有较好的借鉴意义。

### 本章核心词

连续双向拍卖，报价策略，元胞自动机，有限感知，稀疏异质。

## 第1节 概 述

传统的单向拍卖采用的是"一对多"的拍卖方式，即一个卖方，多个买方。卖方掌握着资源优势，卖方掌握着信息优势。双向拍卖采用的是"多对多"的拍卖方式，即多个卖方，多个买方，买卖双方处于平等的地位，不存在资源优势方或劣势方，也不存在信息优势方或劣势方。连续双向拍卖指的是拍卖中的买方和卖方都是随机进行报价的，直到市场中的现实买方报价高于或等于现实卖方报价，交易发生。在连续双向拍卖中，买卖双方使用什么样的策略选择自己的报价，不

## 第 12 章 基于元胞自动机的连续双向拍卖报价策略

同的策略达到市场均衡的效率差别，是一个被广泛研究的问题。在以往的研究中出现的报价策略包括以下几种：

（1）"零信息"（Zero Intelligence，ZI）交易策略：此策略在 1993 年被提出[1]，指的是不考虑任何市场信息，买卖双方只在指定的报价区间内选择自己的报价。"零信息"交易策略分为"有限理性"和"无理性"两种类型。有限理性类型指的是约束的零信息策略（Zero Intelligence with Constraint，ZI-C），此种类型将报价区间限定在盈利范围内，即每个卖方已知各自的成本，报价限定在成本和市场最大报价值之间，同时每个买方有各自预估的商品最大价值，买家报价在市场最小报价值和预估的商品最大价值之间。采用 ZIC 报价策略不会造成买卖双方的利润亏损。研究证明，ZIC 策略具有较好的市场均衡效率，被称为连续双向拍卖的基准报价模型。无理性类型指的是无约束的零信息策略（Zero Intelligence Unconstrained，ZI-U），此种类型将报价区间限定在市场最小报价值和市场最大报价值之间，由于买卖双方没有考虑成本或预估的商品最大估值，导致可能产生亏损，因此称为无理性报价类型。

（2）增强"零信息"交易策略（Zero Intelligence Plus，ZIP）：此策略在 1997 年被提出[2]，指的是卖方和买方可以根据市场中已经成交和不能成交的信息，来调整自己的报价。如卖方看到当前自己的要价大于成交价格，则可以降低自己的利润调整要价，买方看到自己的出价大于成交价格，则可以降低出价提高自己的利润。使用 ZIP 的报价策略报价比较平稳。

（3）基于历史价格的报价策略。此种策略中[3]，买方和卖方根据市场中的历史成交价格调整自己的报价。参考的历史数据的期数的长短称为窗口 L，并根据信心函数计算卖方和买方的最大期望收益。

（4）其他策略：卢鹏宇提出的混合报价策略[4]，基于马尔可夫的报价策略[5]，基于动态 Hurwicz 准则的连续双向拍卖报价策略[6]、自适应竞价策略[7]、ZIP2 策略[8] 等。除此之外，Kaplan 教授提出了一种具有后发优势的报价策略，即在开始阶段先不报价，到买家和卖家的报价之差达到一定阈值时，开始在卖方的最低价或买方的最高价附近出价。该报价策略曾经在圣塔菲研究所的比赛中击败其他策略。但其缺点是依赖于后发优势，如果报价主体集体采取此策略，则市场交易无法继续进行。

相关研究指出，人的决策行为会系统性地违反"完全理性"假设条件下的"期望效用最大化理论"，便显出"有限理性"，连续双向拍卖是研究人在复杂环境中"有限理性"决策行为的有效市场机制[9]。这种有限理性往往在系统整体上呈现出复杂的涌现行为。通过个体行为的局部互动，来分析系统的整体涌现行为，是复杂系统研究最常用的方法。连续双向拍卖的出价和互动演绎，构成了一个动态复杂系统。在以往的双向拍卖报价研究中，个体可以利用的信息包括自身的历史报价、自身的历史盈利和市场历史成交价格等主要信息，并且假设自身的历史报价、自身的历史盈利对他人是私密信息，即个体无法获取自身以外的其他个体的这种私人信息。但事实上，假设个体无法获取其他全部个体的私人信息是不合理的，同时应该看出，由于个体感知和获取信息的能力限制，假设个体可以获取其他全部个体的私人信息也是不合理的。最合理的事实是个体可以获取其周围部分个体的私人信息，并作为决策参考。这与实际情况的符合度最好，如在连续拍卖应用广泛的股市，股民总是能够收集到局部的信息并影响其决策；在连续拍卖应用也十分广泛的电子商务市场，顾客总是能够观察和感知到其他部分顾客的信息，从而利用这些信息进行购买参考。元胞自动机作为一种离散化动力学模型方法，是一种利用简单规则的反复迭代方法，是研究复杂系统的演绎方法，具有很好的应用成效。元胞自动机是20世纪50年代初计算机之父冯·诺依曼为了研究生命系统而提出的。史蒂芬·沃尔夫勒姆对元胞自动机理论进行了深入的研究，特别是一维初等元胞机全部256种规则所产生的模型。此后，元胞自动机在复杂微分方程求解、肿瘤细胞的增长或过程模拟[10]、雪花形成、雁群飞行和蚂蚁行走、流体力学计算[11]、生物群落扩散、流行病的传播[12]、金融市场模拟等研究中获得无数成功应用。其应用几乎涉及社会和自然科学的各个领域，包括生物与生态[13]、物理与化学[14]、交通[15]、计算机与信息科学[16]、地理与环境[17,18]、社会学以及复杂性科学[19]等。元胞自动机中，把系统中的个体看作一个个具有局部感知能力的个体，个体根据局部感知作出决策，从而呈现出系统整体的复杂行为。基于以上分析，连续双向拍卖的应用环境中，个体会获取周围的局部信息用于决策参考；利用元胞自动机的局部感知能力获取周围局部个体信息，调整连续双向拍卖系统报价，分析系统整体的行为和效率，是一种客观合理的分析方法。

## 第2节 连续双向拍卖有限感知式报价策略

### 一、连续双向拍卖稀疏异质元胞自动机模型

传统的元胞自动机通过对系统进行格状分割，形成 $n \times n$ 的元胞空间，通过相邻的元胞相互作用，模拟系统的整体涌现行为。为了使用元胞自动机解决双向拍卖中的报价策略问题，在此提出一种稀疏异质元胞自动机，定义具有如下特征的元胞自动机为稀疏异质元胞自动机：

（1）在稀疏异质元胞自动机中，使用的仍然是 $n \times n$ 的元胞空间。

（2）元胞不是紧密占满所有的格状空间，而是在初始化时随机稀疏分散在 $n \times n$ 的元胞空间内。

（3）邻居元胞的计算方法是以一定半径范围内分布的稀疏元胞为准的。半径的大小是可以用户自定义的。因元胞是随机稀疏分散的，所以邻居元胞的数量可能是不确定的。

## 第 12 章　基于元胞自动机的连续双向拍卖报价策略

（4）异质指的是元胞的种类多于一种。

（5）一定直径范围内的稀疏邻居元胞彼此以一定的规则发生局部作用和影响，从而产生系统的整体涌现行为。

（6）异质元胞可以共享位置和空间。而且共享位置和空间的元胞彼此肯定为邻居元胞。

围绕某一种或者几种商品价格和数量，参与连续双向拍卖的卖家和买家，可以被看作元胞自动机系统中无数个小的元胞。每个小的元胞（卖家和买家）具有可选的状态，每个小的元胞与其他稀疏邻居元胞进行相互作用，这种作用表现在元胞（卖家和买家）观察周围元胞的状态，并结合自身的状态来调整自身的报价方案。所有买家元胞的出价，形成的出价排序，决定了买家竞价排名，据此呈现给卖家的竞价顺序按从大到小排列。所有卖家元胞的出价形成的报价排序决定了卖家出价排名，据此呈现给买家的报价顺序按从小到大排列。

首先，需要确定元胞的初始状态。系统中围绕某一种或者几种商品，参与双向拍卖的卖家和买家的初始状态分为三种：一种是盈利状态；一种是亏损状态；一种是利润为零的状态（既不盈利也不亏损）。

其次，需要确定不同种类元胞的属性。对于卖家元胞，这些属性包括每轮竞价的自身出价、自身利润、成交情况、商品的成本等。对于买家元胞，这些属性包括每轮竞价的自身出价、自身利润、成交情况、预估的商品最大价值等。

基于前文提到的 ZI-C 基准报价模型，使用如下的状态集合 $S_{i,t}^h$（saler）和 $S_{i,t}^h$（purchaser）来分别刻画稀疏异质元胞卖家和买家的状态：

$$S_{i,t}^h(\text{saler}) = (SP_{i,t}^h, SPR_{i,t}^h, SYN_{i,t}^h, SN_{i,t}^h, SC_{i,t}^h) \quad (12.1)$$

$$S_{i,t}^h(\text{purchaser}) = (PP_{i,t}^h, PPR_{i,t}^h, PYN_{i,t}^h, PN_{i,t}^h, PEP_{i,t}^h) \quad (12.2)$$

式中，$SP_{i,t}^h$、$PP_{i,t}^h$ 分别表示参与连续双向拍卖的卖家、买家的第 $t$ 轮（$t$ 时刻）出价；$SPR_{i,t}^h$ 和 $PPR_{i,t}^h$ 分别表示参与连续双向拍卖的卖家和买家第 $t$ 轮竞价的利润；$SYN_{i,t}^h$ 和 $PYN_{i,t}^h$ 分别表示参与连续双向拍卖的卖家和买家第 $t$ 轮是否成交情况；$SN_{i,t}^h$ 和 $PN_{i,t}^h$ 分别表示参与连续双向拍卖的卖家和买家第 $t$ 轮的成交量；$SC_{i,t}^h$ 和 $PEP_{i,t}^h$ 分别表示参与连续双向拍卖的卖家和买家第 $t$ 轮商品的成本（对于卖家）或预估的商品最大价值（对于买家）。

## 二、基于稀疏异质元胞自动机的有限感知式报价策略

在连续双向拍卖中，因连续双向拍卖出价高获得较好排名的买家或者卖家，一般有获得更多卖家或者买家青睐的可能，即随之有可能获得更好的成交率，最终有可能获得更好的成交量和一定的盈利，因此有可能追加下一轮出价，以期望

下一轮获得更好的排名、更多成交量，以获得更好的盈利。但实际情况往往存在复杂变化，有时出价不一定获得成交，这可能是受到其他买家或者卖家出价竞争的其他因素的影响造成的。这时付出很高的出价（买家）或很低的出价（卖家），却没有得到应有的成交，结果就可能处于未成交状态。或因没有市场出人意料的演化状况，而导致亏损。此时如何对下一轮的竞价作出合理的出价以获得较好的利润，对买家或卖家而言就成了比较关键的问题，如果处理不好，结果可能是继续无法成交或利润较低，甚至亏损。如果处理得当，结果可能是迅速成交并获得利润。在实际的情况中，任何买家或者卖家都不可能得到全局信息，如果那样他将可能每战必赢，但是买家或者卖家可以得到他所能接触到（周围）的买家或卖家的盈亏信息作为决策参考，这就是"有限感知"。传统的匀质元胞自动机表示中心元胞（买家或卖家）掌握信息的程度都是相同的。在稀疏异质元胞自动机系统模型中，将一个买家或者卖家看作中心元胞，将这个买家或者卖家能从其得到信息的周围稀疏元胞看作其邻居元胞，邻居元胞的稀疏性恰好代表了中心元胞（买家或卖家）掌握信息程度的不等的事实。

每个元胞（买家或者卖家）下一时刻的状态为当前时刻邻居元胞状态、自身状态和控制变量的函数，使用公式表示如下[20]：

$$S_{i,\,t+1}^{h} = F(S_{i,\,t}^{h},\ S_{iL,\,t+1}^{h},\ R) \quad (12.3)$$

式中，$R$ 为控制变量；$S_{iL}^{h}$ 表示邻居元胞，使用如图 12.1 所示的 Radius 形邻居，即每个中心元胞在以 Radius 为半径的圆覆盖范围内稀疏邻居元胞。

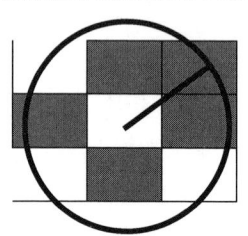

图 12.1 Radius 形邻居元胞示意图

函数 $F(S_{i,\,t}^{h},\ S_{iL,\,t+1}^{h},\ R)$ 就是元胞的演化规则，元胞按照如下演化规则实施有限感知式报价策略（其中元胞关于某一种商品 $i$ 的出价在市场限定的最大和最小值之间，以 Radius 为半径的圆覆盖范围内的空间格子数不少于9）：

规则1：如果中心元胞为买方，而且周围买方邻居元胞中关于某一种商品 $i$ 具有较高利润（以中心元胞的阈值为判断标准）的元胞数量大于50%，且稀疏邻居元胞的数量不少于2个。即连同中心元胞在内的稀疏邻居元胞中有50%以上的元胞关于某一种商品 $i$ 处于较高盈利状态，则中心元胞调整自己的期望利润，以周围

## 第12章 基于元胞自动机的连续双向拍卖报价策略

买方元胞邻居中较高利润的元胞的平均利润作为下一轮关于某一种商品 $i$ 出价的盈利参考。

规则2：如果中心元胞为买方，而且周围买方邻居元胞中关于某一种商品 $i$ 具有较低利润（以中心元胞的阈值为判断标准）的元胞数量大于50%，且稀疏邻居元胞的数量不少于2个。即连同中心元胞在内的稀疏邻居元胞中有50%以上的元胞关于某一种商品 $i$ 处于较低盈利状态，则中心元胞调整自己的期望利润，以周围买方元胞邻居中较低利润的元胞的平均利润作为下一轮关于某一种商品 $i$ 出价的盈利参考。

规则3：如果中心元胞为卖方，而且周围卖方邻居元胞中关于某一种商品 $i$ 具有较高利润（以中心元胞的阈值为判断标准）的元胞数量大于50%，且稀疏邻居元胞的数量不少于2个。即连同中心元胞在内的稀疏邻居元胞中有50%以上的元胞关于某一种商品 $i$ 处于较高盈利状态，则中心元胞调整自己的期望利润，以周围卖方元胞邻居中较高利润的元胞的平均利润作为下一轮关于某一种商品 $i$ 出价的盈利参考。

规则4：如果中心元胞为卖方，而且周围卖方邻居元胞中关于某一种商品 $i$ 具有较低利润（以中心元胞的阈值为判断标准）的元胞数量大于50%，且稀疏邻居元胞的数量不少于2个。即连同中心元胞在内的稀疏邻居元胞中有50%以上的元胞关于某一种商品 $i$ 处于较低盈利状态，则中心元胞调整自己的期望利润，以周围卖方元胞邻居中较高利润的元胞的平均利润作为下一轮关于某一种商品 $i$ 出价的盈利参考。

规则5：如果中心元胞为买方或卖方，且稀疏邻居元胞的数量少于2个，中心元胞则会感觉到信息不足，那么其不调整自己关于某一种商品 $i$ 的期望利润。

基于以上规则，在 ZI-C 基准策略模型的基础上，使用有限感知的周围邻居元胞信息（Finite Perceptual Environment Information，FPEI）作为调整下一轮出价的策略，该策略模型简称有限感知报价策略，即 ZI-C-FPEI。这里的"有限感知"有两层含义：一层含义是感知的元胞个体有限，即稀疏状态的邻居元胞；另一层含义是感知的商品有限，即无法感知邻居元胞的全部商品出价情况，只能感知其中一种或几种商品的出价和利润情况，因此也就无法将邻居元胞的整体利润作为价格调整参考，而是只能一时按照一种或几种商品作为参考。这不仅与现实情况十分吻合，也是采用稀疏元胞自动机处理的基础，因为元胞自动机中任何元胞均无全局感知能力，只在每一轮基于有限感知作出有限调整，考察有限感知能力导致的整体涌现正是元胞自动机的魅力所在。

参与连续双向拍卖的卖家和买家第 $t$ 轮竞价的利润 $SPR_{i,t}^h$ 和 $PPR_{i,t}^h$，直接受到出价、是否成交、成交价格、成交量、成本（对于卖家）或预估的商品最大价值（对于买家）的影响。参与连续双向拍卖的卖家和买家第 $t$ 轮竞价的利润 $SPR_{i,t}^h$ 和 $PPR_{i,t}^h$ 分别如下：

$$SPR_{i,t}^h = (SP_{i,t}^h - SC_{i,t}^h) \cdot SN_{i,t}^h \tag{12.4}$$

$$PPR_{i,t}^h = (PEP_{i,t}^h - PP_{i,t}^h) \cdot PN_{i,t}^h \tag{12.5}$$

元胞（买家或卖家）实施有限感知式报价策略（ZI-C-FPEI）的价格调整公式如下：

对于卖家有

$$SP_{i+1,t}^h = SC_{i,t}^h (1 + \text{Average\_SPR}_{-i,t}^h) \tag{12.6}$$

同理，对于卖家有

$$PP_{i+1,t}^h = PEP_{i,t}^h (1 - \text{Average\_PPR}_{-i,t}^h) \tag{12.7}$$

其中，$-i$ 表示元胞 $i$ 邻居元胞集合；$\text{Average\_SPR}_{-i,t}^h$ 和 $\text{Average\_PPR}_{-i,t}^h$ 分别表示卖家和买家元胞 $i$ 的邻居元胞集合的平均利润率，其计算公式如下：

$$\text{Average\_SPR}_{-i,t}^h = \frac{\sum_{j=1}^n SPR_{j,t}^h}{n} \tag{12.8}$$

$$\text{Average\_PPR}_{-i,t}^h = \frac{\sum_{j=1}^n PPR_{j,t}^h}{n} \tag{12.9}$$

## 第3节 有限感知式报价策略的演化仿真分析

### 一、仿真参数的设置

为了验证以上有限感知式报价策略 ZI-C-FPEI，本研究通过计算机仿真软件编程实现了上述基于稀疏异质元胞自动机的有限感知式报价策略。仿真中模拟了可以感知邻居元胞的任意若干种商品的利润和成交情况，并据此调整自身的商品出价。同时实现了已有的出价策略 ZI-C、ZIP 用于对比分析。仿真中设置的连续双向拍卖的仿真参数如表 12.1 所示。

表 12.1 初始仿真参数

| 参数 | 含义 | 设置（范围） |
| --- | --- | --- |
| $n \times n$ | 元胞空间 | 33×33 |
| $n \times n$ 的值 | 空间的格子数量 | 1 089 |

续表

| 参数 | 含义 | 设置（范围） |
| --- | --- | --- |
| $SP_{i,t\_i}^{h}$ | 卖家关于商品 $i$ 出价 | 初始为平均分布随机数，随后使用策略调整 |
| $PP_{i,t\_i}^{h}$ | 买家关于商品 $i$ 出价 | 初始为平均分布随机数，随后使用策略调整 |
| N_salers | 卖家数量 | 300 |
| N_purchasers | 买家数量 | 300 |
| Omin_i | 市场允许的商品 $i$ 最小出价值 | 0.1 |
| Omax_i | 市场允许的商品 $i$ 最大出价值 | 100 |
| $SC_{i,t\_i}^{h}$ | 卖家的单位商品 $i$ 成本 | 平均分布的随机数，设置为 30 + random（10） |
| Salers_Numbers_i | 卖家出售的商品 $i$ 的数量 | random（100） |
| Purchasers_Numbers_i | 买家购买的商品 $i$ 的数量 | random（100） |
| $PEP_{i,t\_i}^{h}$ | 买家预估的商品最大价值 | 平均分布的随机数 50 + random（10） |
| N_neighbor_commodity | 感知的每个邻居元胞的商品数量 | random（N_commodity_ $j$） |
| N_commodity_ $j$ | 邻居元胞的商品数量 | 平均分布的随机数 random（10） |
| Max_ticks | 连续双向拍卖轮次 | 100 |

## 二、仿真的结果及其对比分析

1. ZI-C、ZIP 与 ZI-C-FPEI 策略

以下通过稀疏元胞自动机模型仿真，在连续双向拍卖中，给出了关于某一种商品（任选）使用不同的价格调整策略（ZI-C、ZIP、ZI-C-FPEI）时，交易价格、交易数量、交易次数、平均利润、平均利润率和总利润的演化情况。为了进行对比分析，首先仿真研究了 ZI-C 策略下，连续双向拍卖市场的演化情况，图 12.2 给出了这种策略下的连续双向拍卖仿真演化情况。同样为了对比分析，接着仿真研究了 ZIP 策略下连续双向拍卖市场的演化，图 12.3 给出了 ZIP 策略下的连续双向拍卖仿真演化。图 12.4 引用了以往研究中 ZIP 策略下的买方参与者报价作为比较，是华中科技大学白延涛在博士学位论文研究中给出的 ZIP 策略下的买方参与者报价示意图[9]。最后，仿真研究了在本章中提出的有限感知式 ZI-C-FPEI 策略下，连续双向拍卖市场的演化情况。

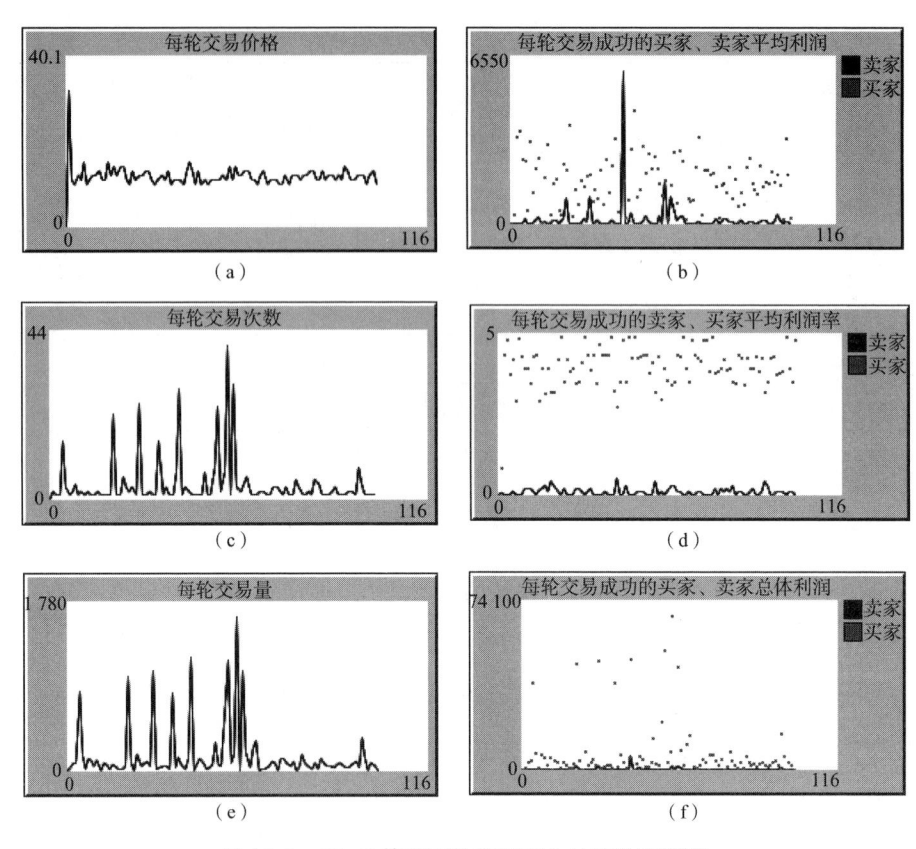

图 12.2　ZI-C 策略下的连续双向拍卖仿真演化

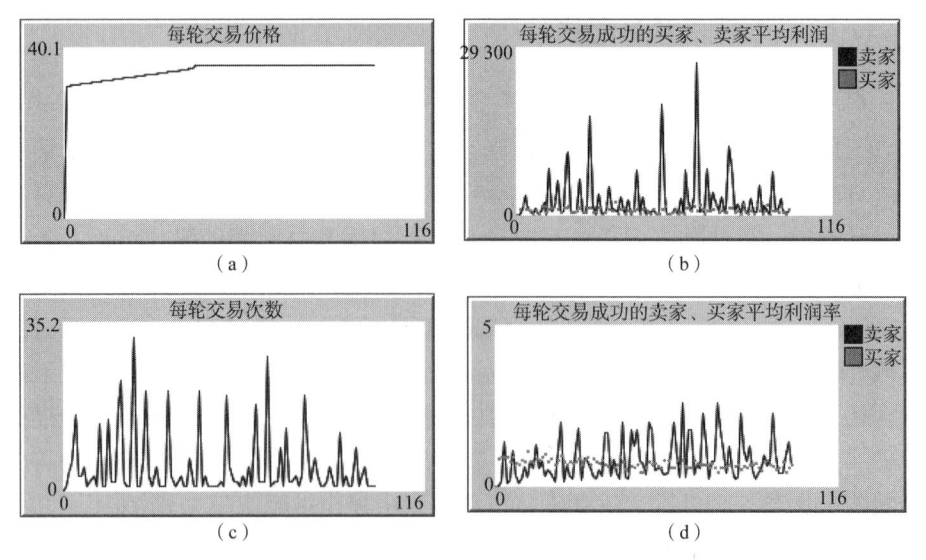

图 12.3　ZIP 策略下的连续双向拍卖仿真演化

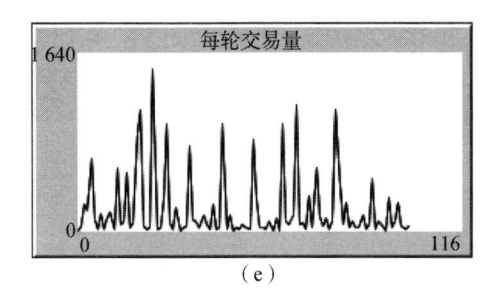

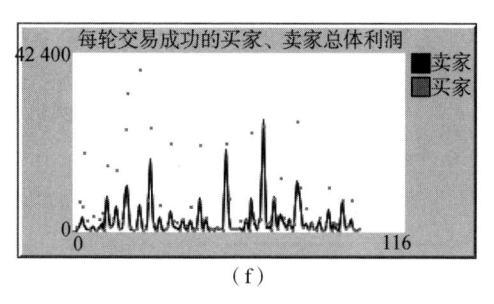

第12章 基于元胞自动机的连续双向拍卖报价策略

(e)

(f)

图12.3 ZIP策略下的连续双向拍卖仿真演化（续）

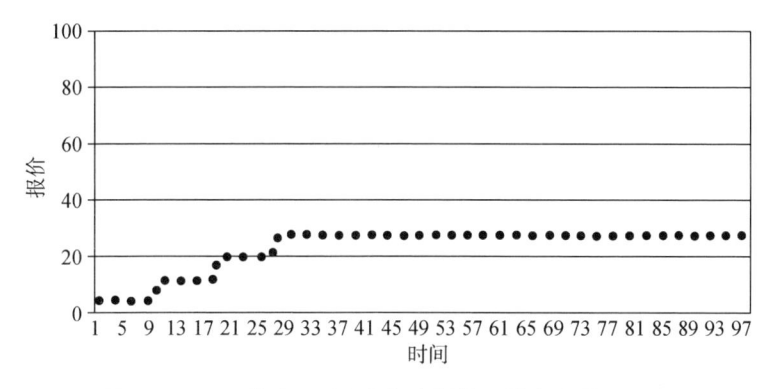

图12.4 ZIP策略下买方参与者报价（引自文献[9]）

2. 仿真结果对比分析

图12.5给出了基于有限感知式ZI-C-FPEI策略的连续双向拍卖仿真结果，图12.5（a）表示每轮交易价格的变化，将其与ZI-C策略的结果图12.2（a）相比较，可以看出在ZI-C-FPEI报价策略下市场交易价格在较短时间内达到市场均衡。图12.3中使用ZIP策略的市场交易价格在第40轮达到均衡，图12.4中以往文献给出的ZIP策略的买方参与者报价在第30轮左右不再波动，ZI-C-FPEI策略的市场交易价格在第10轮左右达到均衡，从对比可以看出，本研究提出的ZI-C-FPEI报价策略与图12.3和图12.4的ZIP策略一样，都具有较高的市场均衡效率，但ZI-C-FPEI策略具有更好的市场效率。在不同策略的每种仿真演化结果图的（b）中出现峰值，表明了市场中可能出现的"一买多"和"一卖多"情况，这在三种策略均有发生，从不同策略的对比中可以看出，图12.5（b）比图12.2（b）、图12.3（b）具有相对较少的"一买多"情况发生，表明买家和卖家在价格均衡过程中买卖数量出现不均衡相对较少。从图12.5（c）与图12.2（c）、图12.3（c）的对比可以看出，在有限感知式ZI-C-FPEI策略中具有相对较高的每轮交易次数；从图12.5（e）与图12.2（e）、图12.3（e）的对比可以看出，在有限感知式ZI-C-FPEI策略中具有相对较高的每轮交易量。这些表明了有限感知式ZI-FPEI策略具有较高的效率。从图12.5（d）与图12.2（d）、图12.3（d）的对比

可以看出，在有限感知式 ZI-C-FPEI 策略中买卖双方具有比较均衡的平均利润率；从图 12.5（f）与图 12.2（f）和图 12.3（f）对比可以看出，在有限感知式 ZI-C-FPEI 策略中买卖双方具有相对比较均衡和平稳的总利润。这些表明 ZI-C-FPEI 策略中市场具有相对较好的均衡性。以上分析结果表明，连续双向拍卖中的买卖双方如果都能充分利用周围的有限信息优化各自的出价策略，则能从整体上提高市场的效率。

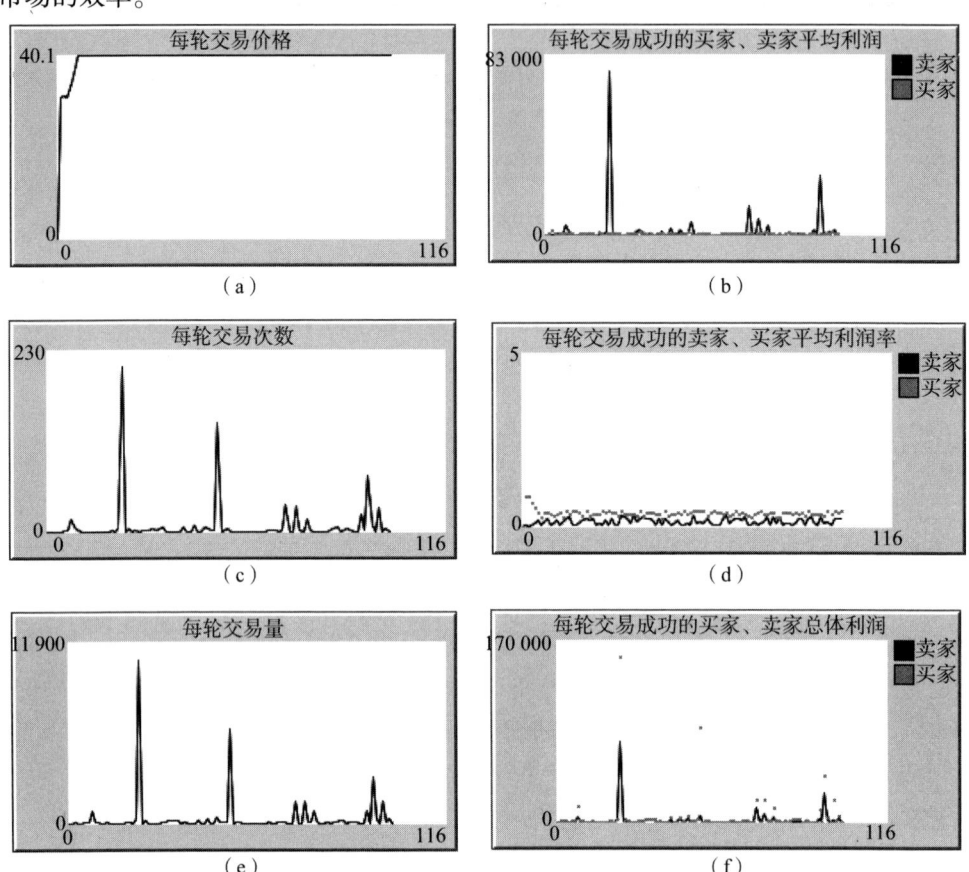

图 12.5　ZI-C-FPEI 策略下的连续双向拍卖仿真演化

# 本章小结

为了研究连续双向拍卖中，基于局部信息感知调整价格策略的有效性，提出了稀疏异质元胞自动机建模方法，并通过仿真实验结果和对比分析，验证了本章提出的有限感知式 ZI-C-FPEI 策略在连续双向拍卖价格调整中的有效性。本研究对研究连续双向拍卖中价格策略具有较好的参考意义。

## 本章参考文献

[1] Gode D, Sunder S. Allocative efficiency of markets with zero-intelligence traders: market as a partial substitute for individual rationality [J]. Journal of Political Economy, 1993, 101 (1): 119-137.

[2] Cliff D, Bruten J. Minimal-intelligence agents for bargaining behaviors in market-based environments [R]. HP Laboratories Technical Report. HPL, 1997.

[3] John D, John D, Steven G. Price Formation in Double Auctions [J]. Papers, 1998, 22 (1): 1-29.

[4] 芦鹏宇, 李一军. 基于混合策略的动态报价算法研究 [J]. 计算机应用, 2006, 26 (6): 1456-1458.

[5] 詹文杰, 杨洁. 连续双向拍卖市场中基于马尔可夫链的交易策略研究 [J]. 中国管理科学, 2008 (01): 111-116.

[6] 詹文杰, 白延涛. 基于动态Hurwicz准则的连续双向拍卖报价策略研究 [J]. 管理学报, 2014, 11 (03): 416-420.

[7] 栾海军, 董红斌, 周阳. 连续双向拍卖市场中的一种自适应竞价策略研究 [J]. 南京大学学报 (自然科学), 2015, 51 (02): 368-376.

[8] 陈胜峰, 蔚承建. 资源有限连续双向拍卖环境下的ZIP2策略 [J]. 计算机应用, 2009, 29 (12): 3231-3234.

[9] 白延涛. 连续双向拍卖市场报价策略研究 [D]. 武汉: 华中科技大学, 2013.

[10] 甘建红, 彭强, 戴培东, 等. 基于元胞自动机的肿瘤生长形态动态模拟 [J]. 计算机应用, 2009, 29 (07): 1906-1909.

[11] 郑忠, 高小强, 石万元. 多孔介质中流体流动的格子气自动机模拟 [J]. 化工学报, 2001, (05): 406-409.

[12] Chaves L L. On the effects of the spatial distribution in an epidemic model based on cellular automaton [J]. Ecological Complexity, 2017, 31: 144-148.

[13] 赵峰, 陶祖莱. 生物模式的元胞自动机模型 (I): 盘基网柄菌的聚集模式 [J]. 生物医学工程学杂志, 2006 (02): 304-308.

[14] 李才伟, 吴金平. 化学混沌与BZ反应的细观元胞自动机模拟 [J]. 计算机与应用化学, 2000 (06): 489-493.

[15] 邱小平, 于丹, 孙若晓, 等. 考虑坡道的元胞自动机交通流模型研究 [J/OL]. 计算机应用研究, 2016, 33 (09): 2611-2614.

[16] Satyabrata Roy, Jyotirmoy Karjee, Rawat U S, et al. Symmetric key encryption technique: A cellular automata based approach in wireless sensor networks [J].

Procedia Computer Science, 2016, 78: 408-414.

[17] 陈建华, 涂文洋. 网络化地理空间的元胞自动机群体时空格局仿真模型研究 [J/OL]. 地球信息科学学报, 2016, 18 (02): 167-174.

[18] Hamidreza Keshtkar, Winfried Voigt. Potential impacts of climate and landscape fragmentation changes on plant distributions: Coupling multi – temporal satellite imagery with GIS – based cellular automata model [J]. Ecological Informatics, 2016, 32: 145-155.

[19] 曹兴芹. 复杂系统的元胞自动机方法研究 [D]. 武汉: 华中科技大学, 2006.

[20] 李学伟, 吴金培, 李雪岩. 实用元胞自动机导论 [M]. 北京: 北京交通大学出版社, 2013.

# 第 13 章

# 基于演化博弈的共享经济参与主体的行为分析

### 本章内容提要

共享经济成为未来最有发展前景的经济模式之一,从演化博弈视角分析共享经济将有助于深入理解其中参与主体行为演化过程和趋势。首先给出了主体决策行为的演化博弈收益矩阵,然后给出了基于演化博弈的消费者和商家租赁、共享行为分析,得到了演化博弈的最终均衡:一是消费者选择不租赁,商家选择不共享;二是消费者选择租赁,商家选择共享。接着通过共享汽车实例模拟了不同情境下消费者和商家租赁、共享行为的演化,显示了不同的决策情境下演化结果的差异。本章的研究对共享经济主体的行为分析具有较好的借鉴意义。

### 本章核心词

共享经济,演化博弈,行为分析。

## 第1节 概 述

共享经济的发展潜力巨大而惊人。共享旅馆、共享单车、共享充电宝和共享洗衣机等各种共享内容纷纷被商家不断推出。以 Airbnb(爱彼迎)和 Uber 为代表的商业模式在全球范围内的成功和扩散,不仅拉开了各种资源进行分享的序幕,更是宣告了共享经济的崛起[1]。爱彼迎是一家联系旅游人士和家有空房出租的房主的服务型网站,它可以为全世界用户提供多样的共享住宿信息和服务。爱彼迎共享平台本身不拥有一间住房,也不新增建设一间住房,却创造了全球最大的房屋租赁酒店[2]。共享单车是在公共场所提供自行车租赁服务的新型经济模式，以短时租赁为主要特征，为用户提供出行服务，目前ofo、摩拜等共享单车或汽车发展得如火如荼。共享经济已渗透至交通、住宿、金融、餐饮、家政服务、农业生产等多个领域[3]。但同时共享经济也遇到前所未有的挑战和困难。有一些共享单车企业纷纷倒闭，大批用户押金无法退还。有的共享单车企业在二三线城市的发展遇到市场需求不足问题而面临"滑铁卢"。

共享经济（亦称分享经济、合作消费）是通过互联网平台将商品、服务、数据或技能等在不同主体间进行共享的经济模式[4]。消费者和商家是共享经济中的两类主体，共享经济消费者的需求受到多种因素的影响和制约，其中商家提供共享服务的价格和质量等重要因素。在共享经济中，消费者使用共享资源的目的是节约使用成本，商家的目的是通过共享实现更多的盈利，双方的目的都是达到收益的最大化。分析共享经济中主体的行为能够更好地深入了解共享经济的机理，更好地发展共享经济。演化博弈理论在经济和社会各个学科中有着广泛的应用，其从博弈主体有限理性这一理念出发，假定由于各种限制因素的客观存在，博弈主体根本不可能达到无限理性。Smith等在1973年发表的论文中首次提出演化稳定策略（Evolutionary Stable Strategy，ESS）概念，标志着演化博弈理论的正式诞生[5]。随后演化博弈理论在群体性事件处置机制[6]、集群企业创新模式选择[7]、食品安全监管[8]、知识共享[9]、分组评标专家行为[10]、员工反生产行为分析[11]等经济和管理的各个方面都有很成功的应用。消费者和商家在共享经济中的决策行为可以使用演化博弈来刻画和分析，因为消费者和商家在共享经济中都是非完全理性的，因为各种因素的限制，双方都无法获得对方的完全信息和策略，因此双方群体通过不断调整的试探方法达到博弈均衡，最终达到演化稳定策略。传统的博弈理论从纳什均衡的最优解分析商家和消费者之间博弈的结果，而演化博弈则认为双方的价格、成本、收益因素以及均衡过程的某些细节均会对博弈的多重均衡的选择产生影响。所以，通过演化博弈分析能够更好地了解共享经济中双方行为主体的决策行为选择及其影响，能够比较客观地了解两类主体博弈行为的宏观趋势和演化特征。因此，本章从演化博弈的视角，分析共享经济中行为主体的决策过程和演化趋势。

## 第2节 共享经济主体行为的演化博弈分析

### 一、主体共享行为的演化博弈矩阵

在共享经济中，商家提供共享资源，消费者使用共享资源。商家在共享服务中有两种策略选择：一种策略是购买和提供共享资源；另一种策略是不购买和提供共享资源。消费者在共享服务中有两种策略选择：一种策略是付出一定价格租赁商家的共享资源；另一种策略是自行购买和使用资源，虽然不付出租赁成本，但要付出一次性购买资源的价格。研究中做如下定义：

A 表示消费者租赁资源使用的行为，即不自行购买资源使用的行为；B 表示自行购买资源使用的行为，即不租赁资源使用的行为；C 表示商家购买足够资源进行共享获利的行为；D 表示商家不购买资源，不从事共享商业的行为。

$P_c$ 表示消费者选择租赁时的租赁成本，即商家制定的资源每次租赁价格；$R_c$ 表示消费者每次使用资源产生的效益；$L_c$ 表示消费者在无资源可用的情况下产生损失的绝对值。

$N_1$ 表示消费者自购该资源到消耗完毕或报废时所能使用的次数，$N_2$ 表示商家将该资源租赁到消耗完毕或报废时所能使用的次数。由于自购使用的资源会比租赁较爱惜和节省，因此认为 $N_1 > N_2$。$C_c$ 表示消费者不租赁，而是自己从零售商购买资源使用时的花费，那么 $\frac{C_c}{N_1}$ 则表示消费者使用自购资源的单次成本。$C_s$ 表示商家采购或制造共享资源的花费，一般小于 $C_c$，因为商家一般从供应商处批量购买资源或自行制造，其花费低于消费者从零售商处购买的价格，那么 $\frac{C_s}{N_2}$ 则表示商家出租共享资源的单次损耗成本。$C_{so}$ 表示商家因管理和运营等产生的租赁成本均摊，假设这部分成本不因是否能出租成功而变化。

消费者和商家双方的收益矩阵如表13.1所示。

**表 13.1　共享经济行为主体博弈的收益矩阵**

| 项目 | | | 商家 | |
|---|---|---|---|---|
| | | | $y$ | $1-y$ |
| | | | 共享（C） | 不共享（D） |
| 消费者 | $x$ | 租赁（A） | $R_c - P_c,\ P_c - C_s/N_2 - C_{so}$ | $-L_c,\ 0$ |
| | $1-x$ | 不租赁（B） | $R_c - C_c/N_1,\ -C_{so}$ | $R_c - C_c/N_1,\ 0$ |

## 二、基于演化博弈的消费者、商家租赁和共享行为分析

现在考虑多个商家和多个消费者之间随机配对进行该博弈，消费者租赁商家共享资源的概率为 $x$，自行购买和使用资源的概率为 $1-x$，商家提供共享资源的概率是 $y$，不提供共享资源的概率为 $1-y$。假设在该演化博弈中，$x$、$y$ 是时间 $t$ 的函数。$U_A$ 为采用租赁策略的消费者的期望收益，$U_B$ 为采用不租赁（自购）策略的消费者的收益，$U_{A,B}$ 为采取混合策略的消费者的收益。于是有

$$U_A = y(R_c - P_c) + (1-y)(-L_c) \tag{13.1}$$

$$U_B = y\left(R_c - \frac{C_c}{N_1}\right) + (1-y)\left(R_c - \frac{C_c}{N_1}\right) = R_c - \frac{C_c}{N_1} \tag{13.2}$$

$$U_{A,B} = x[y(R_c - P_c) + (1-y)(-L_c)] + (1-x)\left(R_c - \frac{C_c}{N_1}\right) \tag{13.3}$$

设 $U_C$ 为采用共享策略的商家的期望收益，$U_D$ 为采用不共享策略的消费者的收益，$U_{C,D}$ 为采取混合策略的商家的收益。同理，商家的收益分别为

$$U_C = x\left(P_c - \frac{C_s}{N_2} - C_{so}\right) + (1-x)(-C_{so}) \tag{13.4}$$

$$U_D = 0 \tag{13.5}$$

$$U_{C,D} = y\left[x\left(P_c - \frac{C_s}{N_2} - C_{so}\right) + (1-x)(-C_{so})\right] \tag{13.6}$$

于是得到消费者群体的复制动态方程为

$$\begin{aligned}f_1(x) = \frac{dx}{dt} &= x(U_A - U_{A,B}) = x(1-x)(U_A - U_B) \\ &= x(1-x)\left[y(R_c - P_c) + (1-y)(-L_c) - \left(R_c - \frac{C_c}{N_1}\right)\right] \\ &= x(1-x)\left[y(R_c - P_c + L_c) - \left(L_c + R_c - \frac{C_c}{N_1}\right)\right]\end{aligned} \tag{13.7}$$

为分析演化稳定策略，计算式（13.7）的导数：

$$f'_1(x) = (1-2x)\left[y(R_c - P_c + L_c) - \left(L_c + R_c - \frac{C_c}{N_1}\right)\right] \tag{13.8}$$

令 $f_1(x) = \frac{dx}{dt} = 0$，得式（13.7）的可能稳定状态为

$$x_1^* = 0, \quad x_2^* = 1 \tag{13.9}$$

根据微分方程的稳定性定理及演化稳定策略的性质，当 $f_1(y) = \frac{dx}{dt} = 0$ 且 $f'(x^*) < 0$ 时，为演化稳定策略（简称 ESS）。因此，博弈结果完全取决于消费者每次使用资源产生的效益 $R_c$、消费者使用自购资源的单次成本 $\frac{C_c}{N_1}$、消费者在无资源可用的情况下产生的损失绝对值 $L_c$、商家制定的资源的每次租赁价格 $P_c$。根据 $R_c$、$\frac{C_c}{N_1}$、$L_c$、$P_c$ 取值的不同，当 $0 < y < \dfrac{R_c - \dfrac{C_c}{N_1} + L_c}{R_c - P_c + L_c}$ 时，$f'_1(0) < 0$，$f'_1(1) >$

## 第 13 章 基于演化博弈的共享经济参与主体的行为分析

$0$,$x_1^* = 0$ 是演化稳定策略 ESS,表明当商家选择共享的可能性小于一定阈值时,消费者的决策选择是自购资源使用。当 $\dfrac{R_c - \dfrac{C_c}{N_1} + L_c}{R_c - P_c + L_c} < y < 1$ 时,$f'_1(0) > 0$,$f'_1(1) < 0$,$x_2^* = 1$ 是演化稳定策略 ESS,表明当商家选择共享的可能性大于一定阈值时,消费者的决策选择是租赁资源使用。

同理,商家群体的复制动态方程及其导数为

$$f_2(y) = \frac{dy}{dt} = y(U_C - U_{C,D}) = y(1-y)(U_C - U_D)$$

$$= y(1-y)\left[x\left(P_c - \frac{C_s}{N_2} - C_{so}\right) + (1-x)(-C_{so})\right] \quad (13.10)$$

$$= y(1-y)\left[x\left(P_c - \frac{C_s}{N_2}\right) - C_{so}\right]$$

$$f'_2(y) = (1-2y)\left[x\left(P_c - \frac{C_s}{N_2}\right) - C_{so}\right] \quad (13.11)$$

令 $f_2(y) = \dfrac{dy}{dt} = 0$,得式 (13.10) 的可能稳定状态为

$$y_1^* = 0,\ y_2^* = 1 \quad (13.12)$$

此演化博弈结果取决于商家采购或制造共享资源的花费 $C_s$,商家制定的资源的每次租赁价格 $P_c$,商家出租共享资源的单次损耗成本 $\dfrac{C_s}{N_2}$,商家因管理和运营等产生的租赁成本均摊 $C_{so}$。当 $0 < x < \dfrac{C_{so}}{P_c - \dfrac{C_s}{N_2}}$ 时,$f'_2(0) < 0$,$f'_1(1) > 0$,$y_1^* = 0$ 是演化稳定策略 ESS,表明当消费者选择租赁的可能性小于一定阈值时,商家的决策选择是不从事共享经济服务。当 $\dfrac{C_{so}}{P_c - \dfrac{C_s}{N_2}} < x < 1$ 时,$f'_2(0) > 0$,$f'_1(1) < 0$,$y_2^* = 1$ 是演化稳定策略 ESS,表明当消费者选择租赁的可能性大于一定阈值的时候,商家的决策选择是从事共享经济服务。

根据以上分析,可以得到动态系统可能的平衡点 (0, 0)、(0, 1)、(1, 0)、

$(1,1)$、$\left(\dfrac{C_{so}}{P_c-\dfrac{C_s}{N_2}},\ \dfrac{R_c-\dfrac{C_c}{N_1}+L_c}{R_c-P_c+L_c}\right)$。两个群体行为变化复制动态的关系如图 13.1 所示。

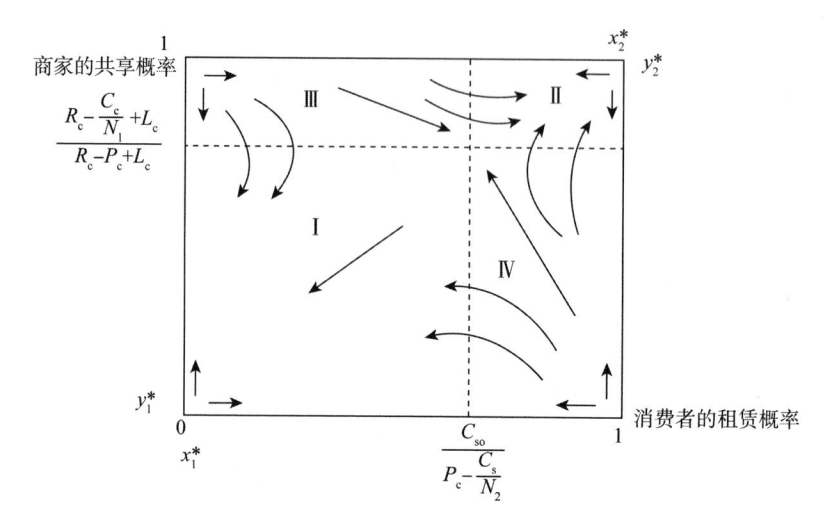

**图 13.1　商家和消费者群体行为变化复制动态的关系**

分析上面这些平衡点的稳定性,当初始状态落在区域Ⅰ时,即博弈开始消费者采取小于 $\dfrac{C_{so}}{P_c-\dfrac{C_s}{N_2}}$ 的概率租赁,商家以小于 $\dfrac{R_c-\dfrac{C_c}{N_1}+L_c}{L_c-P_c+L_c}$ 的概率进行共享经济行为时,博弈将最终收敛于演化稳定策略 $x_1^*=0$ 和 $y_1^*=0$,最终演化状态为消费者决策选择为不租赁,商家决策选择为不共享。当初始状态落在右上区域Ⅱ时,即博弈开始消费者以大于 $\dfrac{C_{so}}{P_c-\dfrac{C_s}{N_2}}$ 的概率采取租赁行为,商家以大于 $\dfrac{R_c-\dfrac{C_c}{N_1}+L_c}{L_c-P_c+L_c}$ 的概率实行共享行为,博弈将最终收敛于演化稳定策略 $x_2^*=1$ 和 $y_2^*=1$,最终演化状态为消费者决策选择为租赁,商家决策选择为共享。当初始状态落在左上和右下区域Ⅲ和Ⅳ时,博弈既可能收敛于点 (0,0),也可能收敛于点 (1,1),其最终均衡状态与双方调整的速度有关;当在区域Ⅲ时,如果演化动态首先穿过 $\dfrac{R_c - \dfrac{C_c}{N_1} + L_c}{L_c - P_c + L_c}$ 线进入区域Ⅰ,则最终均衡为 $x_1^* = 0$ 和 $y_1^* = 0$。如果演化动态首先穿过 $\dfrac{C_{so}}{P_c - \dfrac{C_s}{N_2}}$ 线进入区域Ⅱ,则最终均衡为 $x_2^* = 1$ 和 $y_2^* = 1$;初始状态在区域Ⅳ情形与区域Ⅲ相似。所以点(0,0)和点(1,1)是平衡点中的稳定点,该博弈将收敛于点(0,0)和点(1,1),对应于两个演化稳定策略 $x_1^* = 0$ 和 $y_1^* = 0$,$x_2^* = 1$ 和 $y_2^* = 1$,演化博弈的最终均衡可能有两个:一个是消费者决策选择为不租赁,商家决策选择为不共享;另一个是消费者决策选择为租赁,商家决策选择为共享。

## 第3节 模拟情境的仿真分析

下面以中低端家用共享汽车为例,基于演化博弈分析共享经济主体的行为,对现实中的几种具体情境进行模拟,分析演化博弈的结果。假设商家批量购车成本 $C_s$ 为14万元/辆,个人购买同品质汽车的购车成本 $C_c$ 为15万~20万元/辆,购买稍高品质的汽车需要30万~40万元,自购汽车使用次数 $N_1$ 以3 600次计,单次使用的成本 $\dfrac{C_c}{N_1}$ 为50元;按照市面上共享汽车使用起步价9.9元,每小时15~20元,平均使用一次2小时的成本为40~50元,假定商家平均租赁价格 $P_c$ 在45~55元之间浮动。商家汽车租赁的极限使用次数 $N_2$ 因保养和维护程度的不同在3 000~3 200次之间浮动,单次损耗成本 $\dfrac{C_s}{N_2}$ 表示商家出租共享资源的单次损耗成本。假设消费者每次使用汽车产生的效益 $R_c$ 为80元。消费者在无汽车可用的情况下产生的损失绝对值 $L_c$ 为30元。商家因管理和运营等产生的成本均摊 $C_{so}$ 在3~7元之间浮动,保养和维护会引起汽车使用次数的增加,但会使租赁成本均摊提高。设计如表13.2所示的主体决策情境进行仿真分析(其中令 $k_1 = \dfrac{R_c - \dfrac{C_c}{N_1} + L_c}{R_c - P_c + L_c}$,$k_2 = \dfrac{C_{so}}{P_c - \dfrac{C_s}{N_2}}$)。

表 13.2 行为主体的演化情境模拟

<table>
<tr><th rowspan="3">参数</th><th colspan="4">消费者</th><th rowspan="3">参数</th><th colspan="4">商家</th></tr>
<tr><td colspan="4">决策情境</td><td colspan="4">决策情境</td></tr>
<tr><td>自购使用<br>单次成本<br>更低</td><td>租赁和<br>自购成<br>本相近</td><td>自购成<br>本高</td><td>购买成<br>本较高</td><td>单次租赁<br>成本较高</td><td>租赁收费<br>价格和成<br>本相近</td><td>租赁利<br>润高</td><td>租赁利润<br>较高，成<br>本增加</td></tr>
<tr><td></td><td>$K_1>1$</td><td>$K_1=1$</td><td>$0.5>K_1>0$</td><td>$1>K_1>0.5$</td><td></td><td>$K_2>1$</td><td>$K_2=1$</td><td>$0.5>K_2>0$</td><td>$1>K_2>0.5$</td></tr>
<tr><td>$C_c$</td><td>150 000</td><td>180 000</td><td>350 000</td><td>200 000</td><td>$C_s$</td><td>140 000</td><td>140 000</td><td>140 000</td><td>140 000</td></tr>
<tr><td>$N_1$</td><td>3 600</td><td>3 600</td><td>3 600</td><td>3 600</td><td>$N_2$</td><td>3 000</td><td>3 111</td><td>3 200</td><td>3 200</td></tr>
<tr><td>$R_c$</td><td>80</td><td>80</td><td>80</td><td>80</td><td>$C_{so}$</td><td>3</td><td>5</td><td>5</td><td>7</td></tr>
<tr><td>$P_c$</td><td>48</td><td>50</td><td>52</td><td>52</td><td>$P_c$</td><td>48</td><td>50</td><td>52</td><td>52</td></tr>
<tr><td>$L_c$</td><td>30</td><td>30</td><td>30</td><td>30</td><td></td><td></td><td></td><td></td><td></td></tr>
<tr><td>$f_1(x)$</td><td>$X(1-x) \cdot$<br>$(62y-68.3)$</td><td>$X(1-x) \cdot$<br>$(60y-60)$</td><td>$X(1-x) \cdot$<br>$(58y-12.78)$</td><td>$X(1-x) \cdot$<br>$(58y-54.4)$</td><td>$f_2(y)$</td><td>$Y(1-y) \cdot$<br>$(1.33x-3)$</td><td>$Y(1-y) \cdot$<br>$(5x-5)$</td><td>$Y(1-y) \cdot$<br>$(13.1x-5)$</td><td>$Y(1-y) \cdot$<br>$(13.1x-7)$</td></tr>
</table>

(其中 $C_c$、$C_s$、$R_c$、$C_{so}$、$P_c$、$L_c$ 单位为元，$N_1$、$N_2$ 单位为次)

## 第13章 基于演化博弈的共享经济参与主体的行为分析

演化博弈中，决策主体消费者是非完全理性的，不完全掌握对方的信息，面临的决策情境中，对自己的信息完全掌握，对对方的信息只知道租赁价格等少量信息。同样，商家也处于类似的情境，双方主体通过演化博弈可能达到均衡状态。

1. 模拟情境（1）：$K_1 > 1$，$K_2 > 1$ 的情境（见图13.2）

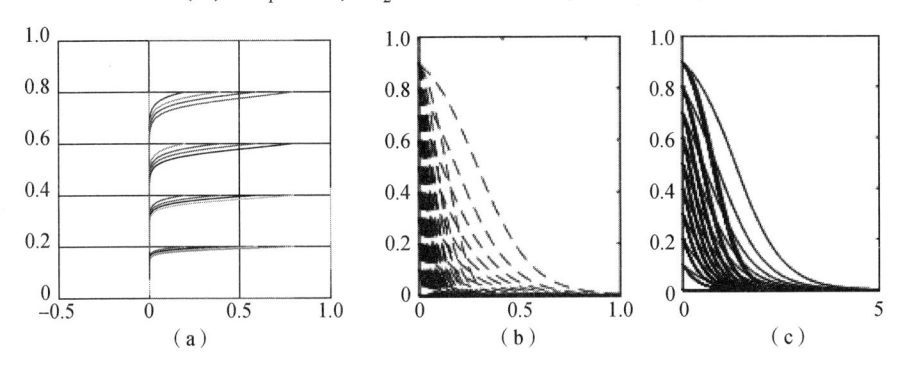

**图13.2 模拟情境（1）下的商家和消费者的演化过程**
（a）商家和消费者的演化关系；（b）消费者的演化过程；（c）商家的演化过程

这种情境对应现实中的消费者自购汽车单次使用成本低于单次租赁价格、商家单次出租成本较高的情形，可以看到最终演化的结果与理论分析完全一致，在不同的初始状态下，博弈将最终收敛于演化稳定策略 $x_1^* = 0$ 和 $y_1^* = 0$，最终演化状态为消费者决策选择为不租赁，商家决策选择为不共享。

2. 模拟情境（2）：$K_1 = 1$，$K_2 = 1$ 的情境（见图13.3）

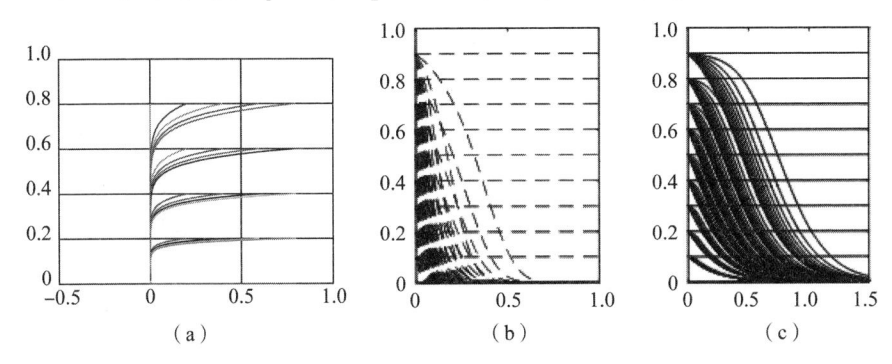

**图13.3 模拟情境（2）下的商家和消费者的演化过程**
（a）商家和消费者的演化关系；（b）消费者的演化过程；（c）商家的演化过程

这种情境对应现实中消费者自购汽车单次使用成本接近单次租赁价格的情形。在不同的初始状态下，出现了部分消费者和汽车共享商家以不同固定概率分别进行租赁和共享的行为。

3. 模拟情境（3）：$0 < K_1 < 0.5$，$0 < K_2 < 0.5$ 的情境（图 13.4）

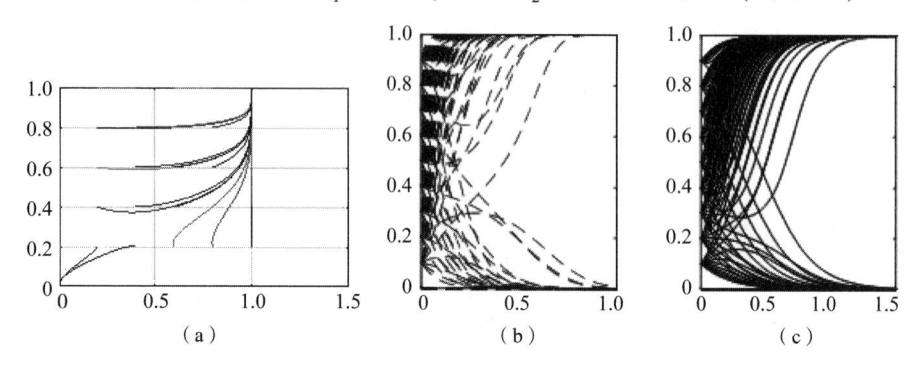

图 13.4　模拟情境（3）下的商家和消费者的演化过程
(a) 商家和消费者的演化关系；(b) 消费者的演化过程；(c) 商家的演化过程

这种情境对应现实中消费者自购汽车单次使用成本远高于单次租赁价格的情形，商家通过租赁可以获得高利润的情形。在不同的初始状态下，出现了两种情形：一种是多数状态下消费者和汽车共享商家分别选择租赁和共享的行为，博弈收敛于演化稳定策略 $x_2^* = 1$ 和 $y_2^* = 1$，最终演化状态为消费者决策选择为租赁，商家决策选择为共享；另一种是有一部分初始状态下博弈收敛于演化稳定策略 $x_1^* = 0$ 和 $y_1^* = 0$，最终演化状态为消费者决策选择为不租赁，商家决策选择为不共享。

4. 模拟情境（4）：$0.5 < K_1 < 1$，$0.5 < K_2 < 1$ 的情境（见图 13.5）

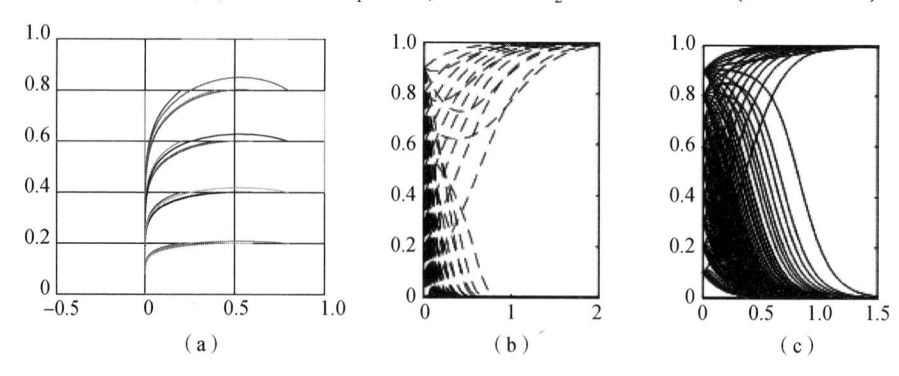

图 13.5　模拟情境（4）下的商家和消费者的演化过程
(a) 商家和消费者的演化关系；(b) 消费者的演化过程；(c) 商家的演化过程

这种情境对应现实中消费者自购汽车单次使用成本高于单次租赁价格的情形，商家通过租赁可以获得较高利润的情形。在不同的初始状态下，出现了两种情形：一种是多数状态下消费者和汽车共享商家分别选择不租赁和不共享的行为，博弈收敛于演化稳定策略 $x_1^* = 0$ 和 $y_1^* = 0$，最终演化状态为消费者决策选择为不租赁，商家决策选择为不共享；另一种是有一部分初始状态下博弈收敛于演化稳定策略

$x_2^* = 1$ 和 $y_2^* = 1$，最终演化状态为消费者决策选择为租赁，商家决策选择为共享。

5. 模拟情境（5）：$0 < K_1 < 0.5$，$0.5 < K_2 < 1$ 的情境（见图 13.6）

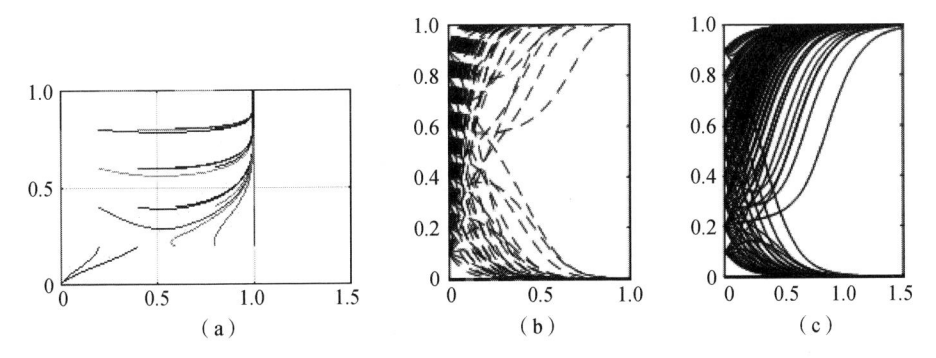

**图 13.6 模拟情境（5）下的商家和消费者的演化过程**
(a) 商家和消费者的演化关系；(b) 消费者的演化过程；(c) 商家的演化过程

这种情境对应的是消费者自购成本高、商家租赁利润较高但成本也稍高的情形。其演化结果与情境（3）类似。

6. 模拟情境（6）：$0.5 < K_1 < 1$，$0 < K_2 < 0.5$ 的情境（见图 13.7）

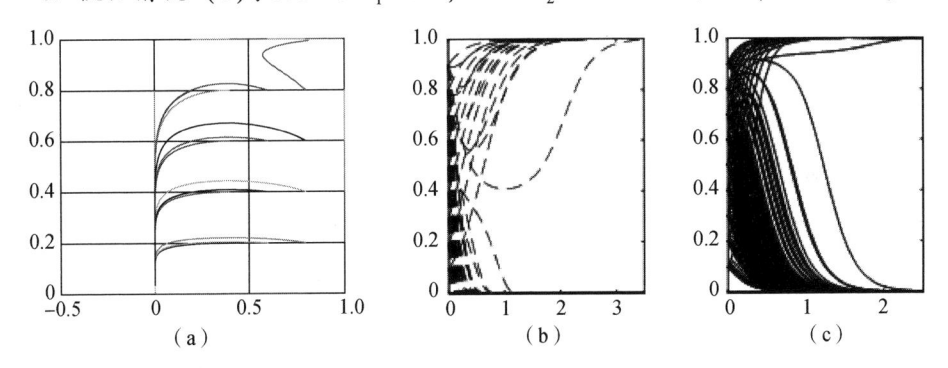

**图 13.7 模拟情境（6）下的商家和消费者的演化过程**
(a) 商家和消费者的演化关系；(b) 消费者的演化过程；(c) 商家的演化过程

这种情境对应的是消费者自购成本较高、商家租赁利润高的情形。其演化结果与情境（4）类似。

本章演化分析对共享经济的启示如下：从第（3）种和第（5）种情境中带来了更好的共享效应可以看出，单次租赁价格远小于消费者自购汽车单次使用成本可以产生更好的共享效果。因此商家单次租赁的定价应小于消费者自购汽车单次使用成本，才能有效地促使消费者产生租赁行为。因商家的成本对共享行为有重要影响，所以商家应尽量降低运行成本和费用，否则靠烧钱维系的模式将难以为继。共享经济的用户规模对共享经济有较大的影响，以当前的共享汽车为例，用户较少是前期发展的"瓶颈"，商家为培育市场，前期应采取让渡利益方式以能够较快占领市场，以便形成规模效应，其后应进一步降低成本，才能获得更好的发展效果。

## 本章小结

本章使用博弈演化理论分析了共享经济中消费者和商家之间的行为演化过程和趋势。可以看到，演化博弈理论能较好分析消费者和商家之间的渐进演化均衡过程，演化过程可能收敛于两个演化稳定策略。通过模拟情境的仿真分析，进一步反映了主体行为在不同情境下的演化差别和原因。

## 本章参考文献

[1] 马强. 共享经济在我国的发展现状、瓶颈及对策 [J]. 现代经济探讨, 2016 (10): 20-24.

[2] 陈志刚. 共享经济及共享运动超市商业模式设计与推广 [J]. 江苏商论, 2017 (12): 14-15.

[3] 刘奕, 夏杰长. 共享经济理论与政策研究动态 [J]. 经济学动态, 2016 (4): 116-125.

[4] 汤天波, 吴晓隽. 共享经济: "互联网+" 下的颠覆性经济模式 [J]. 科学发展, 2015 (12): 78-84.

[5] Smith J M, Price G R. The logic of animal conflict [J]. Nature, 1973, 246: 15-18.

[6] 郑君君, 闫龙, 张好雨, 等. 基于演化博弈和优化理论的环境污染群体性事件处置机制 [J]. 中国管理科学, 2015, 23 (8): 168-176.

[7] 于斌斌, 余雷. 基于演化博弈的集群企业创新模式选择研究 [J]. 科研管理, 2015, 36 (4): 30-38.

[8] 张国兴, 高晚霞, 管欣. 基于第三方监督的食品安全监管演化博弈模型 [J]. 系统工程学报, 2015, 30 (2): 153-164.

[9] 商淑秀, 张再生. 虚拟企业知识共享演化博弈分析 [J]. 中国软科学, 2015 (3): 150-154.

[10] 刘旭旺, 汪定伟. 分组评标专家行为的演化博弈分析 [J]. 管理科学学报, 2015, 18 (1): 50-61.

[11] 毛军权, 汤馥萍. 员工反生产行为组织控制的演化博弈分析 [J]. 经济与管理, 2012, 26 (1): 43-47.

# 第14章

# 基于相似度赋值的社会网络分析及其应用

## 本章内容提要

本章首先分析了现有基于社会化标签的推荐系统研究的现状和特点,在引入社会网络分析方法的基础上,提出了基于赋值网络的社会网络分析方法,并给出了其在面向社会化标签推荐系统中的应用。该方法首先给出了赋值网络的社会网络分析方法,该方法研究了社会化标签用户网络的点、距离、度和密度计算方法,以及社会化标签用户网络的成分、核、派系和结构分析;然后基于赋值网络构建社会化标签系统社会网络;最后通过实例给出了其在个性化推荐系统中的应用。本章的研究对基于社会化标签的推荐系统具有较好的借鉴意义。

## 本章核心词

个性化推荐,社会化标签,社会网络分析,赋值网络。

## 第1节 概 述

在WEB2.0时代,社会化标签系统的使用进一步扩展了用户生成内容的应用范围。社会化标签系统提倡网络用户使用自己的标签,根据自己的个人偏好对网络资源进行标注。随着用户标签的积累,逐渐形成了网络用户的整体标签系统,它体现了网络用户的兴趣、爱好和关注点。个性化推荐系统强调根据每个用户的不同推荐不同的网络资源给用户。个性化推荐系统在电子商务和各种网络应用中有广阔的应用前景。为了更好地利用社会化标签系统中这些体现网络用户的兴趣、爱好和关注点的标签，基于社会化标签系统的推荐系统应运而生。社会化标签推荐系统的三种主流推荐模型分别是基于主题的推荐模型[1]、基于网络的推荐模型[2]和基于张量的推荐模型[3]。社会化标签推荐系统的主要推荐算法包括基于内容的推荐算法[4]、基于协同过滤的推荐算法[5]和混合推荐算法[6]等。此外，还有基于本体方法，在社会化标签系统中基于本体的个性化信息推荐模型，将本体和社会化标签相结合，构建适用于社交网络的个性化推荐模型[7]；使用标签云方法，对社会化标注系统中的用户、资源分别聚类形成社区，得到代表每个社区的标签云，然后进行标签云之间的相似性计算，从而产生个性化推荐[8]。基于LDA的社会化标签系统推荐技术，其考虑了具有丰富语义信息的摘要文本[9]。社会化标签系统中基于组合策略的个性化知识推荐，结合组合推荐中的变换策略和混合策略，建立了社会化标签系统中基于组合策略的个性化知识推荐系统架构[10]；基于协同矩阵分解的社会化标签系统的资源推荐，由于用户、资源、标签之间具有一定的相似性，采用了通过同时分解三者在不同方向的潜在兴趣值，对用户推荐其潜在兴趣方向相近的资源的方法；与协同过滤、图结构分析的结果进行了对比，研究结果表明该方法要优于其他方法[11]。

社会网络分析方法，作为一门发展程度极成熟的社会学科，在分析社会关系方面具有独特的优势。社会化标签系统中基于标签和网络资源的使用者关系，构成了一个较为复杂的社会关系网络，因此将社会网络分析方法引入社会化标签系统，进而构建个性化推荐系统，将能充分发挥社会网络分析在工具和方法方面的优势，提供更加有效率的推荐结果。社会化标签系统的社会网络分析，可以将距离、度和密度分析有机结合起来，能够提供更加丰富的信息，应用于推荐系统，提高个性化推荐的信息丰富度和效率。在基于社会化标签的推荐系统和推荐方法研究方面，相关研究首次借鉴社会网络分析（SNA）思想，提出4种基于SNA的社会化标签网络分析方法：点、线、密度分析，中心性分析，凝聚子群分析，以及结构等价分析；同时，利用SNA软件实现基于社会化标签网络的个性化信息服务模型的具体应用，进而为个性化信息服务实践的推进提供一种新的思路[12]。但其构建和分析使用的是二值网络，不是赋值网络，而且构建网络"行动者"关系强度时使用的是标签向量的交集数量。意味着标签出现在两向量的重复频率越高，两个标签的关联度越高，这种方法的特点在于以交集数量作为关系强度的度量。为了更进一步客观表示网络"行动者"的关系强度，本章在社会化标签推荐系统中提出使用标签向量的相似度表示"行动者"关系强度（相似度），进而构建用户的相似度赋值网络，并创新性地提出了针对此种网络的"相似度赋值网络分析方法"，进而使用这种分析方法构建社会化标签用户的赋值社会网络，并进行分析和推荐，以提供更好的个性化推荐效果。

## 第2节　基于相似度赋值的社会网络分析方法

### 一、相似度赋值社会网络的点、距离、度和密度分析

在社会网络分析中，社会网络中的节点为"行动者"，即具有能动行为的个体，可以是本章研究中的网络用户，也可以是其他主体，赋值可以是表示行动者之间关系的各种量值。社会网络分析中对于经典的二值（只有0和1两个值）网络有较多的理论和应用研究，而对于非二值的赋值网络，由于赋值含义的不同，缺乏相对应的针对不同含义赋值的专门深入研究。基于相似度的赋值社会网络指的是行动者之间的关系度量，使用的是行动者之间的相似度，即在基于相似度的赋值网络中，线上的标度值为行动者之间的相似度，简称为相似度赋值社会网络。在二值网络中，距离和途径的概念如下：距离是两个行动者之间的最短途径长度（即捷径），途径的长度指的是构成两个行动者之间途径上的线的数目，其中线指的是直接相连的两个行动者之间的连线。二值网络中距离的概念显然在基于相似度的赋值网络中没有更好的实际意义，赋值网络中两点之间的某种距离度量应该反映两点之间某种程度的更具有实际意义的距离。

**定义1**：在基于相似度的赋值网络中，直接相连的两个行动者 $U_i$ 和 $U_j$ 的"相对距离"基于行动者标签集合向量的相似度而定义：

$$\mathrm{RD}(U_i, U_j) = \frac{1}{\mathrm{Sim}(U_i, U_j)} - 1 = \sum_{x=1}^{n_2} \sqrt{(a_{jx} - a_{ix})^2} \tag{14.1}$$

其中，$a_{jx}$ 和 $a_{ix}$ 取自于社会网络分析中 $U-T$ 发生矩阵中的行向量；$\mathrm{Sim}(U_i, U_j)$ 为相似度赋值网络中直接相连的两个行动者 $U_i$ 和 $U_j$ 的相似度；得到的 $\mathrm{RD}(U_i, U_j)$ 实际为欧几里得距离[13]。

**定义2**：在基于相似度的赋值网络中，任意两个行动者 $U_{i'}$ 和 $U_{j'}$ 之间途径的"相对长度"定义为它们之间途径上所有邻接两点之间的"相对距离的和"。

$$\mathrm{RLe}(U_i', U_j') = \sum_{\substack{m=i,2,\cdots,i' \\ n=1,2,\cdots,j'}}^{m,\,n\text{为邻接点}} \mathrm{RD}(U_m, U_n) \tag{14.2}$$

**定义3**：在基于相似度的赋值网络中，任意两个行动者（含直接和不直接相连）$U_{i'}$ 和 $U_{j'}$ 之间的"相对距离"定义为任意两个行动者之间途径的最短"相对长度"。

$$\mathrm{RD}(U_i', U_j') = \mathrm{Min}\Big\{ \sum_{\substack{m^1=1,2,\cdots,i'_1 \\ n^1=1,2,\cdots,j'_1}}^{m^1,\,n^1\text{邻接}} \mathrm{RD}(U_{m_1}, U_{n_1}), \sum_{\substack{m^2=1,2,\cdots,i'_2 \\ n^2=1,2,\cdots,j'_2}}^{m_2,\,n_2\text{邻接}} \mathrm{RD}(U_{m2}, U_{n2}), \cdots,$$

$$\sum_{\substack{m^t=1,2,\cdots,i'_t \\ n^t=1,2,\cdots,j'_t}}^{m^t,\,n_t\text{邻接}} \mathrm{RD}(U_{m_t}, U_{n_t}) \Big\} \tag{14.3}$$

**定义 4**：在基于相似度的赋值网络中，定义切截为给定 $\partial$ 的相似度阈值，如果相似度小于该阈值，则邻接点之间无关系（用 0 表示），如果相似度大于该阈值，则邻接点之间无关系（用 1 表示），经过切截后的社会网络退化为二值（关系有无）社会网络，记作 $\partial$-社会网络。

行动者的度是指与该点邻接的点数，或与该点直接连接的线数。在实际的研究中，相似度过小的邻接点时常不在研究范围内。

**定义 5**：相似度赋值社会网络中，假设有 $m$ 个邻接点与 $U_i$ 相连接，定义以下基于切截的行动者的"相对度" $\mathrm{De}(U_i)$：

$$\mathrm{De}(U_i) = \sum_{j=1}^{m} p\left(\begin{cases} p = 1, & \mathrm{Sim}(U_i, U_j) \geq \partial \\ p = 0, & \mathrm{Sim}(U_i, U_j) < \partial \end{cases}, 0 \leq \partial \leq 1\right) \quad (14.4)$$

式中，$\partial$ 为相似度阈值；$\mathrm{Sim}(U_i, U_j) = a'_{ij}$。

赋值型社会网络关系图的密度为所有存在的相似系数的和除以网络关系图最大可能的相似系数的和所得到的商，基于相似度的行动者赋值社会网络中，网络中最大的相似度为 1。其最大可能的相似系数的和就是相似系数均为 1 的完备图（各点之间均邻接的图）。

**定义 6**：行动者的相似度赋值社会网络图的密度表示如下：

$$\mathrm{Den}(\mathrm{Net}) = \frac{\sum_{\substack{i=1,2,\cdots,n_2 \\ j=1,2,\cdots,n_2}} a'_{ij}}{n_2(n_2-1)/2} \quad (14.5)$$

点的中心度测量了行动者在网络中的一种重要性，可以作为在给定相似度阈值下行动者的"局部中心度"的测量。而一个点的整体中心度测量则可能相对复杂，基于距离的方法可能更适合，即行动者与所有其他行动者的距离和越小，其点的整体中心度越大。

**定义 7**：相似度赋值社会网络中，点 $U_{i'}$ 的整体中心度 $\mathrm{DfC}(U_{i'})$ 使用行动者与所有其他与其存在"途径"的行动者的距离和表示如下：

$$\mathrm{DfC}(U_i') = \frac{1}{\sum_{j=1}^{n_2} \mathrm{RD}(U_i', U_j')} \quad (14.6)$$

**定义 8**：相似度赋值社会网络中，行动者的中心势使用的是网络中行动者整体中心度与其他点的整体中心度差值之和除以最大可能差值（完备图下）之和：

$$\mathrm{TfC}(U_i') = \sum_{j=1}^{n_2} [\mathrm{DfC}(U_i) - \mathrm{DfC}(U_j)]/\max \sum_{i=1}^{n_2}\sum_{j=1}^{n_2} [\mathrm{DfC}(U_i) - \mathrm{DfC}(U_j)]_{完备图} \quad (14.7)$$

## 二、相似度赋值社会网络的成分、核、派系和结构分析

**定义 9**：在基于相似度的赋值社会网络中，一个子图中所有的点都通过途径在

给定切截阈值∂下相连接时，该子图为社会网络∂-社会网络的"成分"。

在∂-社会网络中，一条返回初始点的途径为"循环"，构成一个"环成分"，不处于环中，而把两个或几个环连接在一起的线为"桥线"。处在两个或几个环之间的点为桥点，起到中介者的作用；孤立点为与任何点都不邻接的点；去掉后会增加成分数目的点为"切割点"。在∂-社会网络中，K-核是一个最大子图，其中每个点都至少与其他K个点连接。K-核中每个点的度数都至少为k。

**定义10**：在相似度赋值社会网络中，$k'$-核是一个最大子图，其中每个点都至少与其他$k'$个点连接，$k'$-核中每个点的"相对度数"都至少为$\alpha k'(0.5 < \alpha < 1)$。

**定义11**：$\beta$-核为一个最大子图，其中每条线上的相似度数都至少为$\beta$。

可见$\beta$-核为$\beta$-用户社会网络的一个子图。

派系为一个点的子集，其中任何两点都是邻接的，且为最大的完备子图，即不被其他派系所包含。派系的定义比较严格，对相似度赋值社会网络，这实际上表示各点彼此之间均相似或大于给定相似阈值，这种情况出现的概率在较大规模的用户群中较低，一般出现3~6个用户完备子图的可能性较大，用户数量增加，用户完备子图出现的可能性变低。

**定义12**：$n$-派系是另一种要求更放松的派系，定义为在相似度赋值社会化标签用户网络中，在$n$-派系成员之间的最大距离被限定为距离$\frac{1}{\alpha}n$（其中$\alpha$为相似度阈值，倒数为相对距离）的派系。

相似度赋值社会化标签用户网络中，结构的对等性指的是两个网络用户的相似度为1且具有相同邻接结情势的对等情况。结构的对等性的定义比较严格，一般出现的情况不多。结构的相似性指的是两个网络用户的相似度为大于指定阈值的且具有相似邻接结情势的情况。

# 第3节 基于相似度赋值社会网络的面向社会化标签推荐

## 一、基于相似度赋值社会网络的面向社会化标签推荐的建模

社会化标签系统中用户、标签和网络资源之间的关系如图14.1所示，这种关系使用社会网络分析中的矩阵进行表示，分别表示为$U-T$、$U-S$、$S-T$三个发生矩阵。这些矩阵均为2模矩阵，其中矩阵系数的取值为0或者非0整数。在$U-T$矩阵中，系数的取值为0表示该用户没有使用该标签标注过任何网络资源，系数的取值为非0整数时表示该用户使用该标签标注过网络资源的次数。在$U-S$矩阵中，矩阵系数的取值为0表示该用户没有使用标签标注过该网络资源。系数的取值为非0整数时表示该用户使用不同标签标注过网络资源的次数。在$S-T$矩阵中，矩阵系数的取值为0表示该网络资源所有用户没有使用该标签标注过。系数的

取值为非 0 整数时表示所有用户使用该标签标注过该网络资源的次数。利用以上三个发生矩阵，构建和筛选社会网络分析中重要的邻接矩阵。首先构建如下的 $U-U$、$S-S$、$T-T$ 三个邻接矩阵（如图 14.1 中下部所示）。对于这三个邻接矩阵，能够构成行动者（网络用户）用于构建主要社会关系网络的为 $U-U$ 邻接矩阵。$S-S$、$T-T$ 三个邻接矩阵则可以用来计算和表示不同的标签之间和网络资源之间的关系，为 $U-U$ 邻接矩阵构建社会网络提供必不可少的重要辅助信息。定义 $U-U$、$S-S$、$T-T$ 三个邻接矩阵中的系数为网络用户、标签和网络资源各自集合内部各元素之间的近似程度（即相似度）。

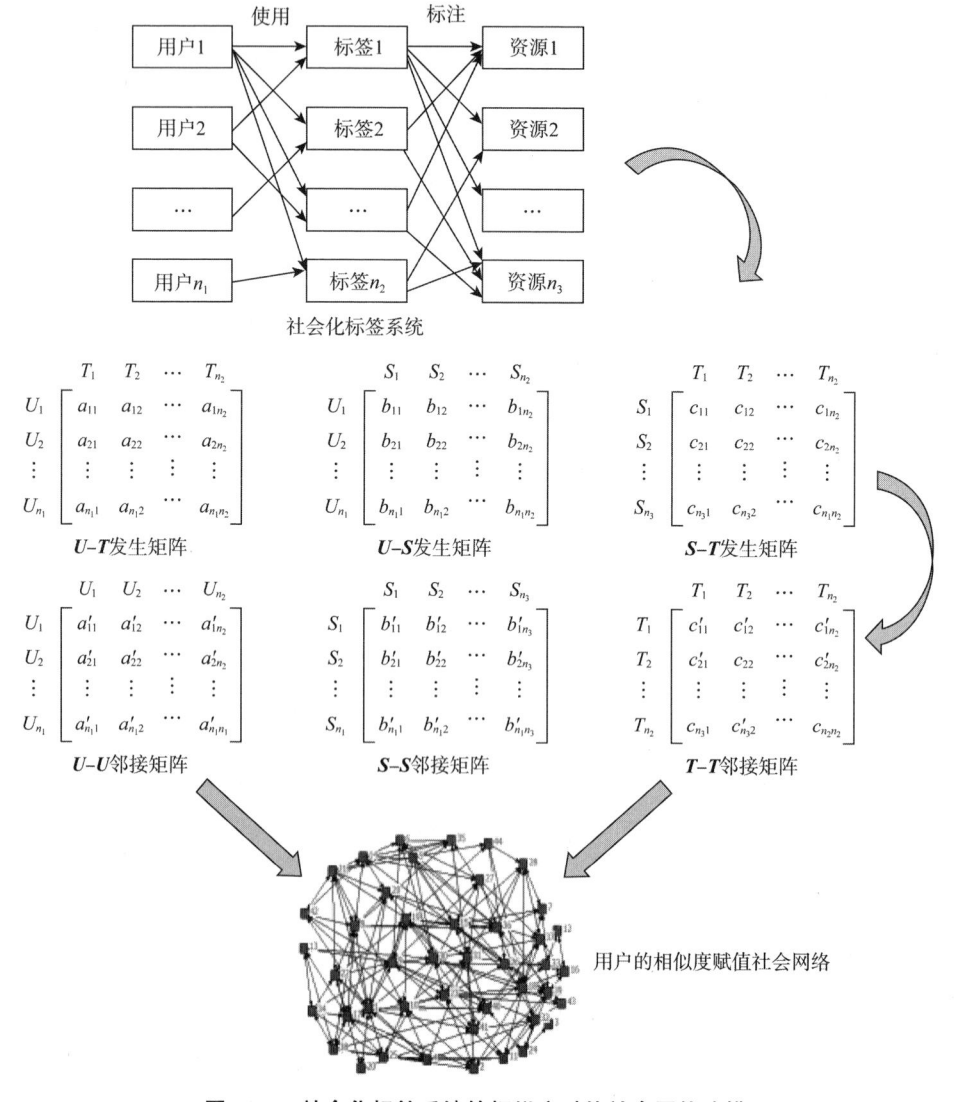

图 14.1 社会化标签系统的相似度赋值社会网络建模

为构建社会网络关系中的矩阵,计算 $U-U$、$S-S$、$T-T$ 三个邻接矩阵中的系数,并进一步计算用户、标签和网络资源各自集合内部各元素之间的相似度,做如下设定:

设用户集合为 $U(U_1, U_2, \cdots, U_{n_1})$,标签集合为 $T(T_1, T_2, \cdots, T_{n_2})$,资源集合为 $S(S_1, S_2, \cdots, S_{n_3})$。一个用户 $U_i$ 一次的资源标注行为可表示为用户 $U_i$ 的使用标签 $T^{U_i}$ 标注资源 $S^{U_i}$,记作 $\text{LA}_{U_i}(T^{U_i}, S^{U_i})$。用户 $U_i$ 所有 $m$ 次标注行为使用的标签集合记作 $T_{U_i}(T_1^{U_i}, T_2^{U_i}, \cdots, T_{m_1}^{U_i}) \subseteq T$。所有用户对资源 $S_k$ 标注的标签集合记作 $T_{S_k}(T_1^{S_k}, T_2^{S_k}, \cdots, T_{m_2}^{S_k}) \subseteq T$。

在社会化标签系统中,每个用户用来标注网络资源的标签很大程度上代表了用户的兴趣爱好,使用了相似度较高的标签的两个用户代表彼此之间有更相近的偏好,因此用用户使用过的标签集合之间的相似度来表示两用户之间的相似度。同理,网络资源的标签代表了资源的特征,两个网络资源的相似度,使用所有用户标注网络资源的标签集合相似度表示。用户的 $U-U$ 邻接矩阵中,用户的 $U_i$ 和 $U_j$ 的系数使用它们的标签集合 $T_{U_i}(T_1^{U_i}, T_2^{U_i}, \cdots, T_{m_1}^{U_i}) \subseteq T$ 与 $T_{U_j}(T_1^{U_j}, T_2^{U_j}, \cdots, T_{m_1}^{U_j}) \subseteq T$ 之间的相似度表示,即 $U-T$ 发生矩阵中两个行向量之间的相似度,并用于构建用户的赋值社会网络。同理,网络资源的 $S-S$ 邻接矩阵中用户 $S_k$ 和 $S_h$ 系数使用它们的标签集合 $T_{S_k}(T_1^{S_k}, T_2^{S_k}, \cdots, T_{m_2}^{S_k}) \subseteq T$ 和 $T_{S_h}(T_1^{S_h}, T_2^{S_h}, \cdots, T_{m_2}^{S_h}) \subseteq T$ 之间的相似度表示。参考文献[14]的研究,用户 $U_i$ 和 $U_j$、资源 $S_k$ 和 $S_h$ 之间相似度计算公式分别如式(14.8)、式(14.9)所示:

$$\text{Sim}(U_i, U_j) = \frac{1}{1 + \sum_{x=1}^{n_2} \sqrt{(a_{jx} - a_{ix})^2}} = a'_{ij} \quad (14.8)$$

$$\text{Sim}(S_k, S_h) = \frac{1}{1 + \sum_{x=1}^{n_2} \sqrt{(c_{hx} - c_{kx})^2}} = b'_{kh} \quad (14.9)$$

使用式(14.8)计算 $U-U$ 邻接矩阵中的系数。$\text{Sim}(U_i, U_j)$ 的取值在 0 和 1 之间(包括 0 和 1)。使用式(14.9)计算 $S-S$ 邻接矩阵中的系数,其中 $\text{Sim}(S_k, S_h)$ 的取值在 0 和 1 之间(包括 0 和 1)。

通过以上公式计算得出 $U-U$ 邻接矩阵中的系数,使用 $U-U$ 邻接矩阵构建用户社会网络(如图 14.1 下部所示),得到的是一种基于相似度的赋值网络,而不是传统的社会网络分析中的二值(0,1)网络。在二值(0,1)网络中,(0,1)表示关系的有无,0 表示两个行动者之间无连接,1 表示有连接。在基于相似度的赋值网络中,赋值的大小表示两个行动者之间相似的程度。

## 二、基于相似度赋值社会网络面向社会化标签推荐的分析

基于相似度的赋值网络的社会网络分析方法,可以有效地应用于以上构建的

用户相似度赋值社会网络中，在面向社会化标签的推荐系统中产生更好的推荐结果和推荐效率。面向社会化标签推荐分析内容如下：

1. 基于距离、度和相对度、密度和中心势分析

赋值社会网络中"点度"高的用户，体现了该用户与其他更多用户有标注标签上的更多近似。中心性能够找到网络中的"明星"用户，进一步分析能够抽取出网络中的"标签明星"。局部中心度，则体现了该用户在整个标签社会网络系统局部处于核心地位和支配地位。整体中心度，则体现了该用户在整个标签社会网络系统整体上处于核心地位和支配地位。密度越大，网络用户间的连线就越多，则整个社会网络中用户间的关系或联系就越紧密。

在用户的相似度赋值社会网络中，首先根据网络用户的相似度来第一次筛选网络用户，并根据这些网络用户推荐网络资源，更进一步，对第一次筛选的网络用户分析其度、整体中心度和中心势，分别根据其大小第二次筛选网络用户并推荐网络资源，同时可以进一步推荐这些网络资源的相似资源。根据用户间的相似度阈值切截法得到推荐近邻集合。再使用网络用户的"相对度"进一步筛选，推荐那些大于给定阈值的度的网络用户资源。使用中心势对网络近邻做进一步筛选，可获得更进一步的推荐用户集合，进而推荐标签或者资源。

2. 基于成分和派系分析的个性化推荐

相似度赋值社会网络中，基于成分和派系分析来获得凝聚子群，凝聚子群成员之间具有紧密的联系，因此基于凝聚子群进行标签和网络资源推荐，能够提高有效推荐的效果。派系有许多公共成员，表示了派系之间的关联，可以依据派系之间的关联在派系间进行标签和资源的推荐。由于派系的定义比较严格，要求成员之间必须两两邻接，因此一般网络中派系存在的概率较小。通常情况下，网络中难以找到更多的派系，因此在没有派系作为推荐参考时，可以放松条件，使用 $n$-派系、$k'$-核作为推荐系统的推荐参考来推荐网络资源。

# 第4节　基于相似度赋值社会网络的社会化标签推荐应用

## 一、基于距离、度和中心度（势）分析的个性化推荐

以下选取一个由22个用户参与的某品牌手机用户社会化标签系统作为分析数据的来源。共有65个标签出现在该社会化标签系统中，提取该社会化标签系统的 $U-T$、$U-S$、$S-T$ 发生矩阵，应用式（14.8）、式（14.9），构造 $U-U$、$S-S$ 邻接矩阵，并生成社会化标签系统用户间的社会网络如图14.2所示，其中发现一个孤立点用户 U22。该网络的平均距离为1.624，以距离为基础的整体聚合度为0.628，计算该网络的平均"相对距离"0.372（见图14.3）。

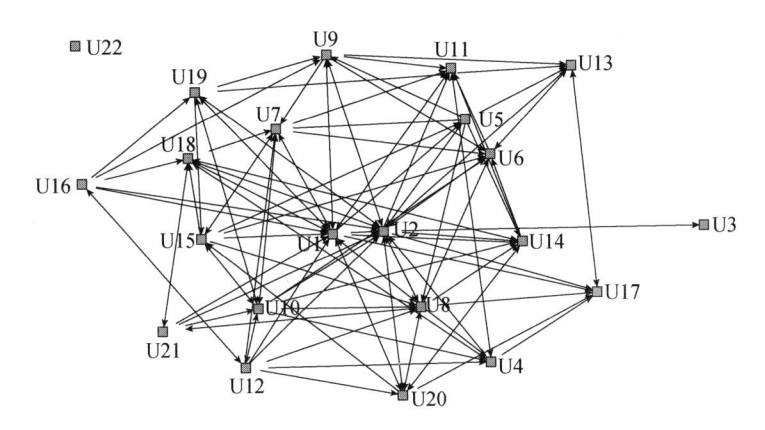

# 第 14 章 基于相似度赋值的社会网络分析及其应用

**图 14.2** 某品牌手机网络用户社会化标签系统的赋值社会网络

```
Average distance (among reachable pairs)    = 1.624
Distance-based cohesion ("Compactness")     = 0.628
  (range 0 to 1; larger values indicate greater cohesiveness)
Distance-weighted fragmentation ("Breadth") = 0.372
```

**图 14.3** 网络的平均距离和整体聚合度

根据用户间的相似度阈值切截法得到的推荐近邻集合如图 14.4 所示，其中每一行或者列数字为 1 的用户是为该用户推荐阈值大于 0.5 的近邻集合。

|     | U1 | U2 | U3 | U4 | U5 | U6 | U7 | U8 | U9 | U10 | U11 | U12 | U13 | U14 | U15 | U16 | U17 | U18 | U19 | U20 | U21 | U22 |
|-----|----|----|----|----|----|----|----|----|----|-----|-----|-----|-----|-----|-----|-----|-----|-----|-----|-----|-----|-----|
| U1  | 1  | 0  | 0  | 1  | 0  | 0  | 0  | 1  | 1  | 0   | 0   | 0   | 0   | 0   | 0   | 0   | 1   | 0   | 1   | 1   | 1   | 0   |
| U2  | 0  | 1  | 0  | 0  | 0  | 0  | 0  | 0  | 0  | 1   | 0   | 0   | 0   | 0   | 0   | 0   | 1   | 1   | 0   | 0   | 0   | 0   |
| U3  | 0  | 0  | 1  | 0  | 0  | 0  | 0  | 0  | 0  | 0   | 0   | 0   | 0   | 0   | 0   | 0   | 0   | 0   | 0   | 0   | 0   | 0   |
| U4  | 1  | 0  | 0  | 1  | 0  | 0  | 0  | 0  | 0  | 0   | 1   | 0   | 0   | 0   | 0   | 0   | 1   | 0   | 0   | 0   | 0   | 0   |
| U5  | 0  | 0  | 0  | 0  | 1  | 0  | 0  | 0  | 1  | 0   | 0   | 0   | 0   | 1   | 1   | 0   | 0   | 0   | 0   | 0   | 0   | 0   |
| U6  | 0  | 0  | 0  | 0  | 0  | 1  | 0  | 0  | 0  | 0   | 0   | 0   | 0   | 0   | 0   | 1   | 0   | 1   | 0   | 0   | 0   | 0   |
| U7  | 0  | 0  | 0  | 0  | 0  | 0  | 1  | 0  | 0  | 0   | 0   | 0   | 0   | 0   | 0   | 0   | 0   | 1   | 0   | 0   | 0   | 0   |
| U8  | 1  | 0  | 0  | 0  | 0  | 0  | 0  | 1  | 0  | 0   | 0   | 0   | 0   | 1   | 0   | 0   | 0   | 0   | 1   | 0   | 1   | 0   |
| U9  | 1  | 0  | 0  | 1  | 0  | 1  | 1  | 0  | 1  | 0   | 0   | 0   | 0   | 0   | 0   | 0   | 0   | 0   | 1   | 0   | 0   | 0   |
| U10 | 0  | 1  | 0  | 0  | 0  | 0  | 0  | 0  | 0  | 1   | 0   | 0   | 0   | 0   | 0   | 0   | 0   | 0   | 0   | 0   | 0   | 0   |
| U11 | 0  | 0  | 0  | 1  | 0  | 0  | 0  | 0  | 0  | 0   | 1   | 0   | 1   | 0   | 0   | 0   | 0   | 0   | 0   | 0   | 0   | 0   |
| U12 | 0  | 0  | 0  | 0  | 0  | 0  | 0  | 0  | 0  | 0   | 0   | 1   | 0   | 0   | 0   | 0   | 1   | 0   | 0   | 0   | 0   | 0   |
| U13 | 0  | 0  | 0  | 0  | 0  | 0  | 0  | 0  | 0  | 0   | 1   | 0   | 1   | 0   | 0   | 1   | 0   | 0   | 0   | 0   | 0   | 0   |
| U14 | 0  | 0  | 0  | 0  | 0  | 1  | 0  | 1  | 0  | 0   | 0   | 0   | 0   | 1   | 0   | 0   | 0   | 0   | 0   | 1   | 0   | 0   |
| U15 | 0  | 0  | 0  | 0  | 1  | 1  | 0  | 0  | 0  | 0   | 0   | 0   | 0   | 0   | 1   | 0   | 1   | 0   | 0   | 0   | 0   | 0   |
| U16 | 0  | 0  | 0  | 0  | 0  | 0  | 0  | 0  | 0  | 0   | 0   | 0   | 1   | 0   | 0   | 1   | 0   | 1   | 0   | 0   | 0   | 0   |
| U17 | 1  | 1  | 0  | 1  | 0  | 0  | 0  | 0  | 0  | 0   | 0   | 1   | 0   | 0   | 1   | 0   | 1   | 0   | 0   | 0   | 0   | 0   |
| U18 | 0  | 1  | 0  | 0  | 0  | 1  | 1  | 0  | 0  | 0   | 0   | 0   | 0   | 0   | 0   | 1   | 0   | 1   | 1   | 0   | 0   | 0   |
| U19 | 1  | 0  | 0  | 0  | 0  | 0  | 1  | 1  | 0  | 0   | 0   | 0   | 0   | 0   | 0   | 0   | 0   | 1   | 1   | 0   | 0   | 0   |
| U20 | 1  | 0  | 0  | 0  | 0  | 0  | 0  | 0  | 0  | 0   | 0   | 0   | 0   | 0   | 0   | 0   | 0   | 0   | 0   | 1   | 0   | 0   |
| U21 | 1  | 0  | 0  | 0  | 0  | 0  | 0  | 1  | 0  | 0   | 0   | 0   | 0   | 0   | 0   | 0   | 0   | 0   | 0   | 0   | 1   | 0   |
| U22 | 0  | 0  | 0  | 0  | 0  | 0  | 0  | 0  | 0  | 0   | 0   | 0   | 0   | 0   | 0   | 0   | 0   | 0   | 0   | 0   | 0   | 0   |

**图 14.4** 影视产品消费社会化标签系统社会网络用户的推荐近邻

将以上方法得到的近邻集合再使用如下网络用户的"度"进一步筛选，只推荐那些大于给定阈值的度的网络用户资源。首先计算得到该品牌手机网络用户社

会化标签系统社会网络用户的"度"(见图 14.5),然后选取指定阈值的用户,得到如下各阈值用户集合:

$\{U1,U2,U4,U5,U6,U7,U8,U9,U10,U11,U12,U13,U14,U15,U16,U17,U18,U19,U20,U21\}_{阈值2}$

$\{U1,U2,U4,U5,U6,U7,U8,U9,U10,U14,U15,U17,U18,U19,U21\}_{阈值3}$

$\{U1,U2,U8,U9,U10,U14,U15,U18\}_{阈值4}$

$\{U1,U2,U8,U9\}_{阈值5}$

$\{U1,U2\}_{阈值6}$

再将确定的阈值用户集合与网络用户的推荐近邻取交集,就可以获得更进一步的推荐用户集合,进而推荐标签或者资源。根据式(14.6)计算得到用户整体中心度(阈值0.027)的集合:$\{0.0271(U6),0.0276(U7),0.0267(U16),0.0271(U13),0.0295(U3)\}$,根据式(14.7)计算用户整体中心势排在前三位的集合 $\{(U7),(U13),(U3)\}$,这些中心度(势)信息可以作为对网络近邻做进一步筛选的参照,推荐标签或者资源。与用户具有较高相似度且处于网络标签系统核心的"明星用户"显然更可能获得用户青睐的推荐结果。

|  |  | 1<br>Degree | 2<br>NrmDegree | 3<br>Share |
|---|---|---|---|---|
| 1 | U1 | 6.620 | 35.420 | 0.085 |
| 2 | U2 | 6.180 | 33.066 | 0.079 |
| 8 | U8 | 5.370 | 28.732 | 0.069 |
| 9 | U9 | 5.030 | 26.913 | 0.065 |
| 18 | U18 | 4.830 | 25.843 | 0.062 |
| 14 | U14 | 4.590 | 24.559 | 0.059 |
| 15 | U15 | 4.590 | 24.559 | 0.059 |
| 10 | U10 | 4.400 | 23.542 | 0.057 |
| 19 | U19 | 3.780 | 20.225 | 0.049 |
| 21 | U21 | 3.620 | 19.369 | 0.047 |
| 17 | U17 | 3.520 | 18.834 | 0.045 |
| 4 | U4 | 3.310 | 17.710 | 0.043 |
| 6 | U6 | 3.260 | 17.442 | 0.042 |
| 5 | U5 | 3.230 | 17.282 | 0.042 |
| 7 | U7 | 3.040 | 16.265 | 0.039 |
| 11 | U11 | 2.870 | 15.356 | 0.037 |
| 16 | U16 | 2.810 | 15.035 | 0.036 |
| 12 | U12 | 2.330 | 12.467 | 0.030 |
| 20 | U20 | 2.300 | 12.306 | 0.030 |
| 13 | U13 | 2.000 | 10.701 | 0.026 |
| 3 | U3 | 0.120 | 0.642 | 0.002 |
| 22 | U22 | 0.000 | 0.000 | 0.000 |

图 14.5 影视产品消费社会化标签系统社会网络用户的"度"

## 二、基于成分和派系分析的个性化推荐

在该品牌手机网络用户社会化标签系统网络基于 5-成员发现的派系如图 14.6

# 第 14 章 基于相似度赋值的社会网络分析及其应用

所示，其聚类图如图 14.7 所示，据此可以在派系内推荐标签和资源，图 14.6 中每一行内的派系成员之间为互相推荐的近邻集合，可相互推荐其标签和资源。同时派系有许多公共成员，表示了派系之间的关联。可以依据派系之间的关联在派系间进行标签和资源的推荐，根据派系间的共享成员数量可以推荐其他派系的成员标签和网络资源，派系间的共享成员数量越大，越值得推荐，如图 14.8 所示。

```
 1:  U1 U2 U8  U12 U20
 2:  U1 U2 U8  U14 U20
 3:  U1 U2 U8  U15 U20
 4:  U1 U2 U8  U17 U20
 5:  U1 U2 U5  U8  U14
 6:  U1 U2 U5  U8  U15
 7:  U1 U2 U8  U14 U21
 8:  U1 U2 U4  U11 U18
 9:  U1 U2 U9  U16 U19
10:  U1 U2 U11 U14 U18
11:  U1 U2 U14 U18 U21
12:  U2 U6 U8  U10 U15
```

**图 14.6 规模为 5 成员以上的派系**

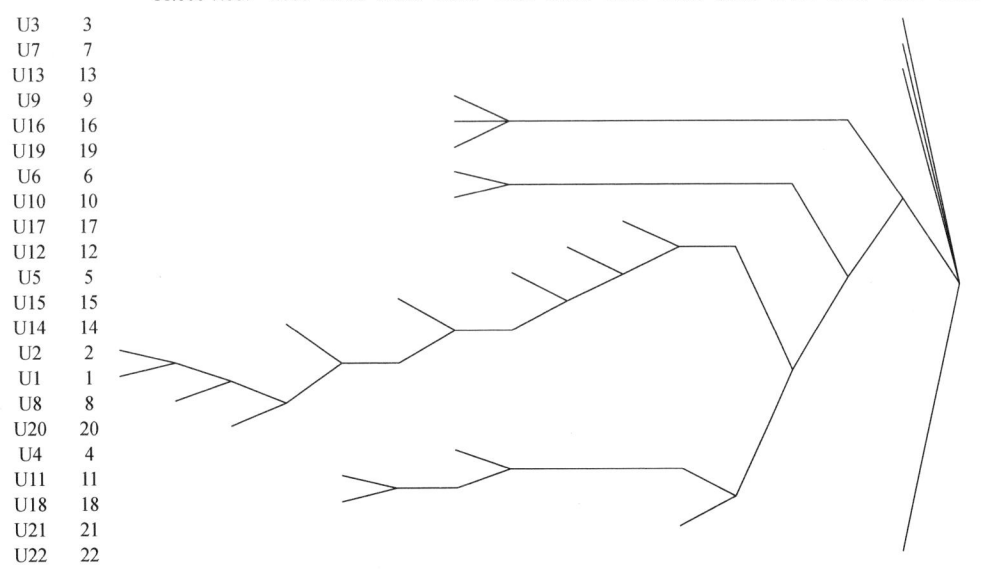

**图 14.7 派系成员的聚类图**

在图 14.8 中派系 1 和派系 4 之间有 4 个相同的成员，且相同成员的数量占各自派系的比例分别为 0.8 和 0.8，如果满足了给定的阈值，可以相互推荐其标签和资源。

当网络中难以找到更多的派系，没有派系作为推荐参考，或基于以上派系的推荐资源结果很少时，使用 $n$-派系、$k'$-核作为推荐系统的推荐参考来推荐网络资源。根据图 14.9 产生的 $n$-派系成员的聚类图，可以产生 {U1, U2, U4, U5,

U6，U8，U9，U10，U11，U12，U13，U14，U15，U16，U17，U18，U19，U20，U21} 的2-派系作为推荐系统的参考，可能此推荐范围较大，根据实际需要可以进一步使用 $k'$-核作为推荐参考，图14.10产生的 $\alpha=0.5$ 时的 $k'$-核，可以找到 3-核（$\alpha=0.5$）-{U1，U2，U4，U5，U6，U8，U9，U10，U11，U12，U14，U15，U17，U19} 用户集合作为推荐系统的推荐参考。

```
                          C C C
         C C C C C C C C C 1 1 1
         1 2 3 4 5 6 7 8 9 0 1 2
    C1   - 4 4 3 3 3 3 2 2 2 2 2
    C2     - 4 4 3 3 3 2 2 3 3 2
    C3       - 4 3 4 3 2 2 3 2 2
    C4         - 3 3 3 2 2 2 2 2
    C5           - 4 4 2 3 2 2 2
    C6             - 3 2 2 2 2 3
    C7               - 2 2 3 3 2
    C8                 - 2 4 3 1
    C9                   - 2 2 1
    C10                    - 3 1
    C11                      - 1
    C12                        -
```

**图 14.8 派系间的共享成员关联**

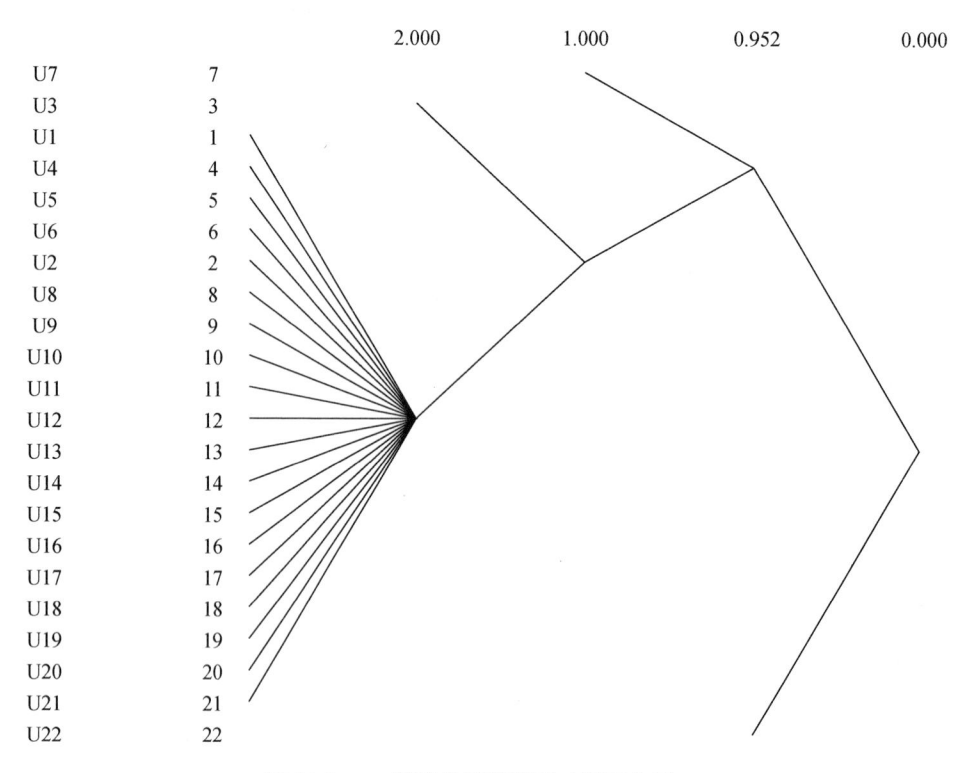

```
                    2.000        1.000       0.952        0.000
U7      7
U3      3
U1      1
U4      4
U5      5
U6      6
U2      2
U8      8
U9      9
U10    10
U11    11
U12    12
U13    13
U14    14
U15    15
U16    16
U17    17
U18    18
U19    19
U20    20
U21    21
U22    22
```

**图 14.9 $n$-派系成员聚类图（距离大于2）**

# 第 14 章　基于相似度赋值的社会网络分析及其应用

```
              U     U    UUUUUU   UUUU   U
           UU1UUU1UU111112U1112U2
           124456889017591732 6032
                 1     1   11111 2   1112    2
RDegree*α  124456889017591732 6032
---------  -----------------------------
     1.5   XXXXXXXXXXXXXXXXXXXXXXXX......
     1.0   XXXXXXXXXXXXXXXXXXXXXX.....
     0.5   XXXXXXXXXXXXXXXXXXXXXXX...
```

图 14.10　$\alpha=0.5$ 时的 $k'$-核

## 本章小结

本章提出了相似度赋值社会网络分析的方法，并应用于基于社会化标签系统的个性化推荐系统。与以往研究不同的是，提出相似度构建 web 用户的社会化网络，基于赋值网络分析方法构建和分析社会化标签网络，通过应用案例验证了提出的方法具有很好的效果。本章的研究对基于社会网络分析的社会化标签推荐系统研究具有很好的借鉴意义。

## 本章参考文献

[1] 刘建勋，石敏，周栋，等. 基于主题模型的 Mashup 标签推荐方法 [J]. 计算机学报，2017，40（02）：520-534.

[2] 顾亦然，陈敏. 一种三部图网络中标签时间加权的推荐方法 [J]. 计算机科学，2012，39（08）：96-98，129.

[3] 张浩，何杰，李慧宗. 基于改进鱼群算法与张量分解的社会化标签推荐模型 [J]. 计算机科学，2016，43（12）：168-172.

[4] 张斌，张引，高克宁，等. 融合关系与内容分析的社会标签推荐 [J]. 软件学报，2012，23（03）：476-488.

[5] 文俊浩，袁培雷，曾骏，等. 基于标签主题的协同过滤推荐算法研究 [J]. 计算机工程，2017，43（01）：247-252，258.

[6] 孙玲芳，李烁朋. 基于 K-means 聚类与张量分解的社会化标签推荐系统研究 [J]. 江苏科技大学学报（自然科学版），2012，26（06）：597-601.

[7] 潘淑如. 社会化标签系统中基于本体的个性化信息推荐模型探究 [J]. 图书馆学研究，2014，(21)：37，77-80.

[8] 曾子明，张振. 社会化标注系统中基于社区标签云的个性化推荐研究 [J]. 情报杂志，2011，30（10）：128-133.

[9] 张彬彬，林丕源，黄沛杰. 基于 LDA 的社会化标签系统推荐技术 [J]. 计算

机工程与设计，2016，37（10）：2722-2727.
[10] 易明，邓卫华，徐佳. 社会化标签系统中基于组合策略的个性化知识推荐研究［J］. 情报科学，2011，29（07）：1093-1097.
[11] 王海雷，牟雁超，俞学宁. 基于协同矩阵分解的社会化标签系统的资源推荐［J］. 计算机应用研究，2013，30（06）：1739-1741，1750.
[12] 易明，王学东，邓卫华. 基于社会网络分析的社会化标签网络分析与个性化信息服务研究［J］. 中国图书馆学报，2010，36（02）：107-114.
[13] 张路一. 推荐系统中基于相似性计算的协同过滤算法研究［D］. 郑州：郑州大学，2017.
[14] 梁胜勇. 协同过滤算法中新型相似度计算方法的研究［D］. 南宁：广西大学．2010.

# 第 15 章

# 风险决策中时间压力影响的仿真分析

### 本章内容提要

本章从理论与仿真的角度分析了时间压力对风险决策的影响。根据 Hartley 的信息公式，结合期望效用理论和时间的贴现效用，分析了时间对决策中信息搜寻的影响，分析了时间压力下停止信息搜寻的条件，给出了时间压力下风险决策的信息修正过程，通过仿真验证了理论分析，最后给出了结论和进一步理论分析的问题。

### 本章核心词

风险决策，时间压力，理论分析。

## 第1节 相关理论概述

现实生活中的绝大多数决策具有时间压力，研究时间压力的影响具有重要的理论和现实指导意义。大量的实验研究表明了时间压力对风险决策的复杂影响。本章给出了在期望效用理论下，时间压力影响的理论分析。

### 一、风险决策

所谓决策风险，是指在决策活动中，由于主、客体等多种不确定因素的存在，而导致决策活动不能达到预期目的的可能性及其后果。时间压力下的风险决策是指决策者的决策行为受到决策时间的限制，要求决策者在规定的时间内作出决策行为。对于风险决策的理论分析和研究，其中比较著名的是期望效用理论。期望效用理论是20世纪50年代冯·纽曼（Von Neumann）和摩根斯坦（Morgenstern）在公理化假设的基础上建立的。期望效用理论认为，期望效用函数如下[1]：

如果某个随机变量$X$以概率$P_i$取值$x_i$，$i=1, 2, \cdots, n$，而某人在确定地得到$x_i$时的效用为$u(x_i)$，那么该随机变量带给此人的效用是：

$$U(X) = E[u(X)] = P_1 u(x_1) + P_2 u(x_2) + \cdots + P_n u(x_n) \tag{15.1}$$

式中，$E[u(X)]$表示关于随机变量$X$的期望效用。因此$U(X)$称为期望效用函数，又叫作冯·纽曼–摩根斯坦效用函数（VNM函数）。

## 二、贝叶斯风险决策概述

1. 概念和步骤

贝叶斯决策：根据各种事件发生的先验概率进行决策一般具有较大的风险。减少这种风险的办法是通过科学实验、调查、统计分析等方法获得较为准确的情报信息，以修正先验概率。利用贝叶斯定理求得后验概率，据以进行决策的方法，称为贝叶斯决策方法。

贝叶斯决策的步骤：

（1）进行预后验分析，决定是否值得搜集补充资料以及从补充资料可能得到的结果和如何决定最优对策。

（2）搜集补充资料，取得条件概率，包括历史概率和逻辑概率，对历史概率要加以检验，辨明其是否适合计算后验概率。

（3）用概率的乘法定理计算联合概率，用概率的加法定理计算边际概率，用贝叶斯定理计算后验概率。

（4）用后验概率进行决策分析。

2. 贝叶斯定理①

两事件的乘法法则：

$$P(A_1 B) = P(A_1) P(B/A_1)$$

边际概率：如果事件$A_1$和$A_2$是互斥完备的，则

$$P(B) = P(A_1) P(B/A_1) + P(A_2) P(B/A_2) \tag{15.2}$$

两事件的贝叶斯定理公式：如果事件$A_1$和$A_2$是互斥完备的，其中某个事件的发生是事件$B$发生的必要条件，则

$$P(A_1/B) = \frac{P(A_1) P(B/A_1)}{P(A_1) P(B/A_1) + P(A_2) P(B/A_2)} \tag{15.3}$$

$n$个事件的贝叶斯定理公式：如果事件$A_1$，$A_2$，$\cdots$，$A_n$是互斥完备的，其中某

---

① 盛骤，谢式千，潘承毅. 概率论与数理统计[M]. 北京：高等教育出版社，2008.

个事件的发生是事件 B 发生的必要条件。则

$$P(A_i/B) = \frac{P(A_i)P(B/A_i)}{P(A_1)P(B/A_1) + P(A_2)P(B/A_2) + \cdots + P(A_n)P(B/A_n)} \quad (15.4)$$

### 三、传统经济学的时间贴现

传统经济学假定效用是随时间以指数贴现的，其效用最大化问题表示为[2]：

$$\max U = \sum \delta_t U(C_t) \quad (15.5)$$

其中

$$\delta_t = \left(\frac{1}{1+\rho}\right)^t, \rho > 0 \quad (15.6)$$

式中，$\rho$ 为时间贴现率；$\delta$ 指以指数曲线贴现的贴现系数；$C_t$ 为时间 $t$ 某个事件的价值；$U(C_t)$ 为 $C_t$ 在时间 $t$ 的效用值。

## 第2节 时间压力对风险决策信息搜寻的影响分析

### 一、决策时间的效用

很多实验和数据表明，决策的边际时间效用在一定的时间段是递增的，但到达一定高峰后，随着时间的增加，边际时间效用就会停止不动甚至开始递减（见图 15.1（b）），因此累计的决策时间效用会随着时间的增加先增后减（见图 15.1（c））。即一个决策过程存在一个最佳决策时间点。原因可能是多方面的，如决策受到决策任务特征、决策环境和决策者个人因素的影响。其中一个比较直接的原因在于决策中的信息影响，随着时间的增加，各种因素导致决策中信息搜索量的变化规律为先增加后减少（见图 15.1（a））。

最佳决策的时间点是存在的，主要原因在于：首先，随着时间的增加成本是增加的，处理时间增加，成本会越变越大，但收益是有限的，决策主体所能获取的收益不能随着时间同比例增长或者可能停止增长甚至递减。所以不断地增加处理时间将带来收益的递减，直接导致效用的减少。其次，随着时间的增长，决策环境的变化可能会很大，但是决策者的信念变化是一个很复杂的过程，不可能及时随着决策环境的变化而变化。所以，无穷尽地增大决策时间，反而可能会使人的信念偏离原来的决策环境，而使决策变得没有现实意义。最后，随着决策时间的延长，决策者收集信息和考虑方案会更充分，但是过度的延长决策时间会增加一些额外的干扰因素，这些很可能被决策者误认为是重要因素而将其加入自己的信念中去，这被称为过度思虑。所以，无限地延长决策时间并不会提高决策效用，反而会增加无谓的心理偏差和行为偏差。最佳决策时间点如图 15.1（b）所示。

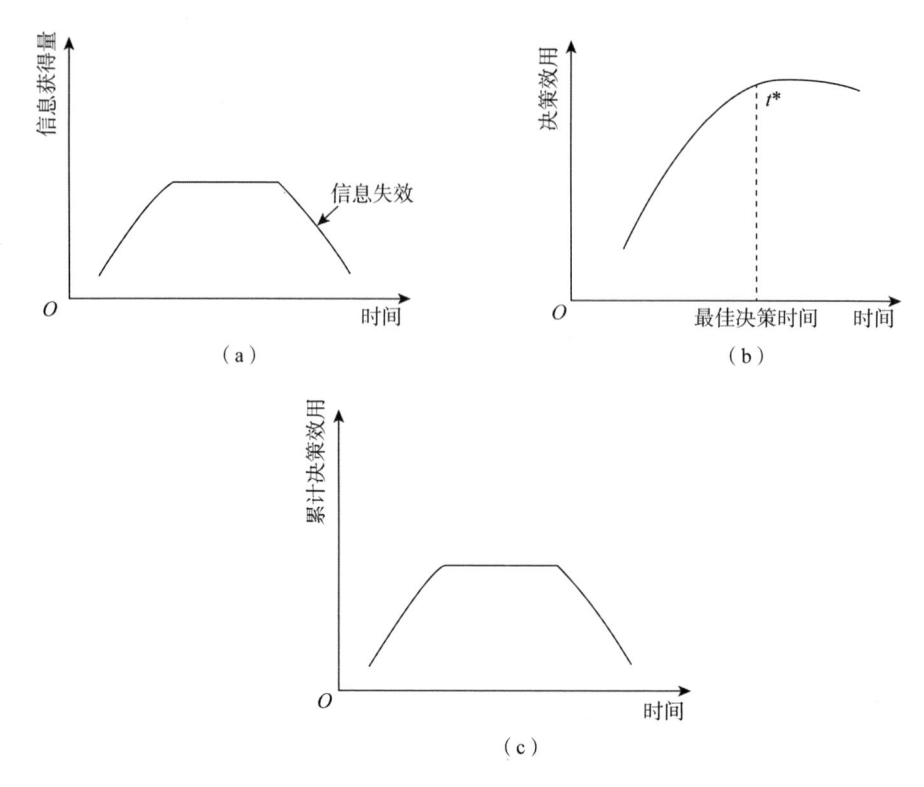

**图 15.1　决策时间影响的示意图**

（a）决策时间因素影响机制；（b）决策时间因素影响机制；（c）决策时间因素影响机制

## 二、时间对决策中信息获取的影响

根据 Hartley 的信息公式[4]：

$$I = \log N \tag{15.7}$$

式中，$I$ 表示确定 $N$ 个等概率事件中的一个出现时提供的信息。如果事件 $y$ 把不确定范围从 $N_1$ 个缩小为 $N_2$ 个，那么信息就等于

$$I_r = \log N_1 - \log N_2 = \log \frac{N_1}{N_2} \tag{15.8}$$

这个公式被称为 Hartley 相对信息公式。

用 Hartley 公式计算信息，要求 $N$ 个事件是等概率的，即 $P=1/N$，但是通常的情况并非如此[5]。这时我们用实际的概率代替假设的相等的概率，即用 $P_1$ 代替 $1/N_1$，用 $P_2$ 代替 $1/N_2$。于是，Hartley 信息公式就变为[6]：

$$I = \log(1/P) \tag{15.9}$$

上面的相对信息公式就变为

## 第 15 章　风险决策中时间压力影响的仿真分析

$$I_r = \log N_1 - \log N_2 = \log \frac{P_2}{P_1} \tag{15.10}$$

在考虑时间压力的情况下，把客观事件集合 $A = \{x_1, x_2, \cdots\}$ 中的一个表示为 $x_i$；把 $T = \{T_x, x = 1, 2, \cdots, n\}$ 时刻的决策者获得的信息集合 $B_T = \{y_1^t, y_2^t, \cdots\}$ 中的一个表示为 $y_j^t$，那么 $T$ 时刻 $y_j^t$ 提供的关于 $x_i$ 的信息就是

$$I(x_i; y_j^t) = \log \frac{P(x_i \mid y_j^t)}{P(x_i)} \tag{15.11}$$

式中，$P(x_i)$ 是 $x_i$ 发生的先验概率；$P(x_i \mid y_j^t)$ 是 $y_j^t$ 发生后 $x_i$ 的条件概率。因为有贝叶斯公式

$$P(y_j \mid x_i) = \frac{P(x_i \mid y_j) P(y_j)}{P(x_i)} \tag{15.12}$$

所以有

$$I(x_i; y_j^t) = \log \frac{P(x_i \mid y_j^t)}{P(x_i)} = \log \frac{P(y_j^t \mid x_i)}{P(y_j^t)} \tag{15.13}$$

用 $X$ 表示事件变量，用 $Y$ 表示消息变量，那么 $T$ 时刻，$y_j^t$ 提供关于不同 $X$ 的平均信息就是

$$I(X; y_j^t) = \sum_i P(x_i \mid y_j^t) \log \frac{P(x_i \mid y_j^t)}{P(x_i)} \tag{15.14}$$

进一步求平均，得到 $T$ 时刻 $Y^T$ 提供关于 $X$ 的平均信息

$$I(X; Y^T) = \sum_j \sum_i P(y_j^t) P(x_i \mid y_j^t) \log \frac{P(x_i \mid y_j^t)}{P(x_i)} \tag{15.15}$$
$$= H(X) - H(X \mid Y^T)$$

式中，$H(X)$ 和 $H(X \mid Y)$ 分别是 Shannon 熵和 Shannon 条件熵：

$$H(X) = -\sum_i P(x_i) \log P(x_i) \tag{15.16}$$

$$H(X \mid Y^T) = -\sum_j \sum_i P(x_i, y_j^t) \log P(x_i \mid y_j^t) \tag{15.17}$$

现在进一步考虑时间压力的影响，设在 $T_a$ 和 $T_b (T_a < T_b)$ 时刻的决策者获得的信息集合分别为 $B_{Ta} = \{y_1^{ta}, y_2^{ta}, \cdots\}$，$B_{Tb} = \{y_1^{tb}, y_2^{tb}, \cdots\}$，由于决策时间的限制和影响，在此有 $B_{Ta} \neq B_{Tb}$。即决策者在不同的时间限制条件下，所获得的信息量是有差异的。因为决策者在时间压力条件下，受到作出决策的情绪压力和信息搜寻的时间的限制，导致了决策者信息搜寻量的差异。这种差异直接导致获得信息量的多少。

根据上面的公式，进一步得到 $T_a$ 和 $T_b$ 时刻提供的关于 $X$ 的平均信息差异：

$$|I(X;Y^{Tb})-I(X;Y^{Ta})|=|\sum_j\sum_i P(y_i^{tb})P(x_i|y_j^{tb})\log\frac{P(x_i|y_j^{tb})}{P(x_i)}-$$
$$\sum_j\sum_i P(y_i^{ta})P(x_i|y_j^{ta})\log\frac{P(x_i|y_j^{ta})}{P(x_i)}|$$
$$=|[H(X)-H(X|Y^{Tb})]-[H(X)-H(X|Y^{Ta})]|$$

(15.18)

## 第3节 时间压力影响下的风险决策

### 一、时间压力下停止信息搜寻的条件分析

信息的价值在于其能提供的决策信息的收益高于为获取信息所付出的花费。如果补充新信息的成本小于完全信息的价值（任何信息的价值均小于完全信息的价值），则可认为这种补充信息的价值是合算的。

根据期望理论和传统经济学效用是随时间以指数贴现的假定，定义在 $T_b - T_a$ 这段时间中，时刻 $T_a$ 和 $T_b$ 提供的关于 $X$ 的平均信息差异 $|I(X;Y^{Tb}) - I(X;Y^{Ta})|$ 的期望收益增加的函数为

$$\Delta U = U[(T_b-T_a), \max_j E(d_j)] = \sum U(x_i)\left(\frac{1}{1+\rho}\right)^{tb} - \sum U(x_i)\left(\frac{1}{1+\rho}\right)^{ta}$$

(15.19)

其中，把客观事件集合 $A = \{x_1, x_2, \cdots\}$ 中的一个表示为 $x_i$。

上面的平均信息差异公式考虑了时间的贴现效用，对时间的价值以现在时间为参照点，从决策者的价值出发，具有更大的客观性。

在时间限制条件下，如果超时决策会带来一定的损害后果，这种损害后果表现为一种惩罚，与我们对时间的机会成本的理解类似。如每延时一定的时间从总收益扣除 $k\%$，如总延时超过一定的期限，则扣除全部总收益，或总收益变为负值，表现为损失，则扣除比例 $R$（超过时间限定的惩罚条件）可用以下公式表示：

$$R = \begin{cases} k\%, & T_L < T < T_{L+l} \\ 2k\%, & T_{L+l} < T < T_{L+2l} \\ \cdots \\ nk\%, & T_{L+(n-1)l} < T < T_{L\max} \\ 0, & T < T_L \\ 100\%, & T \geq T_{L\max} \end{cases}$$

(15.20)

## 第 15 章　风险决策中时间压力影响的仿真分析

在此，$T_l = T_{L+l} - T_L = T_{L+2l} - T_{L+l} = \cdots = T_{Lmax} - T_{L+(n-1)l} = \Delta T$，$T_L$ 为决策的时间限制，在此限制时间内，决策时间的延长不带来收益的损失，$T_{Lmax}$ 也可理解为决策强制终止时间，当 $T < T_L$ 时，信息搜寻时间的增加不会带来对收益的惩罚。在此时间限定内我们考虑是否继续进行信息搜寻的条件是信息搜寻的成本和收益的差值。

当 $T_L < T < T_{Lmax}$ 时，我们还应进一步考虑决策时间的延长带来的收益损失（惩罚）。即总损失为

$$L_T = \frac{T_b - T_a}{\Delta T} k\% \max_j E(d_j) + C_i \qquad (15.21)$$

式中，$C_i$ 为信息搜寻的成本。

即此时是否进行信息搜寻的条件是比较 $\Delta U$ 和 $L_T$ 的差值。如果 $\Delta U - L_T > 0$，则应该进行信息搜寻；如果 $\Delta U - L_T < 0$，则停止信息搜寻。

### 二、时间压力下风险决策的信息修正过程

时间压力下风险决策的信息修正过程由补充新信息、计算修正概率、重新决策和计算补充信息的价值 4 部分组成。

（1）补充新信息。在时间限定条件下，通过信息搜寻得到新信息，获取条件概率 $P(A_j | B_i)$。

（2）计算修正概率。利用贝叶斯公式计算

$$P(B_i | A_j) = \frac{P(B_i) P(A_j | B_i)}{\sum_{i=1}^{\infty} P(B_i) P(A_j | B_i)}, \quad i = 1, 2, \cdots$$

（3）根据（2）的后验概率，计算各方案的期望收益：

$$E(d_j | A_i) = \sum P(B_i | A_j) U_{ij} \qquad (15.22)$$

$$\max_j E(d_j | A_i) = E(d_{jk} | A_i) \qquad (15.23)$$

（4）当 $T < T_L$ 时，计算补充信息的期望价值，并与信息获取的成本进行比较以进行决策：

$$E_s = \sum P(x_i) E(x_i) \qquad (15.24)$$

当 $T_L < T < T_{Lmax}$ 时，则根据时间压力下停止信息搜寻的条件分析而进行决策。

## 第 4 节　仿真分析

按照以上的理论分析框架，通过计算机建立系统仿真模型来分析时间压力下的风险决策情况。从图 15.2 可以看出，随着信息搜寻的进行，信息搜寻的增益逐

渐下降。同时由于折现的存在，信息增益不断下降（参见图15.3）。

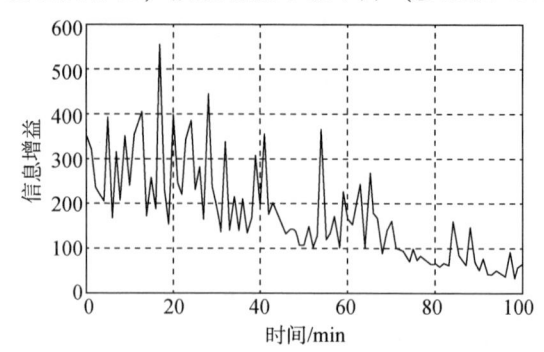

图 15.2　信息增益

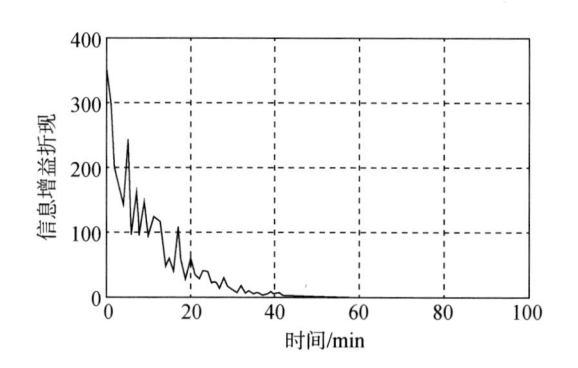

图 15.3　信息增益折现

考虑增加时间压力惩罚后的信息搜寻增益如图 15.4 所示，可以看出信息增益进一步下降。

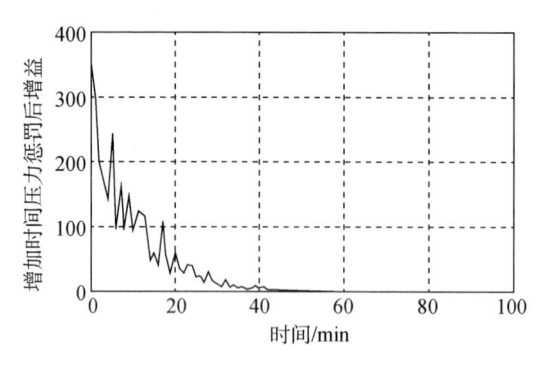

图 15.4　增加时间压力惩罚后的信息搜寻增益

最终收益如图 15.5 所示，由于考虑时间压力等因素存在的影响，从中可以看出大约在 20 步仿真步长后，已经不适合在做进一步的信息搜寻。

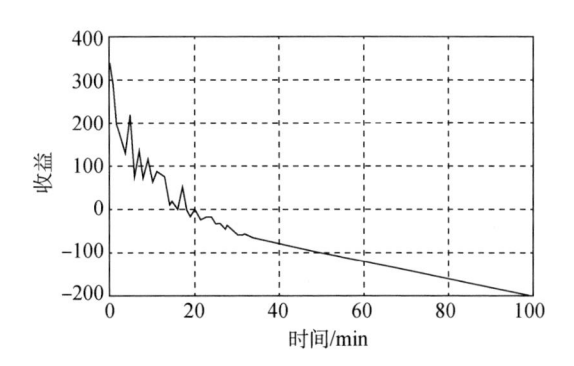

图 15.5　最终收益

## 本章小结

本章从理论和仿真的角度详细分析了时间压力对风险决策的影响。从 Hartley 的信息公式出发，根据期望效用理论，考虑时间的贴现效用，从理论上研究了时间对决策中信息搜寻的影响，分析了时间压力下停止信息搜寻的条件。时间压力影响了人们的信息搜寻和获取量，理论上人们的信息搜寻有一个最佳的停止时间，而且其取决于不同的时间压力，文章给出了时间压力下风险决策的信息修正过程，最后给出了结论和进一步理论分析的问题。

## 本章参考文献

[1] 张长温，许国. 期望效用理论的经济思考 [J]. 2003，18（1）：23-26.
[2] 郭仲伟. 风险分析与决策 [M]. 北京：机械工业出版社，1986.
[3] 董志勇. 行为经济学原理 [M]. 北京：北京大学出版社，2006.
[4] Hartley R V L. Transmission of information [J]. Bell System Technical Journal，1928（7）.
[5] 鲁晨光. 广义熵和广义互信息的编码意义 [J]. 通信学报，1994，5（6）：37-44.
[6] Lu Chenguang. A generalization of Shannon's information theory [J]. Int. J. of General Systems，1999，28（6）：453-490.

# 第 16 章

# 秘书问题的仿真实验分析

### 本章内容提要

针对具有观察成本的秘书问题，首先分析了决策策略和观察成本对决策结果的影响。然后在此基础上，提出了柔性标杆和可变观察成本，接着阐述了仿真实验的理论假设和设计，通过仿真实验考察了观察成本与柔性标杆的不同变化对仿真结果的影响，最后给出了对仿真结果的分析和探讨。仿真结果具体验证了理论假设的判断。

### 本章核心词

秘书问题，观察成本，仿真实验。

## 第1节 概 述

秘书问题可以归类为复杂的非线性问题。经典的秘书问题的描述如下：给定一定范围内顺序呈现的选项，要求决策者选出其中取值收益最大的选项。例如，在工作搜寻问题中，应聘者已知在未来一段时间内有许多职位供其选择，这些优劣不等的工作职位相继出现，应聘者一次只能应聘一个工作职位，且面试后必须当即决定是否签约这个职位；放弃了当前的职位，才可能继续面试下一个工作，不能再回头选择放弃过的工作；一旦选择了某项工作，意味着放弃后面还未到来的工作机会。类似的决策情境在住房、婚姻、招聘、灾难救治等问题中都会存在。该类问题可以统称为序贯观察与选择问题（sequential observation and selection problem）[1]。经典秘书问题（classical secretary problem）是规范化的无信息序贯观察与选择问题[2]，其中包含以下 7 条假设：①只有一个招聘岗位且一定要招一名秘书；②决策者知道应聘者总数 $n$；③决策者序贯地、每次只会见一个应聘者，应聘者到达顺序随机；④决策者能对应聘者的优劣进行排序，没有并列；⑤决策者只根据已面试过的应聘者的相对排名来决定接受或者拒绝当前应聘者；⑥应聘者一旦被拒绝则不能被召回；⑦决策者的目标是选择最好的应聘者。

一般秘书问题是相对于经典秘书问题的定义而定义的，人们往往放松经典秘书问题中的 7 条假设的某一条，得到一类更一般的秘书问题，一般会将这样的秘书问题统称为一般秘书问题。具有观察成本的一般秘书问题描述为：给定一定范围内顺序呈现的选项，其中每次呈献给被试一个选项，由决策者作出选择或者不选择的决定，已经决定放弃的选项不能再回头选择（不可召回）。决策者最后不选择任何选项则直接收益为 0，如果选择一个选项，选中排名第一的选项的直接收益为 1。决策过程中的观察成本为决策者观察每一个选项的成本，决策者观察选项数越少，花费的总观察成本也越少。在此我们放松了标准秘书问题的假设：首先，决策者能对应聘者的优劣进行排序，应聘者的优劣允许有小部分相同者，这和现实生活中的决策更加接近，大多数情况下在决策者的心目中一些选项优劣难以取舍或可以相互替代。其次，决策者观察选项需要成本，并且将导致决策收益的变化，即决策者选中最优选项的收益为 1，其最终决策收益将为 1 减去观察成本，如果决策者没有选中最优选项，则其同样要付出观察成本，即最终收益为观察成本的相反数。这也和现实生活中的决策非常接近，大多数情况下，人们在许多决策中往往要承担付出了努力（成本）却一无所获的后果。现实生活中的决策大部分需要付出观察成本，具有观察成本的秘书问题更一般，在现实生活中更常见，更具有普遍意义。本研究通过仿真考察上述具有观察成本的一般秘书问题，即在具有观察成本的情况下，秘书问题决策的观察成本和决策策略对决策命中率、决策优度、最终决策收益、搜索深度的影响。

## 第 2 节 决策策略、观察成本及其对秘书问题决策的影响

标准秘书问题的最优解策略是一个关于如何确定截止阈形态的方法。关于标准秘书问题的最优解决策略，Seal 和 Rapoport 提出了截止阈策略[3]。该策略的决策目标就是寻求最优，而且准确刻画出如何达到最优的选择方法。其主要特征就是将决策过程分为两个阶段，一是确定截止阈值，二是搜索第一个优于阈值前所有选项的那个选项。用整数 $r$ 表示迄今为止已观察过的选项数量，并定义 $a_r = \frac{1}{r} + \frac{1}{r+1} + \cdots + \frac{1}{n-1}$。截止阈策略为：确定一个阈值 $r^*$，拒绝前（$r^* - 1$）个选项，选择此后的第一个相对排名为 1 的选项。按照截止阈策略进行选择，选到最优选项

的概率是 $P = \frac{(r^* - 1)a_{r^*-1}}{n}$。要使这个概率最大，则 $r^*$ 为使得 $a_{r-1} \geq 1 > a_r$ 时的 $r$ 值，可以求得 $r^* = \min\left\{r \geq 1; \sum_{r+1}^{n} \frac{1}{k-1} \leq 1\right\}$。当 $n \to \infty$ 时，$\frac{r^*}{n} \to \frac{1}{e} \approx 0.37$；而此时选中最优选项的概率也趋近于 $\frac{1}{e}$。当 $n = 10, 20, 40, 80$ 时，截止阈值分别为 $r^* \approx 0.4n, 0.4n, 0.4n, 0.375n$[2]。根据上述截止阈策略进行选择，保证"赢"的概率最大。也就是说，对于秘书问题没有任何一个方法能保证百分之百地命中最优选项，但截止阈策略则是达到"赢"的概率最大化的唯一方法。很明显，最优解策略假设决策者是完全理性的[4]。

根据确定的截止阈值的不同，最优解策略可以分为最大值标杆、次最大值标杆和均值标杆等。可以看出，最优解策略意味着阈值前、取样观察选项中最大值选项的确定非常重要。也就是说，这个最大值选项是一个标杆（benchmark），决策者一旦发现阈值大于该标杆的选项就停止观察，进而选择这个选项。如果以截止阈前面排名第一的选项作为标杆，那么就将其称为最大值标杆（maximum benchmark）[5]。不过在现实生活中，人们经常会发现由于标杆设置得太高，导致决策者很难尽快作出选择的现象。尤其是在一些情境下高标杆的设置，使得决策者永远也不能作出选择，因为这个设置的标杆可能就是整个选项集中最优的选项。如果决策者设置了一个次优的标杆，即次最大值标杆，也有一定命中概率[5]。更为关键的是，次最大值标杆的设置可以降低决策者的脱靶概率。在选中最优概率最大化的条件下，标杆不同（最大值标杆与次最大值标杆），最优截止阈值也不同；而且进一步推测，随着标杆的逐渐降低，最优截止阈值也在不断后移（即取样观察数量不断增加）[6]。而所谓的均值标杆，指将截止阈值前面几个较优选项的平均值作为标杆。研究结果发现，均值标杆策略赢的概率小于最大值标杆策略，但是其决策最优度大于后者[5]。

标杆变化对决策收益和命中概率产生十分重要的影响，有限理性的决策者在取样观察选项的过程中，标杆究竟是如何形成与确定的？而且究竟在什么情境下用最大值标杆？什么情境下用均值标杆或次最大值标杆？这些都是很难直接回答的问题。已有的研究已经表明，决策者在秘书问题的决策中具有学习效应，并可以根据所有已经观察的选项给出自己的判断。被试在观察与记录选项真实值的过程中，可以逐渐获取选项优劣分布的部分信息。也就是说，被试在搜索过程中存在一个"学习"进而推断选项分布信息的现象。那么据此推断，在运用截止阈法则解决该类决策问题时，决策者采用的标杆可能并非仅仅恒定于一个比较"刚性"的标杆，而很可能是一种适应性标杆[4]。

从以上的相关研究可以看出，没有考虑取样观察成本的因素时标杆降低导致取样观察的数量增加；如果考虑观察成本的因素，随着取样数量增加应该会对最优截止阈值与命中概率产生很大影响。次最大值标杆仍属于最优解策略的范畴，因此它只是一定程度上的有限理性策略[6]。对于选项的观察成本，可以有以下情况，每一选项的观察成本都均等且固定不变，每一选项的观察成本不均等且固定不变，每一选项的观察成本不均等且有变化。同时观察成本的变化特征可能对决策期望收益产生影响。相关研究指出，考虑观察成本的秘书问题是一个比较重要的研究内容[4]。取样观察成本指的是决策者每多观察一个选项需要付出一定的成本。这和现实生活中的情形比较接近。考虑观察成本的情况下，观察成本对决策的最终收益有十分重要的影响。实证角度的研究发现，没有观察成本时决策者的搜索数量太少，而存在观察成本时却又搜索数量太多[7]。由于观察成本的存在，决策者最终的收益会受到影响，即最终的收益要扣除观察成本。在没有选中最优选项的情况下，其最终收益将可能是负值。这对应于现实生活中劳而无获的典型情况。同时由于观察深度（决策者已经观察选项数量的总数量，该指标与截止阈值不同，其大于截止阈值）的不同，将导致总的观察成本的差异，并最终导致收益的差异。而观察深度又受到截止阈值、观察成本、最优解策略的影响，因此截止阈值、观察成本、最优解策略可能综合影响和决定最终收益。

## 第3节 考虑观察成本的秘书问题的仿真分析

根据以往的研究和基于对秘书问题的理解，以下针对具有观察成本的秘书问题提出了柔性标杆和可变观察成本，给出了仿真实验的基本假设和相应的实验设计。

### 一、可变观察成本与柔性标杆

观察成本的变化，将对决策者的决策产生很重要的影响，因为决策者在决策过程中会不断地衡量付出的成本，得到相应回报的可能性。即衡量进行的决策是否会得不偿失。因此本章提出了一种可变观察成本，来观察不同的截止阈值下观察成本的变化对收益的影响。我们定义减去观察成本后的最终期望收益大于0以上的截止阈值为可接受截止阈值。在考虑观察成本情况下的可接受截止阈值代表了理论上人们为了获得0以上的收益应该采用的截止阈值。可接受截止阈值将随着可变观察成本的变化而发生变化。但这种变化的程度究竟如何却不得而知，需要通过进一步的仿真研究获得。但其仿真期望值和理论期望值之间仍然存在细微差距，因为仿真实验的选项次数不能真正达到无穷大。

在不同的重复实验中，对于选项的观察成本的变化可以有以下情况：零观察成本，即决策中观察选项不需要成本（此种情况主要和具有观察成本进行比较）；每一选项的观察成本都均等且在不同的重复实验中固定不变，每一选项的观察成本不均等且在不同的重复实验中固定不变，每一选项的观察成本不均等且在不同的重复实验中有变化。

那么,不同的观察成本对决策最终收益的影响结果的程度究竟如何?不同的成本下,可接受截止阈值如何变化?这些问题的回答将为具有观察成本的决策问题的实际决策提供一定的参考。所以通过仿真实验来考察观察成本对最终收益的影响,将会对现实中的具有观察成本的决策问题提供一定的参考价值。

已有秘书问题研究基本上都是围绕着截止阈法则的阈值确定而进行的探讨,涉及其中标杆策略变化的研究包括最大值、次大值和均值,策略没有适应性的变化。根据适应性决策理论的观点,现实中决策者所运用的决策策略往往是适应性的。我们完全有理由推断,决策者可以根据自己的学习和判断,对标杆作出适当的调整,上调或者下调。因此,本章提出一种基于柔性标杆的最优解策略。这种柔性标杆亦被称为适应性心理标杆,它具有以下含义:

首先,决策者根据已经观察的选项对标杆进行调整,这种调整基于决策者的观察和心理判断。这种调整可以上调也可以下调,完全根据决策者对已经观察的选项的判断来自己调整。如果决策者在观察了若干选项后,整体上选项的值偏小,并且已经观察的选项的最大值偏低,决策者会得出结论:根据此已经观察选项的最大值进行判断会选不到最大值,则完全有理由相信决策者可能将标杆适当上调。如果决策者在观察了若干选项后,整体上选项的值偏高,决策者会得出结论:根据此已经观察选项的最大值进行判断会选不到最大值,则完全有理由相信决策者可能将标杆适当下调。

其次,观察选项的最大值、次大值和均值标杆策略更强调利用客观选项的情况,可用信息更少。因此秘书问题又被称为贫信息序贯观察与选择问题。与基于已经观察选项的最大值、次大值和均值等策略没有适应性变化的情况相比,适应性心理标杆更强调和利用人的心理判断,增加了决策者的心理判断信息。强调决策者根据已经观察的选项,同时结合自己的观察和判断人为适当调整标杆,增加了决策中可利用的信息。

所以决策者在实际决策过程中极可能使用的是这种适应性标杆策略,那么这种适应性标杆的策略在使用中,人们上调或者下调标杆,是否会增加决策效果,即是否会增加决策的命中率?最优截止阈值的变化如何?这种调整是否有一定的限度?因此对适应性标杆策略上调或者下调的决策效果进行仿真,将为人们在决策中更好地使用适应性标杆提供很好的参考。

根据以上分析,在进行仿真实验前,提出以下基本假设:

假设1:观察成本的变化特征可能对决策期望收益产生影响,并对理论上的可接受截止阈值产生影响。我们假设,随着成本的不断升高,可接受截止阈值不断前移。因为成本的升高将导致收益下降越来越快,所以平均收益达到最大的截止阈值(最优截止阈值)也不断前移,并且平均最终收益不断下降。

假设2：本章将通过仿真实验考察这种极有可能被决策者在实际中使用的适应性标杆策略所产生的对决策结果的影响。本章假设，随着适应性标杆的上调和下调，秘书问题的命中概率均下降。并且最优截止阈值将随着标杆的上调和下调而改变，因为随着这种调整，决策中继续观察选项的数量肯定是有所变化的。因为可以初步判断，随着标杆的下调，人们的观察深度将有所减少，这将导致随着截止阈值的增大，最优截止阈值的变化；随着标杆的上调，人们观察深度将有所增加，命中率可能下降，将导致最优截止阈值的变化。但是这种改变究竟是使最优截止阈值前移还是后移，还无法判断，需要通过仿真实验来观察（即考察标杆的适应性变动对决策结果的影响）。

## 二、仿真实验设计

针对以上的分析和假设，本章设计了仿真实验，考察标杆、观察成本与决策结果之间的影响和变化。实验方法如下：随机选择一定范围内个数（可为100，1 000，10 000甚至更多）固定的随机数作为被观察选项，并使这些随机数数值重复出现的概率较小，在此讨论了这种具有少量重复的非标准秘书问题，因为模拟决策者能对应聘者的优劣进行排序，应聘者的优劣允许有小部分相同者，这和现实生活中的决策更加接近，大多数情况下往往在决策者的心目中一些选项优劣难以取舍或可以相互替代。同时，关于秘书问题的观察个数的选择，在以往的实验研究中，通常选择为100，观察选项的总体数目对仿真实验没有大的影响，而对实际的实验有较大影响，在实际的实验中，人们没有那么多精力和时间观察大量的选项完成实验，但仿真实验的好处在于可以增加观察选项总数以观察实验的效果。实验中，使截止阈值从1到选项总数以步长1连续变化，在每个截止阈值下，重复多次秘书决策实验（重复实验数可为100，1 000，10 000甚至更多）。在此实验结果的准确性是一个只和实验次数有关的问题，通过在每一种截止阈值下多次重复实验的平均命中率来表示该截止阈值下的命中率，这里借鉴了蒙特卡洛方法的思想——如果实验次数趋近正无穷，则可认为多次重复实验的平均命中率表示该截止阈值下的命中率概率。如果每一截止阈值下的实验次数足够大或可以满足要求，则与单次实验的秘书问题的具体选项无关。不同的柔性标杆和观察成本下，考察多次重复实验中决策结果命中最优选项的个数、平均决策收益、平均决策优度和平均观察深度的变化情况。

实验设计中的参数（自变量和因变量）及其含义如下：

观察成本：单次仿真中，每多观察一个选项所需要付出的成本。在仿真实验中定义和考察了无成本、低成本和高成本几种情况。我们将正常成本的"操作"定义为观察了所有的选项并正好选到了最优选项，此时收益正好为0时的观察成本。即正常单个选项的观察成本为选项个数的倒数，并将正常成本的二分之一定义为低成本情况,将正常成本的二倍定义为高成本情况。

适应性心理标杆:将基于最大值的标杆根据决策者个人判断进行调整后的标杆定义为适应性心理标杆,即一种柔性标杆。我们在实验中模拟了这样一种柔性标杆,即将最大值标杆上调和下调的极限分别定义为 $k\%$ 和 $-k\%$。尽管 $k$ 的取值可以在 0~100 之间,但实际仿真中大多数情况下可能调整达到很少就可以观察到最优选项命中率急速下降。实际的仿真情况是每一次向上或向下调整时,均在截止阈值从 1% 增大到 100% 的过程中,每一阈值下进行 100 次实验,即总共进行了 10 000 次的秘书问题实验。这相当于每次实验中在截止阈值从 1% 增大到 100% 的过程中,每一阈值下进行 100 次实验,即总共进行了 10 000 次单次的不同的秘书问题实验。

命中最优选项的数目:在多次重复实验中,命中最优选项的数目。

最优选项的命中率:在多次重复实验中,命中最优选项的数目占重复实验次数的百分比。

决策最终收益:决策中选中最优选项时的收益为 1,选中其他选项的收益为 0。决策最终收益为决策收益减去总的观察成本。

决策优度:决策优度定义为决策中选中的选项值和最优选项之间的接近程度。

观察深度:决策中观察选项的数目。

截止阈值:确定一个阈值 $r^*$,拒绝前 $(r^*-1)$ 个选项,选择此后的第一个相对排名为 1 的选项。

在实验中,我们操控了观察成本和适应性心理标杆的变化,观察决策效果的变化情况,具体如下:

首先,我们考察了多次重复实验中无成本、低成本和高成本几种情况下,随着截止阈值的增加,决策中平均收益的变化情况。

其次,我们考察了多次重复实验中不同的柔性标杆调整值下,随着截止阈值的增加,平均命中最优选项数目或概率的情况,观察深度的变化情况,以及决策中平均收益变化情况。

最后,我们初步尝试,共同调整观察成本和标杆观察其对决策的影响。

根据以上的分析和设计,本章基于仿真软件平台 Netlogo[8] 编写仿真程序进行了仿真,分别考察了观察成本变动、标杆调整和观察成本与标杆同时变化几种情况下的决策效果。

## 三、仿真实验结果及分析

### 1. 观察成本的变动对决策收益的影响分析

在最大值标杆最优解策略下,我们设置顺序呈现的选项总数量为 100,重复实验的次数为 100,得到如图 16.1 所示的仿真结果。图 16.1 中,为方便对比,将每

## 第 16 章 秘书问题的仿真实验分析

种成本下的仿真结果放在一个图中进行比较,截止阈值 plot-p 从 0 升到 1 的每一个过程为一种成本下的一次仿真实验结果。在无成本情况下,基于最大值标杆,最终平均收益曲线如图 16.1 中第一次仿真结果的 plot-inspection-profit 所示。图中的 plot-excellent-degree 代表决策优度,可以看到决策优度呈现先较小幅度上升然后大幅度下降的趋势,同时每一轮重复实验平均最终收益随着截止阈值(图 16.1 中的 plot-p)的增加呈现先增加后减小的趋势,第一次仿真其在 39% 处达到峰值 0.71,这与基于概率的理论期望值 37% 较接近。

随后在同样的条件下,调整成本为低成本情况下的值,得到图 16.1 中第二次仿真所示的结果。从图中可以看出,此时每一轮重复实验平均最终收益(plot-inspection-profit)随着截止阈值(图 16.1 中的 plot-p)的增加呈现先较小幅度上升然后大幅度下降的趋势。在截止阈值达到 53% 时(可接受截止阈值),平均最终收益(plot-inspection-profit)呈现持续负值。在截止阈值达到 18% 时,平均最终收益(plot-inspection-profit)达到最大,为 0.26。此后随着截止阈值的不断增大,收益不断下降,并在最后达到最小值。图中的 plot-profit 代表零成本(无成本)下的平均最终收益作为参照。

随后在同样的条件下,调整成本为高成本情况下的值,得到图 16.1 中第三次仿真所示的结果。从图中可以看出,此时每一轮重复实验平均最终收益(plot-inspection-profit)随着截止阈值(图 16.1 中的 plot-p)的增加逐渐下降。在截止阈值达到 3% 时(可接受截止阈值),平均最终收益(plot-inspection-profit)呈现持续负值。此后随着截止阈值的不断增大,收益不断下降,并在最后达到最小值。图中的 plot-profit 代表无成本下的平均最终收益作为参照。

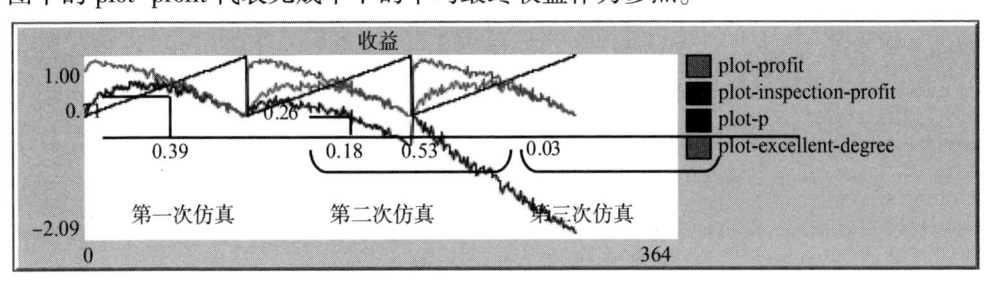

**图 16.1 成本变动对决策结果的影响**

通过以上成本调整的仿真对比可以看出,随着成本的不断升高,可接受截止阈值不断前移,平均收益达到最大的截止阈值(最优截止阈值)也不断前移,并且平均最终收益不断下降。

接下来考察成本的另一种变动情况,即先增大后减小,并观察到其仿真结果如图 16.2 所示,可以看出最终收益(图中 plot-inspection-profit)呈现与之相反的变化趋势。

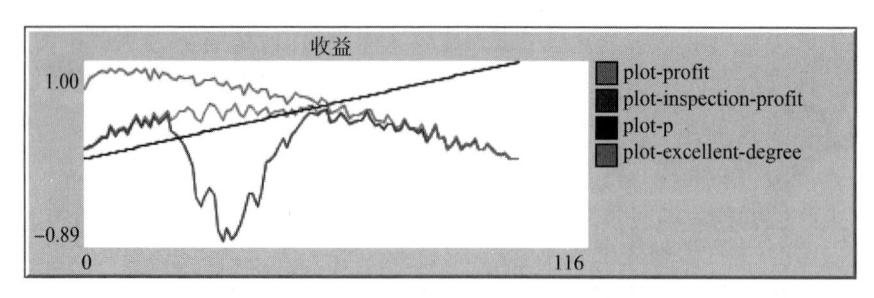

图 16.2　选项观察成本变动对决策结果的影响

2. 标杆的变动对决策的影响分析

我们设置顺序呈现的选项总数量为100，重复实验的次数为100。在正常成本情况下，适应性地调整标杆来观察仿真决策的结果。在此设置柔性标杆的调整上下限为20%。

首先，将标杆按照5%，10%，15%，20%的幅度逐步向上和向下调整，随着截止阈值（plot-p）的逐渐增大得到的平均命中最优选项次数（plot-u）对比如图16.3所示。

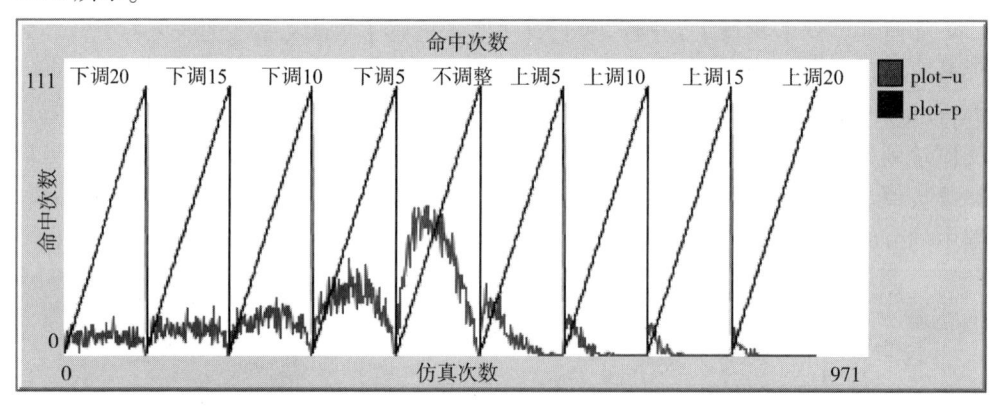

图 16.3　标杆的调整对命中最优选项次数的影响

图16.3中每一段代表一种调整的情况下，100次重复实验中平均命中最优选项次数，对于每一段均表示截止阈值（plot-p）与选项总数之比从0增大到100%的过程（以下各图与此相似）。从中可以看出，适应性地调整标杆，不管是上调还是下调均将降低平均命中率，并且下调标杆将使最高命中率后移，上调标杆将使最高命中率前移，而且向下调整时的整体命中率和最高命中率（此时的截止阈值最优）比向上调整高。

其次，得到最终收益、无观察成本下的收益、决策优度的对比如图16.4所示。

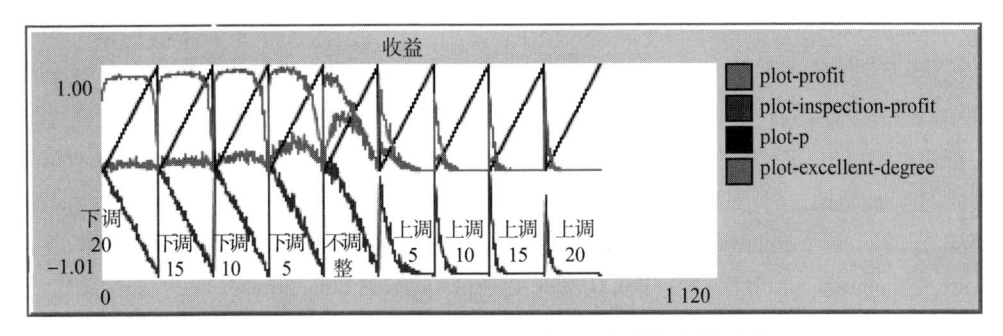

## 第 16 章　秘书问题的仿真实验分析

**图 16.4　标杆的调整对命中收益和决策优度的影响**

从图 16.4 中可以看出，适应性地调整标杆，不管是上调还是下调均将降低具有观察成本时的平均最终收益（plot-inspection-profit），并且上调标杆的影响程度明显大于将标杆下调。但对于决策优度（plot-excellent-degree），却得到不同的结果，下调标杆将使决策优度（plot-excellent-degree）明显升高，上调将使决策优度（plot-excellent-degree）明显降低。不管是上调还是下调，均降低无观察成本下的收益（plot-profit），并且上调标杆的影响程度明显大于将标杆下调时。

在此，得到了观察深度（图 16.5 中的 plot-inspection-number）随着适应性标杆调整的变动情况。

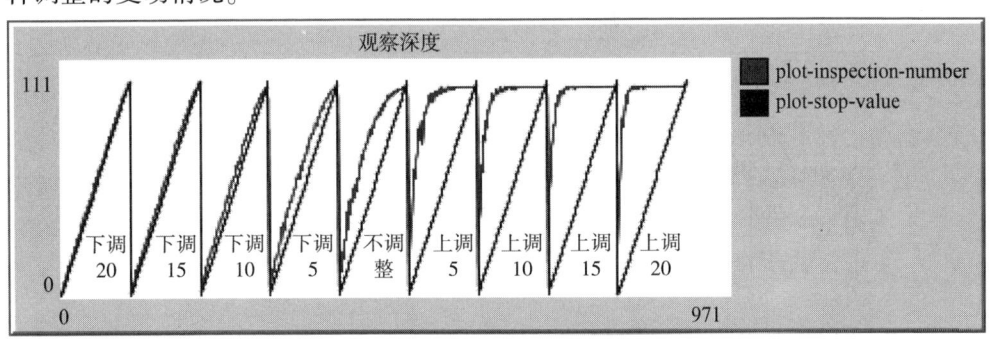

**图 16.5　标杆的调整对观察深度的影响**

从图 16.5 中可以看出，三种情况下，观察深度（plot-inspection-number）均随着截止阈值的增加而增加。从图中可以看出，适应性地调整标杆，不管是上调还是下调均将影响观察深度（plot-inspection-number），下调标杆将使观察深度（plot-inspection-number）降低，上调标杆将使观察深度（plot-inspection-number）增大。即验证了假设 2 中随着标杆的下调，人们的观察深度将有所减少，这将导致随着截止阈值的增大最优截止阈值的变化；随着标杆的上调，人们观察深度将有所增加。

3. 观察成本和标杆的共同变化对决策的影响

设置顺序呈现的选项总数量为 100，重复实验的次数为 100。观察了成本和标杆共同变化来考察对决策的影响，考察了正常成本最大值标杆（图中用 a1b1 代表此情

· 193 ·

况，下同）、正常成本最大值标杆下调10%（用a1b2代表）、正常成本最大值标杆上调10%（用a1b3代表）、低成本最大值标杆（用a2b1代表）、低成本最大值标杆下调10%（用a2b2代表）、低成本最大值标杆上调10%（用a2b3代表），高成本最大值标杆（用a3b1代表）、高成本最大值标杆下调10%（用a3b2代表）、高成本最大值标杆上调10%（用a3b3代表）9种情况下，决策结果的变化情况。图16.6～图16.8分别给出了9种情况下命中最优选项的平均次数（plot-u）、平均最终收益（plot-inspection-profit）的变化和观察深度（plot-inspection-number）的变化情况。

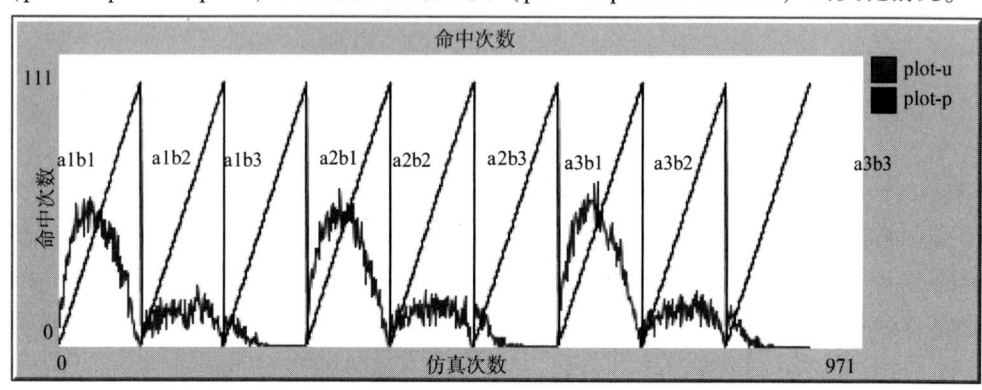

**图16.6　观察成本和标杆的共同变化对命中最优选项次数的影响**

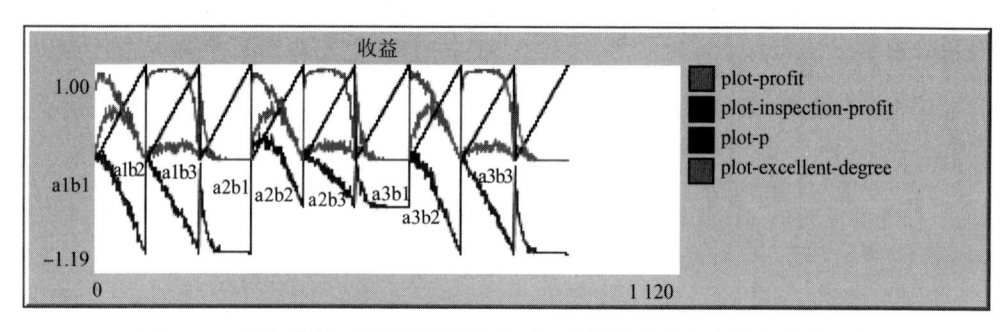

**图16.7　观察成本和标杆的共同变化对平均最终收益和决策优度的影响**

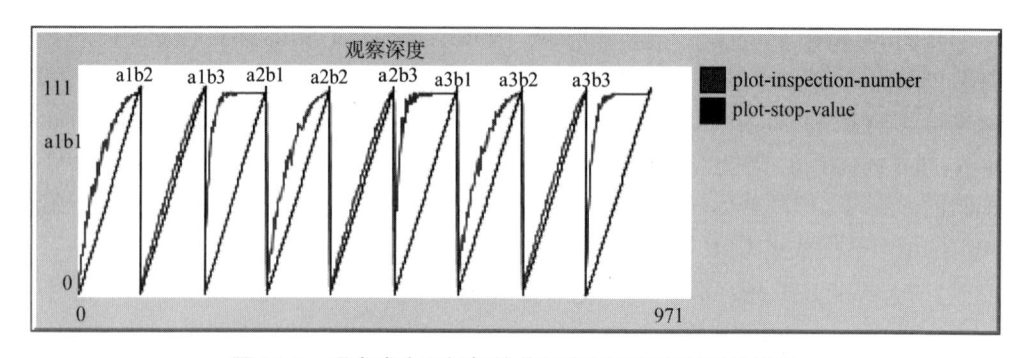

**图16.8　观察成本和标杆的共同变化对观察深度的影响**

从图 16.6～图 16.8 中可以看出,标杆的调整引起决策结果的变化和 4.2 节基本相同,观察成本和标杆调整对于决策中命中最优选项的数目、观察深度和决策优度并没有显著的交互作用,但是观察成本和标杆调整对于决策中的最终收益存在显著的交互作用。但这种作用具体如何,需要进一步的仿真实验和数据分析才能确定。

从以上的仿真实验中得到以下有意义的仿真结论和决策借鉴:

首先,随着成本的不断升高,可接受截止阈值不断前移,平均收益达到最大的截止阈值(最优截止阈值)也不断前移,并且平均最终受益不断下降。这为我们在现实决策中提供的决策指导意义在于,在具有观察成本的类似秘书问题决策情境中,随着成本的不断提高,要想获得大于 0 的最终决策收益,应将截止阈值前移,即较早地确定截止阈值,拖延决策将造成更大的损失。

其次,适应性地调整标杆,不管是上调还是下调均将降低平均命中率,并且下调标杆将使最高命中率后移,上调标杆将使最高命中率前移,而且向下调整时的整体命中率和最高命中率(此时的截止阈值最优)比向上调整时高。适应性地调整标杆将降低具有观察成本时的平均最终收益,随着标杆的下调,人们的观察深度将有所减少,这将导致随着截止阈值的增大,最优截止阈值的变化;随着标杆的上调,人们观察深度将有所增加。这为我们在现实决策中提供的决策指导意义在于,在具有观察成本的类似秘书问题决策情境中,在使用观察选项信息来对标杆进行适应性调整时,一般情况下,将标杆下调的效果明显好于将标杆上调。但无论是将标杆上调和还是下调均降低平均命中率和最高命中率,这告诉我们如果没有十分充足的理由不可轻易对标杆进行适应性的调整。只有确实观察到选项的信息后觉得有充足的理由可以对标杆进行调整,才能够改善决策中的平均命中率和最高命中率。另外,观察到上调最大值标杆对决策影响明显大于下调时,这告诉我们应该更加慎重地使用标杆上调。

需要说明的是,在仿真实验中,选项的数量和决策重复的次数对实验结果可能存在一定的影响。通过调整选项数量和决策重复的次数观察仿真结果,我们观察到这种影响并不足以妨碍我们对各种情况下观察成本和适应性标杆的变动对决策收益影响的分析。

## 第 4 节　提示信息对秘书问题决策影响的仿真分析

### 一、提示信息及其对秘书问题决策的可能影响分析

提示信息对秘书问题的决策结果可能产生重要的影响。根据信息经济理论,人们在决策过程中将不断进行信息搜寻,信息搜寻的过程中,理论上最优停止搜寻的时刻是搜寻信息的边际成本等于搜寻信息的边际收益的时刻[9]。提示信息的

不同特征能对决策结果产生不同的影响，首先提示信息成本的有无和高低可能会对决策结果产生不同的影响。其次，提示信息是否有用可能对决策结果产生影响。现实生活中人们可能花费努力却得到无用或过时的垃圾信息。如果人们总是付出努力而得到无用的信息，最终的决策结果会受到影响。再次人们利用提示信息的策略可能对决策结果产生重要的影响。按照人们利用提示信息的多少，可以将人们分为对提示信息的依赖程度高、对提示信息的依赖程度中等和对提示信息的依赖程度低几种类型。不同类型的人的决策结果可能有很大不同。加之，人们利用信息的方式不同，可能对决策产生一定的影响，如不同的人可能在决策的不同时间段更偏向于利用决策提示信息，而在其他的时间段不利用提示信息。

提示信息成本的变化，将对决策者的决策产生很重要的影响，因为决策者在决策过程中会不断衡量是否付出成本去购买信息，以及得到相应回报的可能性。即衡量进行的购买提示信息的决策是否会得不偿失。因此本节提出可变化的提示信息的成本，来观察不同的截止阈值下，提示信息成本的变化对决策收益的影响。我们定义"减去提示信息成本后的最终期望收益"大于 0 时的截止阈值为可接受截止阈值。可接受截止阈值代表了理论上人们为了获得 0 以上的收益应该采用的截止阈值，将随着提示信息成本的变化而发生变化，但这种变化的程度究竟如何却不得而知，需要通过进一步的仿真研究来获得，且其仿真期望值和理论期望值之间仍然存在细微差距，因为仿真实验的选项数量不能真正达到无穷大。在不同的重复实验中，提示信息成本的变化可以有以下情况：低提示信息成本，即决策中获取提示信息需要较低的成本；高提示信息成本，即决策中获取提示信息需要较高的成本；中等提示信息成本，即决策中获取提示信息需要的成本介于高成本和低成本之间。我们预测，提示信息成本的变化可能对决策期望收益产生影响，并影响理论上的可接受截止阈值。

"提示信息是否有用"可能对决策结果产生一定的影响。现实生活中人们可能花费成本却得到无用或垃圾信息。假设提示信息的有用性以一定的概率 $p$ 呈现，则 $p$ 的大小可能对秘书问题的决策结果产生一定的影响。我们可以通过预设和调整 $p$ 的大小来模拟观察决策结果的变化，从而得出有意义的结论。

对提示信息的不同依赖程度可能导致人们利用信息的策略不同。有的人可能很少利用提示信息，有的人可能频繁地利用提示信息，有的人利用信息的频率可能介于这两者之间，这被称为人们利用提示信息的策略，人们利用提示信息的策略可能对决策结果产生重要影响。

## 二、仿真实验设计

针对以上分析，本节设计了仿真实验，考察提示信息的特征变化对决策结果的影响。实验方法如下：随机选择一定范围内个数（可为 100，1 000 或 10 000 甚至更多）固定的随机数作为被观察选项，并使这些随机数值重复出现的概率较小。

## 第 16 章 秘书问题的仿真实验分析

实验中，使截止阈值从 1 到选项总数以步长 1 连续变化，在每个截止阈值下，重复多次秘书决策实验（重复实验数可为 100，1 000，10 000 甚至更多）。考察不同的提示信息特征下，多次重复实验中，决策结果命中最优选项的个数、平均决策收益和平均观察深度等的情况。其中提示信息的使用方法为：在确定截止阈值后，随着观察深度的不断增大，当遇到"第一个大于等于截止阈值前选项中的最大值"的选项后，以一定的概率决定是否购买提示信息，如不购买（意味着决策者判断认为此选项为最优或者不愿意付出成本获取信息）则直接选择此选项，如购买则付出一定的成本，购买的信息以一定的概率告知决策者当前选项是否为整体最优。如果不是整体最优，决策者可进一步观察选项，直到再次遇到一个"大于等于截止阈值前选项的最大值"的选项，重复此过程，或者一直购买信息最后也没有遇到整体最优的选项，即确定截止阈值时错过了最优选项。如果一直没有遇到一个"大于等于截止阈值前选项的最大值"的选项则结束。以工作搜寻问题为例解释上述过程：重复多轮工作搜寻，每一轮工作搜寻中，使截止阈值从 1 到选项总数以步长 1 连续变化，每一截止阈值下，重复多次工作选择。考察不同的提示信息特征下，多次重复实验中，决策结果命中最优工作的个数、平均决策收益和平均观察工作的数量等的变化情况。

仿真实验设计中的自变量和因变量及其含义如下：

提示信息的成本：单次仿真中，购买一条提示信息所需要付出的成本。在仿真实验中定义和考察了中等成本、低成本和高成本几种情况。我们将中等提示信息成本的"操作"定义为购买了所有的提示信息并正好选到了最优选项，收益正好为 0 时的成本。即中等提示信息成本为提示信息个数的倒数，并将正常成本的二分之一定义为低成本情况，将正常成本的二倍定义为高成本情况。在此在单次实验中提示信息的成本是不变的，即每条提示信息的成本是相同的。这对应于工作搜寻中我们对工作的进一步了解而付出的成本。

提示信息的有用性：花费成本购买的提示信息是否对决策有用，即是否能真实地告知当前选项的相对排名。我们定义信息的有用为能真实地告知当前选项的相对排名，定义信息的无用为信息内容为空，即不提供任何有益的信息。值得注意的是，在此我们没有定义虚假信息，尽管其可能是一个很重要的研究内容。在实验中设定一条提示信息有用的可能为 $p(0 < p < 1)$，在实验中设定 $p$ 为 50% 时为正常的提示信息有用性值。

提示信息的使用频率：模拟人们使用提示信息的频繁程度。利用人们每一次观察选项时是否购买提示信息的概率来表示，如购买提示信息的概率为 20% 以下，则为低信息使用频率，50% 左右则为中等程度的提示信息使用频率，大于 80% 则为高等程度的信息使用频率。

提示信息的使用时段：我们研究中定义提示信息的使用时段为确定截止阈值后使用提示信息。

命中最优选项的数目：在多次重复实验中，命中最优选项的数目。

最优选项的命中率：在多次重复实验中，命中最优选项的数目占重复实验次数的百分比。

决策最终收益：决策中选中最优选项时的收益为1，选中其他选项的收益为0。决策最终收益为决策收益减去总的提示信息成本。

观察深度：决策中观察选项的数目。

截止阈值：确定一个阈值 $r^*$，拒绝前（$r^*-1$）个选项，选择此后的第一个相对排名为1的选项。

可接受截止阈值：定义"减去提示信息成本后的最终期望收益"大于0时的截止阈值为可接受截止阈值。

在实验中，保持提示信息的其他特征为中等且不变的情况下，我们操控了提示信息一种特征的变化，观察决策效果的变化情况，具体如下：

首先，我们考察了多次重复实验中低提示信息成本、中等提示信息成本和高成本几种情况下，随着截止阈值的增加，决策中平均收益、可接受截止阈值的变化情况。

其次，我们考察了多次重复实验中提示信息使用频率变化的情况下，平均命中最优选项数目的情况，观察深度的变化情况，以及决策中平均收益变化情况。

最后，我们考察了多次重复实验中提示信息有用的可能性 $p$ 变化情况下，平均命中最优选项数目的情况，观察深度的变化情况，以及决策中平均收益的变化情况。

根据以上设计，本节基于 Netlogo[8] 仿真软件编写仿真程序进行了仿真，分别考察了以上几种提示信息特征变化情况下的仿真结果。

## 三、提示信息对秘书问题决策影响的仿真实验结果及分析

### 1. 提示信息成本的变动对决策的影响分析

在将"提示信息有用性"的可能性置为50%，"提示信息使用频率"置为50%的情况下，分别考察了第一种情况高提示信息成本；第二种情况中等提示信息成本和第三种情况低提示信息成本情况下，决策总收益、净收益和总成本随着截止阈值的增加的变化情况，并总结了可接受截止阈值的变化情况。其结果如图16.9所示，图16.9中从左到右的三段图示（以下各图与此表示相似）分别表示低提示信息成本、中等提示信息成本和高提示信息成本的情况下，决策总收益（plot-total-profit）、净收益（plot-hint-net-profit）和总成本（plot-hint-cost）随着截止阈值的增加而变化的情况。

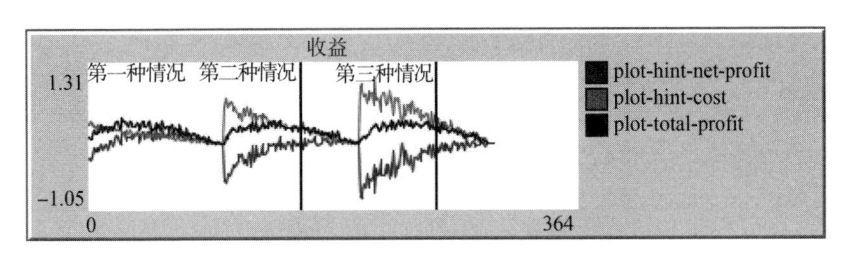

图 16.9 提示信息成本的变化对决策收益的影响

从图 16.9 中可以看出，三种情况下，总收益（plot-total-profit）并无明显的变化，缘于提示信息有用性的可能性值置为 50%，提示信息使用频率置为 50% 这一条件保持不变。每一种情况下总成本（plot-hint-cost）随着截止阈值的增加而减小，净收益（plot-hint-net-profit）随着截止阈值的增加而增加。三种情况下，随着提示信息成本的增加，总成本（plot-hint-cost）都明显逐渐升高，而净收益（plot-hint-net-profit）都明显逐渐减低。从三种情况的对比中能够看出，可接受截止阈值随着提示信息成本的提高而逐渐后移。

2. 提示信息的使用频率和真伪的变化对决策的影响分析

在将"提示信息有用性"的可能性置为 50%，将"提示信息的成本"置为中等成本时，我们观察了提示信息使用频率分别为低（第一种情况）、中（第二种情况）、高（第三种情况）时，随着截止阈值的增大，命中最优选项的次数（plot-hit）的变化、收益（plot-hint-net-profit）和成本（plot-hint-cost）的变化、观察深度（plot-inspection-number）的变化，分别如图 16.10、图 16.11、图 16.12 所示。

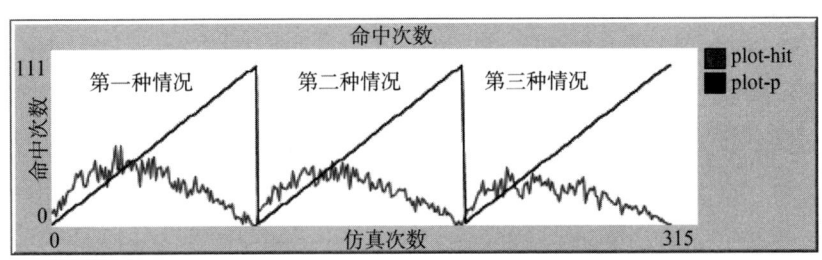

图 16.10 提示信息使用频率的变化对命中最优选项次数的影响

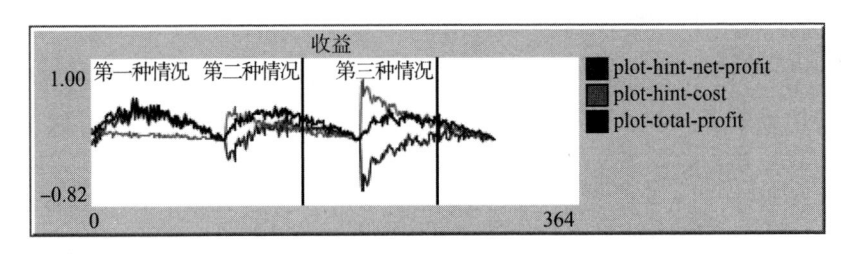

图 16.11 提示信息使用频率的变化对收益和成本的影响

· 199 ·

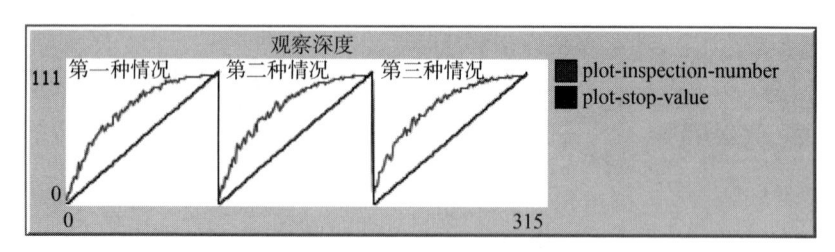

图 16.12　提示信息使用频率的变化对观察深度的影响

从图 16.10～图 16.12 中可以看出，三种情况下，随着提示信息使用频率的增加，总成本（plot-hint-cost）明显逐渐升高，而净收益（plot-hint-net-profit）明显逐渐减低。但是提示信息使用频率为低、中、高三种情况下，命中最优选项的次数和观察深度并无显著的变化，这可能缘于此时"提示信息有用性"的可能性值置为 50% 所导致的，增加购买提示信息并没有为我们提供更多的信息。为了验证我们的推测，改变"提示信息有用性"（真伪）为 90%，重复了上述仿真实验。分别得到如图 16.13 所示的命中最优选项次数的图示，此时命中最优选项的数目明显增加，观察深度也随之增加（见图 16.14）。

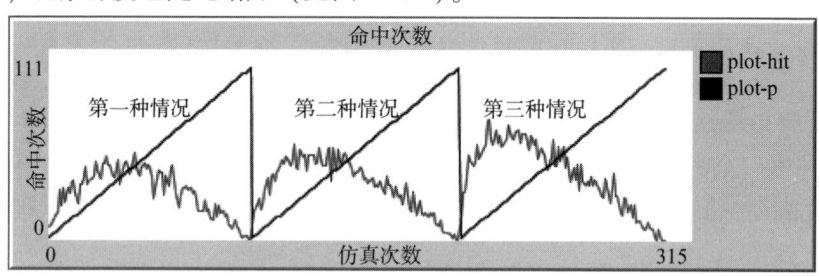

图 16.13　高信息真实程度下提示信息使用频率对命中最优选项数目的影响

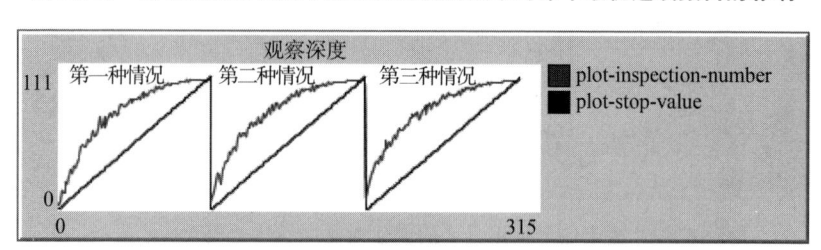

图 16.14　高信息真实程度下提示信息使用频率对观察深度的影响

可以看出，当"提示信息有用性"较低时，增加购买决策提示信息的频率并不能提高决策效果；当"提示信息有用性"增加时，增加购买决策提示信息的频率将带来决策效果的提高。因此从仿真研究可以得出很有意义的决策借鉴：在实际决策中恰当地评估决策信息，将对决策提示信息的决策效果评估有重大影响；决策中提示信息的真实性无法保证时，应尽量避免花冤枉钱购买决策提示信息。

此外，影响购买提示信息次数的最直接因素就是提示信息的使用频率，我们

## 第 16 章 秘书问题的仿真实验分析

可以通过仿真实验来考察截止阈值和"提示信息有用性"是否会对决策中提示信息的购买次数构成影响。在下面的仿真中，随着截止阈值的增加（从 1 增加到 100，步长为 1），在每种截止阈值下重复 100 次实验，即每次仿真中重复进行 10 000 次实验。我们通过直接观察每种条件下的 10 000 次仿真实验中购买提示信息的次数来考察截止阈值和"提示信息有用性"是否会对决策中提示信息的购买次数构成影响。我们共进行了 4 次仿真实验，每次仿真实验中包括 10 000 次秘书决策过程，即总共 40 000 次单个秘书决策过程实验，在前 30 000 次实验中，每 10 000 次实验仿真分别表示在"提示信息有用性"的可能性为 50% 情况下，随着截止阈值的增加，在购买信息的频率从低、中到高的三种情况下，购买提示信息次数的变化。在第四次的仿真实验中，将"提示信息有用性"的可能性增加为 80%。四次仿真实验的结果如图 16.15 所示，从仿真结果可以看出，随着购买信息的频率逐步增大，购买提示信息的次数（plot-hint-numbers）逐步增加。随着"提示信息有用性"的可能性增加，购买决策信息的次数明显增加。而且在每次仿真实验中，随着截止阈值的增加，购买提示信息的次数有逐渐下降的趋势。

**图 16.15　提示信息购买次数变化**

以上基于仿真实验考察了提示信息特征变化对秘书问题的决策影响，能够得出以下有意义的结论：

多次重复实验中，在低提示信息成本、中等提示信息成本和高提示信息成本几种情况下，随着截止阈值的增加，决策中平均收益逐渐降低，成本逐渐增加，可接受截止阈值逐渐后移。多次重复实验中，在提示信息的使用频率逐渐增加的情况下，决策中平均收益逐渐降低，成本逐渐增加。平均命中最优选项数目，观察深度随"提示信息有用性"的可能性的变化而有所变化。"提示信息有用性"的可能性增加时，增加购买"决策提示信息"的次数将带来决策效果的提高。

这些仿真结论对现实生活中的决策有着积极的借鉴和参考意义。研究中的不足之处在于，仿真实验的效果受到仿真中设置实验重复次数（次数越大越真实）的影响，我们不可能在仿真中设置实验重复的次数为无穷大，这可能对结果和结论有一定的影响。进一步的仿真研究内容包括在此基础上研究提示信息的其他特征变化对秘书问题的影响，如提示信息的真伪对决策结果的影响。

## 本章小结

秘书问题中的决策过程是一个复杂的非线性过程，传统方法无法综合考虑各种因素特别是心理因素来求解问题的最优解，面对复杂的非线性问题的求解，仿真是一种有效的方法。以上分别通过仿真考察了观察成本和提示信息特征对秘书问题决策的影响，为类似的复杂经济管理问题的分析提供了参考和借鉴。

以上研究的不足之处在于，没有考虑现实决策中人们对待成本的不同的风险偏好，进一步的研究可以通过真实的实验来考察人们对待不同成本的风险偏好，及其对决策结果的影响，或者可以通过仿真实验模拟人们的不同风险偏好，研究其对决策结果的影响。

## 本章参考文献

[1] Ferguson T S. Who solved the secretary problem？[J]. Statistical Science，1989，4（3）：282-296.

[2] Bearden N, Rapport A, Murphy R O. Sequential observation and selection with rank-dependent payoff：an experimental study [J]. Management Science，2006，52（9）：1437-1449.

[3] SEALE DA , RAPOPORT A. Sequential Decision Making with Relative Ranks：An Experimental investigation of the Secretary Problem [J]. Organization Behaviour and Human Decision Processes，1997，69（3）：221-236.

[4] 刘庆顺，王渊，王刊良. 秘书问题的研究综述：何时停止信息搜寻 [J]. 数理统计与管理，2009，28（1）：69-81.

[5] 刘庆顺，李俊岭，王渊，等. 序贯观察与选择问题的适应性研究 [J]. 生产力研究，2008，06：63-64.

[6] 刘庆顺，王刊良，王渊，等. 基于次大值标杆的秘书问题研究 [J]. 运筹与管理，2007，16（4）：1-5.

[7] Zwick R, Rapoport A, Lo AKC, et al. Consumer sequential search：Not enough or too much？[J]. Marketing Science，2003，22（4）：503-519.

[8] Wilensky U. NetLogo. http：//ccl. northwestern. edu/netlogo/. Center for Connected Learning and Computer-Based Modeling, Northwestern University, Evanston，IL.

[9] 乌家培. 信息经济学与信息管理 [M]. 北京：方志出版社，2004.